챗GPT 업종별 사용설명서
증권·은행·보험

챗GPT 업종별 사용설명서
증권·은행·보험

초판 1쇄 인쇄 2025년 8월 19일
초판 1쇄 발행 2025년 8월 26일

지은이 송준용
발행인 선우지운
편집 이주희
본문디자인 박선향
표지디자인 공중정원
제작 예인미술

출판사 여의도책방
출판등록 2024년 2월 1일(제2024-000018호)

이메일 yidcb.1@gmail.com
ISBN 979-11-992079-9-8 03320

* 저자와 출판사의 허락 없이 내용의 일부를 인용하거나 발췌하는 것을 금합니다.
* 잘못되거나 파손된 책은 구입한 서점에서 바꾸어 드립니다.
* 책값은 뒤표지에 있습니다.

챗GPT 업종별 사용설명서

증권 은행 보험

CHAT GPT

송준용 지음

인트로

"현장의 우리는 어떻게 준비해야 하는가?"

송준용

　디지털을 넘어 생성형 AI 혁신의 물결이 산업을 재편하는 시대, 금융권에도 그 변화의 흐름이 스며들고 있습니다. 2022년에 등장한 챗GPT를 필두로 한 생성형 AI 기술은 단순한 트렌드를 넘어 금융 산업의 근본적인 업무 방식과 고객 경험, 나아가 비즈니스 모델까지 재정의하게 되었습니다. 이러한 변화의 시기에 『챗GPT 업종별 사용설명서 증권·은행·보험』을 통해 금융 산업 종사자들이 어떻게 AI를 변화의 파트너로 사용할 수 있는지 소개하고자 합니다.

　저는 금융권 출신이 아니지만, 오히려 이러한 '외부자'의 시각이 새로운 관점을 제시하는 데 도움이 될 수 있다고 생각합니다. 2025년, 금융권의 챗GPT 강의 요청이 다른 분야에 비해 눈에 띄게 늘었습니다. 강의를 준비하며 각 금융 기관의 교육 담당자들과 사전 설문 및 인터뷰를 통해 실제 현장의 니즈를 파악하고, 이를 바탕으로 맞춤형 커리큘럼을 설계했습니다.

또한 한 명의 금융 소비자로서 제가 금융 기관에 기대하는 서비스와 경험에 대해 깊이 고민했습니다. "내가 은행이나 증권사를 방문했을 때 어떤 경험을 원하는가?", "AI가 보험 서비스에 접목된다면 어떤 가치를 제공받고 싶은가?"라는 질문을 끊임없이 스스로에게 던졌고, 이러한 고민이 이 책의 마지막 페이지까지 저를 이끄는 힘이 되었습니다.

지난 3년간 국내 주요 금융 기관에서 진행한 강의와 컨설팅 경험이 이 책의 토대가 되었습니다. 미래에셋증권, NH투자증권, 대신증권, KB손해보험, 농협은행 등 다양한 금융권에서 3500명 이상의 금융 전문가들과 함께한 시간은 단순한 지식 전달을 넘어, AI가 스며드는 중인 금융 현장에서 담당자들이 실제로 겪고 있는 고민과 필요를 깊이 이해하는 소중한 기회였습니다.

"생성형 AI를 도입해야 한다는 말은 많이 들었지만, 구체적으로 우리 업무에 어떻게 적용해야 할지 모르겠습니다."

"국내외 뉴스를 보면 경쟁사들이 모두 공격적으로 도입하고 있다는데, 우리만 뒤처지는 것은 아닐까요?"

"글로벌 금융사들은 어떻게 활용하고 있나요?"

"AI가 작성한 내용을 신뢰할 수 있을까요? 법적, 윤리적 책임은

누구에게 있나요?"

  이러한 질문들은 제가 강의 현장에서 가장 자주 접하는 목소리입니다. 특히 주목할 만한 점은 조직별로 관심사와 니즈가 뚜렷하게 구분된다는 것이었습니다. 영업 부서에서는 고객 상담, 제안서 작성, 시장 분석 등 실무적인 활용에 초점을 맞췄고, 경영기획 부서에서는 반복적인 문서 자동화 같은 실무 분야뿐 아니라 전략 수립, 리스크 관리, 규제 대응 등 거시적 관점에서의 활용 방안에도 큰 관심을 보였습니다.

  리서치센터의 애널리스트들은 영어, 중국어, 일본어 등 다양한 언어로 수집되는 외국 리포트와 뉴스를 빠르게 요약하고 분석하는 작업에 많은 관심을 보였습니다. "하루에도 수십 개의 글로벌 리포트를 검토해야 하는데, 챗GPT가 이를 효율적으로 요약하고 핵심 포인트를 추출해 준다면 엄청난 시간 절약이 될 것"이라고 한 NH투자증권 리서치 센터 애널리스트의 말씀은 리서치 분야에서 생성형 AI의 본격적인 활용을 예고한 것일지도 모르겠습니다. 이처럼 언어의 장벽을 넘어 글로벌 정보를 신속하게 처리하고 인사이트를 도출하는 생성형 AI 활용 능력이 금융권 전문가들에게 핵심 니즈임을 확인할 수 있었습니다

  특히 강의 전 설문과 강의 후 피드백을 통해 다양한 현장의 목소리와 니즈를 수집하며, 저는 한 가지 분명한 사실을 깨달았습니다. 생성형 AI는 만능 솔루션이 아니라, 금융 전문가의 역량을 확장하

고 강화하는 도구라는 점입니다. 그런데 이 도구를 효과적으로 활용하기 위해서는 금융권의 특수성과 각 조직별 업무 맥락을 깊이 이해한 맞춤형 활용 전략이 필요합니다. 따라서 제 역할은 새로운 협력자로서 생성형 AI를 소개하고 능력을 증폭할 수 있는 'How to'를 전달하는 것이라 확신했습니다.

금융권 특화 프롬프트 사용 기본기

『챗GPT 업종별 사용설명서 증권·은행·보험』은 단순히 '생성형 AI'라는 신기술 소개서가 아닙니다. 이 책에는 금융권 실무자들이 당장 내일부터 업무에 적용할 수 있는 구체적인 프롬프트 템플릿과 활용 사례를 담았습니다. 특히 금융 기관의 두 핵심 축인 영업 조직과 경영기획 조직의 특성에 맞춘 직군별 접근법을 제시합니다.

다만 Part 1에서는 직무와 상관없이 공통의 과제를 생성형 AI로 해결하는 기본기 훈련을 진행합니다. 글로벌 컨설팅 회사 PWC에서 제안하는 6가지 생성형 AI 활용 패턴을 실습으로 체험하며 익힙니다.

영업 조직을 위한 프롬프트 설계

영업 조직은 고객과의 접점에서 금융 서비스의 최전선을 맡습니다. 영업에 꼭 필요한 다음과 같은 실무 사례를 담았습니다.

- **고객 성향 분석 및 맞춤형 상담 시나리오 생성**: 고객의 투자 성향, 라이프 스타일, 재무 상황 등을 분석하여 개인화된 상담 시나리오를 생성하는 프롬프트
- **금융 상품 요약 및 비교 분석**: 복잡한 금융 상품의 특징을 쉽게 요약하고 경쟁 상품과 비교 분석하는 프롬프트
- **맞춤형 투자 제안서 작성**: 고객 니즈와 시장 상황을 고려한 차별화된 투자 제안서를 작성하는 프롬프트
- **리스크 커뮤니케이션 최적화**: 금융 상품의 리스크를 고객에게 효과적으로 전달하는 커뮤니케이션 전략 수립 프롬프트
- **고객 질문 대응 시뮬레이션**: 예상 고객 질문에 대한 응대 시나리오를 시뮬레이션하는 프롬프트
- **새로운 영업 인재를 유치하기 위한 리쿠르팅**: 어떤 거절에도 당황하지 않을 수 있도록 철저히 대비하는 시뮬레이션 프롬프트

1박 2일 과정에 참여한 한 증권사 PB가 실습 마지막 날 "기존에 2시간 걸리던 제안서 작성을 30분 안에 끝낼 수 있게 되었고, 무엇보다 내용의 질이 크게 향상되었다"라고 말씀해 주셨을 때는 강사로서 매우 뿌듯했습니다.

경영기획 조직을 위한 프롬프트 설계

경영기획 조직은 금융 기관의 전략 방향을 설정하고 리스크를 관리하는 중추적 역할을 담당합니다. 이 부분에서는 다음과 같은 전략적 활용 템플릿을 제공합니다.

- **시장 트렌드 분석 및 인사이트 도출**: 방대한 시장 데이터와 뉴스를 분석하여 핵심 트렌드와 인사이트를 도출하는 프롬프트
- **경쟁사 동향 모니터링**: 경쟁사의 전략, 상품, 서비스 변화를 체계적으로 분석하는 프롬프트
- **규제 변화 요약 및 영향 분석**: 금융 규제 변화를 요약하고 자사에 미치는 영향을 분석하는 프롬프트
- **전략 보고서 작성 지원**: 내부 보고용 전략 문서 초안을 작성하는 프롬프트
- **리스크 시나리오 분석**: 다양한 시장 상황에 따른 리스크 시나리오를 분석하는 프롬프트

트렌드에 맞는 신상품 기획 업무를 하는 한 분은 "새로운 문제 해결 방법을 찾아나가는 과정이 흥미로웠습니다. 또 의사 결정의 질과 속도를 동시에 향상시킬 가능성을 보았네요"라고 해주셨습니다. 특히 자주 바뀌는 금융 규제 분석에 있어서는 "기존에 놓치기 쉬웠던 세부 사항까지 포괄적으로 검토할 수 있게 되었다"는

피드백이 기억납니다.

신뢰성, 규제 준수, 윤리적 고려 사항

생성형 AI의 활용이 가져오는 기회만큼이나 중요한 것은 그 도전 과제를 인식하고 대응하는 것이라고 생각합니다. 특히 금융권은 규제와 신뢰성, 보안이 핵심인 산업이기에 더욱 신중한 접근이 필요할 것입니다. 강의 의뢰해 주시는 모든 교육 담당자가 당부하는 공통된 내용이 있었습니다. 그 과제도 함께 담았습니다.

- **환각(Hallucination) 대응 전략:** AI가 생성한 정보의 사실 검증 방법과 오류 최소화 프롬프트 기법
- **금융 규제 준수 가이드라인:** 금융 관련 법규와 내부 컴플라이언스를 준수하면서 AI를 활용하는 방안
- **고객 데이터 보호와 프라이버시:** 개인정보보호법을 준수하면서 AI를 활용하는 최적의 접근법
- **윤리적 AI 활용 프레임워크:** 금융 기관의 사회적 책임과 윤리를 고려한 AI 활용 원칙

금융감독원의 가이드라인과 국내외 사례 연구를 바탕으로, 규제 기관과 금융소비자의 신뢰를 유지하면서 생성형 AI를 사용하는 균형 잡힌 접근법을 제시합니다. 현재로서는 완전한 문제 해결

방법이 아닐 수 있지만 문제와 그 대응 방안을 알고 사용하는 것과 전혀 인식하지 못하고 사용하는 것은 차이가 날 것입니다.

한국 금융권 맞춤형 접근

본 책의 차별화된 강점은 글로벌 트렌드를 무조건 따라가는 것이 아니라, 한국 금융권의 특수성을 깊이 고려한 맞춤형 접근법을 제시한다는 점입니다. 먼저 써보고 문제가 생기면 해결하자는 미국이나 유럽의 금융 기관과 달리, 한국의 금융 기관은 독특한 규제 환경, 고객 기대, 조직 문화로 '모난 돌이 정을 맞는다'라는 말처럼 매우 조심스러운 도입 태도를 가지고 있습니다.

예를 들어 한국 금융소비자보호법의 맥락에서 AI가 제공하는 금융 자문의 책임 소재, 고객 대상 문자, 메일, 문서 등 메시지를 발송할 때 적용되는 금융 당국의 AI 활용 가이드라인 준수 방안, 한국 고객들의 디지털 금융 서비스에 대한 특유의 기대 등을 담아보려 했습니다.

이러한 맞춤형 접근은 저 혼자 힘으로 해낸 것이 아닙니다. 저와 함께 교육 과정을 설계했던 증권사, 보험사, 은행의 교육 담당자들과 강의에 참여한 리더와 실무자들의 질문과 피드백이 모여 만들어졌음을 다시 한번 강조합니다. 어쩌면 이 책은 저와 함께한 그분들의 이름으로 출간되었어야 할지도 모르겠습니다. 각 사의 교육 전에 진행한 사전 미팅과 설문, 교육 후 제공해 준 피드백이 이 책의 내용이 철저히 실무적이고 현장에서 즉시 활용 가능한 실용성을 갖추는 데 큰 도움을 주었습니다.

금융 전문가들이 AI를 품고 일하는 그날을 고대하며

챗GPT로 대표되는 생성형 AI는 금융업뿐 아니라 모든 산업의 판을 흔들만한 변화입니다. 보는 시각에 따라 위협일 수도 있고 기회일 수도 있을 것입니다. 결국 중요한 것은 이 강력한 도구를 어떻게 활용하느냐에 달려 있습니다. AI가 루틴한 작업을 효율화하고 데이터 기반 인사이트를 제공함으로써, 금융 전문가들은 지금도 앞으로도 사람이 더 잘할 수 있는 복잡한 문제 해결과 고객과의 의미 있는 관계 구축에 집중할 수 있게 될 것입니다.

『챗GPT 업종별 사용설명서 증권·은행·보험』이 단순한 AI 매뉴얼이 아닌 금융업에 종사하시는 독자 여러분이 AI 시대의 준비된 금융 전문가로 한 단계 도약하는 여정에 든든한 동반자 역할을 하게 되기를 진심으로 바랍니다.

이 책은 금융사 강의를 준비하며 빌려온 금융 전문가들의 소중한 경험과 통찰, 강의 피드백이 있었기에 가능했습니다. 특별히 NH투자증권, 대신증권, 미래에셋증권, KB손해보험, 범농협의 교육 기획 담당자와 임직원 여러분께 인사를 드립니다. 또 저와 함께 교육 과정 기획을 해주신 멀티캠퍼스, IGM, AI 그라운드 담당자분들도 잊지 않고 있습니다. 여러분이 나눠주신 경험과 지혜가 있었기에 이 책이 태어날 수 있었습니다. 다시 한번 진심으로 감사드립니다.

| 차례 |

인트로 _ "현장의 우리는 어떻게 준비해야 하는가?" 004

Part 1
챗GPT 2025 최신 기능과 활용법

1-1 GPT-3.5부터 GPT-5 출시까지 챗GPT가 보여준 리더십	023
1-2 싸고 좋은 것은 없다	028
1-3 챗GPT를 바보로 만드는 습관 5가지	030
1-4 PWC가 제안하는 5가지 생성형 AI 활용 패턴	041
1-5 효과적인 프롬프트 작성의 공통 원칙	045
1-6 널리 알려진 5가지 프롬프트 프레임워크	049
1-7 CO-STAR 프레임워크 심층 해설	063
1-8 과제에 맞는 모델 선택 전략	069

Part2 실시간 투자 정보 분석과 시황 자료 작성하기

2-1 기본 프롬프트: 실시간 투자 뉴스 분석 …… 082
2-2 응용 프롬프트: 테크 섹터 심층 분석 …… 085
2-3 프로를 위한 팁: 4가지 키포인트 …… 088

Part3 보고서로 미래 주가 예측하기

3-1 기본 프롬프트: CAGR과 PER 활용하기 …… 097
3-2 응용 프롬프트: 6가지 심화 분석 …… 098

Part4 애널리스트 리포트에서 특정 정보만 추출해 요약하기

4-1 단계별 프롬프트 작성하기 …… 108
4-2 근거 보충하기: 특정 내용의 출처 요구하기 …… 113

Part5 마켓 리서치 초안 작성하기

5-1 프롬프트 구성 분석: Role, Task, Output Format …… 119
5-2 맥락 및 제약 사항 등 보완: Constraints, Tone …… 128

Part6 / 챗GPT 잘 쓰는 K증권사 김 팀장의 습관

6-1 좋은 예시는 폴더로 정리해 둔다	135
6-2 반복 작업은 GPT나 프로젝트로 설정한다	138
6-3 챗GPT가 잘 못하는 건 시키지 않는다	140
6-4 채팅창은 주기적으로 정리한다	143
6-5 심층 리서치는 한도까지 반드시 사용한다	145
6-7 결과는 수정해 쓴다	148
6-7 캡쳐를 적극적으로 이용한다	150
6-8 GPT를 만들어 동료들에게 공유한다	152
6-9 모르는 것은 물어본다	155
6-10 나의 생각, 관점, 경험을 반드시 포함한다	157
6-11 검색은 연산자와 함께 사용한다	159

Part7 / 신탁 계약서 독소 조항 분석 및 개선하기

7-1 단계별 프롬프트	167
7-2 계약서 검토 프롬프트	178

Part8 / 금융 보도자료 작성하기

8-1 투자자와 시장을 사로잡는 메시지 만들기	183
8-2 응용 프롬프트	189

Part9
개별 맞춤형 ETF 포트폴리오 설계하기

9-1 고객 투자 성향에 맞춰 포트폴리오 설계하기	197
9-2 세일즈 시나리오 작성하기	205

Part10
애널리스트 보고서 분석 프롬프트 8가지

10-1 기업 분석 리포트 요약봇	220
10-2 산업 분석 리포트 요약봇	221
10-3 투자 전략 리포트 요약봇	223
10-4 경제 동향 리포트 요약봇	224
10-5 시황 정보 리포트 요약봇	226
10-6 테마 분석 리포트 요약봇	227
10-7 채권 분석 리포트 요약봇	229
10-8 퀀트 분석 리포트 요약봇	230

Part11
영업 전문가들을 위한 10가지 실습

11-1 잠재 고객 발굴을 위한 맞춤형 메시지 생성	236
11-2 고객의 투자 성향 분석 및 맞춤형 포트폴리오 제안	239
11-3 시장 분석 보고서 요약 및 고객 맞춤형 설명	242
11-4 투자 상품 관련 FAQ 및 답변 생성	244
11-5 고객 불만 처리 및 공감대 형성 메시지 작성	246

11-6 경쟁사 분석 및 자사 상품 차별화 전략 도출	249
11-7 투자 관련 최신 뉴스 요약 및 고객 영향 분석	251
11-8 잠재 고객 대상 투자 세미나/상담회 홍보 문구 작성	253
11-9 투자 보고서 작성 초안 생성(단계별 프롬프트)	255
11-10 고객과의 관계 강화를 위한 맞춤형 감사 메시지 작성	258

Part12 / 서비스 혁신 전략 수립하기

12-1 현재 상황 파악하기	265
12-2 신사업 아이디어 구체화 및 응용	272
12-3 응용 프롬프트	280

Part13 / 뉴스 정보를 보기 좋게 시각화하기

13-1 데이터를 시각화하기	291
13-2 외부 도구 이용하기: 감마, 냅킨	303

Part14 / 트렌드 분석을 통한 신상품 아이디에이션

14-1 문서를 기반으로 고객의 니즈 발굴하기	319
14-2 플랫폼에 맞춰 홍보글 작성하기	325

Part15 리쿠르팅 글 작성하기

15-1 아이디어 브레인스토밍	340
15-2 개요 작성	341
15-3 초안 작성	343
15-4 편집 및 개선	346
15-5 제목 및 메타 설명 제안	350
15-6 고급 프롬프트의 구성 요소	351
15-7 다단계 통합 접근법	356

Part16 신상품 개발을 위한 아이디어 검토

16-1 혁신은 모방과 재창조에서 시작된다	365
16-2 검증하기	385

아웃트로 _ 피카소처럼 AI를 훔쳐라   395

Part 1

챗GPT 2025
최신 기능과 활용법

2025년 1월, 전 세계는 딥시크(DeepSeek) R1 모델의 등장에 큰 충격을 받았습니다.
딥시크 R1을 직접 써본 이들의 '간증'이 SNS 및 국내외 AI 커뮤니티에 줄지어 올라오고 일부 성미 급한 이들은 진지하게 'GPT 시대의 종말'을 이야기하기 시작했습니다.

일러두기

1. 이 책은 챗GPT 플러스 유료 버전을 기준으로 작성했습니다. 무료 버전으로 대부분의 실습이 가능하지만 모델 선택이나 GPT 생성 등 일부 기능은 유료에서만 사용 가능합니다.
2. 독자님이 이 책을 읽는 시점에 사용 가능한 모델은 책에서 소개한 모델들과 다를 수 있습니다. 챗GPT 제작사인 오픈AI는 수시로 새로운 모델을 선보이고 오래된 모델은 퇴출시킵니다. 따라서 유료를 사용함에도 일부 모델명이 책과 다를 수 있습니다.
3. 생성형 AI의 특징 중 하나는 같은 프롬프트를 사용하더라도 매번 조금씩 다른 결과물이 나올 수 있다는 점입니다. 책의 예시와 다른 결과가 나오더라도 그건 문제가 아닌 특징이라는 점을 이해하고 사용하셨으면 합니다.
4. 본문에 나오는 챗GPT의 답변은 챗GPT를 활용하여 얻은 텍스트를 그대로 옮긴 것입니다.
5. 예시 답변이 너무 길 경우 '(중략)' 또는 '(하략)'으로 표기하고 글을 덜어 내었습니다.
6. 책에서 소개한 프롬프트는 노션 페이지에 정리해 두었습니다. 아래 QR을 이용하시면 쉽게 복사해 붙여넣고 수정해 사용하실 수 있습니다.

1-1 GPT-3.5부터 GPT-5 출시까지 챗GPT가 보여준 리더십

국내외 생성형 AI 커뮤니티에서는 매일 뜨거운 논쟁이 벌어집니다. AI 벤치마크 수치를 바탕으로 어떤 모델이 최고인지 의견을 나누는 것입니다.

챗GPT는 2022년 12월 3.5 버전 출시 이후 구글, 클로드 등 경쟁사들의 견제를 받아습니다. 특정 분야 벤치마크에서 1위를 내준 적은 몇 차례 있었지만 범용 생성형 AI 카테고리에서는 줄곧 선두 자리를 지켜왔습니다.

올해 초 딥시크 R1이 등장했을 때도 마찬가지였습니다. 그런데 이번에는 달랐습니다. 딥시크 R1은 GPT 개발 비용의 수십분의 1

만 투자했습니다. 그럼에도 복잡한 추론 능력과 코딩 성능에서 챗GPT를 능가하는 벤치마크 결과를 보여주었습니다. 이는 AI 업계의 기존 통념을 뒤흔들었습니다. 더 많은 데이터와 컴퓨팅 자원에 수천억, 수조 원을 투자해야만 성장할 수 있다는 믿음에 균열을 낸 것입니다.

딥시크 R1 출시 후 며칠간 AI 관련 회사의 주가가 하루 만에 수십 퍼센트 하락하기도 했습니다. 하지만 오픈AI(OpenAI)의 반격은 신속하고 강력했습니다. 딥시크 R1 발표 후 단 일주일 만에, 오픈AI는 비밀리에 개발해 온 히든 카드 'o3' 모델을 전격 공개했습니다.

o3는 단순히 더 큰 모델이 아닌, 근본적으로 다른 아키텍처를 도입한 혁신적인 시스템이었습니다. 특히 새로운 '딥 리서치(Deep research)' 기능은 모델이 복잡한 문제를 해결할 때 인간과 유사한 사고 과정을 통해 다단계 추론을 수행하는 능력을 보여주었습니다. o3는 스스로 질문을 분해하고, 중간 단계의 추론을 별도의 프롬프트 없이도 수행하며, 이전 단계의 결론을 다음 단계로 전달하는 방식으로 작동했습니다. 이 뛰어난 추론 능력 덕분에 수학, 과학, 프로그래밍 분야의 복잡한 문제 해결에서 압도적인 성능을 보여주었습니다. 오픈AI가 챗GPT의 1위를 수성하기 위해 다른 모델에 비해 몇 스텝 앞을 준비하고 있다는 것은 알았지만, 이렇게 빠르고 강력한 반격을 할 것이라고는 아무도 예상하지 못했죠.

사용자 입장에서 의견을 내자면 딥시크의 도전은 지루한 독주 체제였던 생성형 AI 시장에 활력을 불어넣었고, 동시에 오픈AI의 기술적 우위와 전략적 깊이를 재확인하는 계기가 되었습니다. 사용자들은 o3나 딥 리서치 같은 각 회사들이 숨겨둔 히든카드를 더 빨리 경험할 수 있게 된 것이죠. 궁극적으로 딥시크 출시는 오픈AI나 구글 같은 AI 빅테크 기업들이 연구소에서 만지작거리며 출시 시기를 조율하던 신제품들을 더 빨리 내놓도록 자극한 촉매가 되었습니다.

2025년 3월, 오픈AI는 GPT-4.5 모델을 공식 출시했습니다. 연이어 프로 사용자를 위한 o3-Pro, 8월에는 기존의 모델들을 통합한 GPT-5와 GPT-5 씽킹(GPT-5 Thinking) 추론 모델을 출시하며 여전히 자신들이 대장임을 입증했습니다.

최신 GPT-5 모델 사용 시 체감하게 되는 가장 큰 변화는 청산유수 썰을 풀지만 뭔가 AI 티가 나던 GPT-4o의 결과물에 비해 환각 현상(할루시네이션)이 크게 줄어든 것입니다. GPT-5 출시 행사에서 샘 올트먼은 이렇게 새로운 모델을 소개했습니다.

"32개월 전, 저희는 챗GPT를 출시했고, 그 이후 챗GPT는 사람들이 AI를 사용하는 기본적인 방식이 되었습니다. 출시 첫 주 만에 백만 명이 사용했습니다. 당시에는 그것만으로도 대단하다고 생각했었죠. 지금은 매주 약 7억 명이 챗GPT를 사용하며, 업무, 학습, 조언, 창작 등 다양한 일을 할 때 챗GPT에게 더 크게 도움을 받고 있습니다.

오늘 GPT-5를 출시합니다. GPT-5는 GPT-4보다 많은 면에서 큰 폭으로 나아졌고, AGI로 가는 길에서 중요한 도약이라고 생각합니다. 오늘은 놀라운 데모들을 보여드리고, 성능 지표도 말씀드리겠습니다. 하지만 가장 중요한 점은, 여러분이 GPT-5를 이전의 어떤 AI보다 훨씬 더 좋아하게 될 것이라는 점입니다. 더 유용하고, 더 똑똑하며, 더 빠르고, 더 직관적입니다.

GPT-3는 고등학생과 대화하는 것 같았습니다. 종종 번뜩이는 순간이 있었지만, 꽤 답답한 면도 많았죠. 그래도 사람들은 그것을 사용하며 가치를 느끼기 시작했습니다. GPT-4는 대학생과 대화하는 것에 가까웠습니다. 이제 GPT-5는 어떤 분야든 박사급 전문가와 대화하는 것 같습니다. 필요한 순간에, 필요한 분야에서, 목표 달성을 도와줄 진짜 전문가를 만나는 경험입니다.

GPT-5는 단순히 질문에 답하는 것을 넘어, 실제로 무언가를 '해줄' 수 있습니다. 원하는 기능을 만들기 위해 컴퓨터 프로그램을 시작부터 끝까지 작성해 줄 수도 있습니다. 우리는 '온디맨드 소프트웨어'라는 개념이 GPT-5 시대를 정의하는 특징이 될 것이라고 생각합니다. 파티 계획을 세우고, 초대장을 보내고, (그에 필요한) 준비물을 주문하게 할 수 있습니다. 건강 정보를 이해하고, 치료를 위한 의사 결정을 도와줄 수 있습니다. 배우고 싶은 어떤 주제에 대해서 자료를 제공해 주고 그에 필요한 다양한 작업을 수행할 수 있습니다.

이는 인류 역사상 상상할 수 없었던, 주머니 속의 박사급 전문가 팀을 즉시 불러 쓸 수 있는 초능력입니다. 이제 누구나 역사상 그 어느 때보다 더 많은 일을 할 수 있게 될 것입니다."

한 문장으로 요약하자면 초지능 시대(Super Intelligence)가 GPT-5와 함께 시작된다는 선언문이었습니다.

올트먼에 따르면, GPT-5는 단순한 성능 향상이 아닌 근본적인 패러다임 전환을 가져올 것이라고 합니다. 특히 '자기 수정 능력(Self-correction)'과 '복합 지식 통합(Compound knowledge integration)'이라는 두 가지 핵심 기능을 강조했습니다.

"GPT-5는 스스로의 오류를 감지하고 수정하는 메타인지 능력을 갖추게 될 것입니다. 또한 다양한 지식 영역에서 정보를 종합하여 이전에는 불가능했던 방식으로 새로운 통찰을 도출할 수 있을 것입니다."

이제 AI 경쟁은 단순한 벤치마크 점수를 넘어, 진정한 메타인지 능력과 지식 통합이라는 새로운 영역으로 확장되는 것이죠. 제 관점에서 그 최전방에 챗GPT가 있다는 것은 현재도 사실이고 당분간 바뀌지 않을 것이라고 생각합니다.

1-2 싸고 좋은 것은 없다

생성형 AI 시장에서 오픈AI의 200달러 챗GPT 프로(Pro) 요금제 출시는 '싸고 좋은 것은 없다'는 씁쓸한 속언을 다시 한번 떠올리게 합니다. 프로 요금제는 기존 플러스(Plus) 요금제보다 열 배 비쌉니다. 그렇다면 어떤 뚜렷한 장점이 있을까요? GPT-4o 모델 기준으로 일일 메시지 한도가 사실상 무제한입니다. 그리고 대용량 파일 업로드와 데이터 분석 기능, 딥 리서치 기능의 한도도 플러스나 팀에 비해 수배에서 수십배 큽니다. 정말 종일 챗GPT를 끼고 일하는 고급 사용자들이 돈을 내면서도 욕하던 지점을 이해하고 출시한 듯합니다. 또 최신 모델에 우선적인 접근권을 제공하기도 합니다. 덕분에 저도 GPT-4.5와 딥 리서치를 가장 먼저 써볼 수 있었습니다.

더욱 놀라운 점은 오픈AI가 이미 2000달러와 2만 달러 급의 초고가 요금제를 예고했다는 사실입니다. 이러한 엔터프라이즈급 요금제는 대규모 데이터 처리와 API 연동 확장, 맞춤형 모델 조정까지 가능한 수준의 기능을 제공할 것으로 예상됩니다. 이는 생성형 AI가 단순한 기술적 호기심을 넘어 실질적인 비즈니스 가치를 창출하는 핵심 도구로 빠르게 자리매김하고 있음을 보여줍니다.

기업들은 ROI(투자 수익률)에 민감합니다. 생성형 AI 도입을 생각할 때도 항상 비용 대비 효과를 계산하죠. 결국 기업은 직원 생산성 향상, 인력 비용 절감, 혁신 촉진 등 실질적인 수익 증대로 이어지는 곳에만 AI 투자를 결정할 것입니다. 오픈AI의 프로 요금제와 앞으로 나올 2000달러, 2만 달러짜리 요금제들은 이런 비즈니스 요구를 충족시키기 위한 것입니다.

개인 사용자로서 우리도 상황과 필요에 맞게 무료 버전과 유료 서비스를 전략적으로 넘나들며, 개인에게 최대의 이익이 되는 선택을 해야 합니다. 단순 정보 검색이나 기본적인 텍스트 생성은 무료 버전으로도 충분하지만 복잡한 코드 작성, 대용량 데이터 분석, 전문적인 수준의 문서 생성에는 프로 같은 고급 요금제의 확장된 기능과 한도가 결정적인 차이를 만들어 낼 수도 있습니다. 그렇다고 오늘 바로 프로 요금제를 결제하시라는 뜻은 아닙니다. 적어도 제대로 한번 써볼 마음이 있다면 이 책을 다 읽으신 후에 20달러 정도는(플러스 요금제) 투자해 보시길 강력히 권합니다.

같은 이유로 이 책에서는 무료보다는 챗GPT 플러스 또는 팀 요금제에서 사용 가능한 모델과 도구들로 실용적인 활용법을 설명합니다. 더 높은 토큰 입출력 한도, 빠른 응답 속도, 고급 기능 접근성 등 유료 서비스의 이점을 최대한 활용하면서도, 산업별 각자의 업무에 비용 효율적으로 생성형 AI를 활용하는 방법에 초점을 맞출 것입니다. 생성형 AI의 진정한 가치는 결국 얼마를 지불하느냐가 아니라, 그것을 통해 어떤 가치를 창출해 내느냐에 달렸을 테니까요.

1-3 챗GPT를 바보로 만드는 습관 5가지

　기업 강의를 해온 지난 3년간 챗GPT 같은 생성형 AI의 능력은 마치 초·중·고 각 3년을 1년 만에 수료하고 바로 대학생이나 대학원생이 된 것처럼 빠르게 성장했습니다.

　그런데 충격적인 건 이런 도구를 사용하는 사용자의 수준은 크게 달라지지 않았다는 점입니다. 아직도 챗GPT를 새로운 검색 엔진 정도로 바라보는 분들이 많으니까요. 심지어 유료 계정을 1년 넘게 사용 중인 분들도 챗GPT의 특징을 이해하지 못한 채 엉뚱한 방식으로 쓰시더군요.

　그래서 한번 정리해 보았습니다. 강의 현장이나 강의 전후 설문으로 확인한 나쁜 습관들을 살펴보고 어떻게 개선해야 하는지를 체크해 보겠습니다.

1. 프롬프트를 구체적으로 쓰지 않는 습관

'나는 대충 써도 너는 알잘딱깔센 이해해야 해.'

　처음 챗GPT를 만나면 이런 식으로 나름 구체적이라고 생각하는 프롬프트를 던져봅니다.

> 나는 ABC 생명 보험사 직원입니다. 고객 응대에 생성형 AI를 적용하는 업무 혁신 방법을 알려주세요.

결과는 뻔합니다. 언젠가 본 것 같은 뉴스나 유튜브의 내용을 '복사 붙여넣기' 하듯 몇 가지 아이디어를 던져주곤 챗GPT는 다른 사람의 프롬프트를 응대하러 떠나버립니다.

생성형 AI를 활용하여 고객 응대를 혁신하는 방법은 크게 자동화, 개인화, 효율성 향상 세 가지 방향으로 접근할 수 있습니다. ABC 생명 보험사에 적용할 수 있는 구체적인 방안을 제안해 볼게요.

1. AI 챗봇 및 음성 비서 도입
- 24시간 고객 응대: AI 챗봇을 통해 보험 상품 문의, 계약 정보 확인, 청구 절차 안내 등을 자동화.
- 자연어 처리(NLP) 활용: 고객이 자연스럽게 질문하면 AI가 이해하고 답변을 제공.
- 고객 맞춤 추천: AI가 고객의 보험 계약 내역과 상담 이력을 분석해 적절한 상품이나 추가 보장 옵션을 제안.

2. AI 기반 상담 보조 시스템
- 실시간 상담 지원: 상담원이 고객과 통화 중 AI가 관련 정보를 즉시 제공하여 상담 속도를 높임.
- 응대 스크립트 자동 생성: 고객 유형 및 문의 내용에 따라 AI가 상담 스크립트를 추천해 응대 품질을 향상.
- 감정 분석: 고객의 감정 변화를 분석하여 상담 전략을 조정 (예: 불만이 있는 고객에게 빠른 해결책 제안).

3. 업무 자동화 (RPA + AI)
- 보험금 청구 프로세스 단축: AI가 청구 서류를 자동 검토하고, 필요

한 추가 서류를 자동 요청.
- AI 서류 처리: OCR(광학 문자 인식) 기술을 활용하여 계약서, 증빙 서류 등을 자동 분석 및 입력.
- 업무 로그 분석: AI가 상담 내용을 분석하여 문제점을 파악하고, 개선 방안을 제안.

4. 개인화된 고객 관리
- AI 기반 고객 세분화: 고객 데이터를 분석하여 맞춤형 보험 상품 및 서비스 추천.
- 생애주기별 맞춤 컨설팅: 고객 연령, 라이프스타일, 건강 상태 등을 고려한 보험 설계 지원.
- 리텐션 관리: AI가 이탈 가능성이 높은 고객을 예측하고 맞춤형 혜택을 제공하여 유지율 향상.

5. 교육 및 트레이닝 강화
- AI 기반 상담 교육: 신규 상담원을 위한 AI 시뮬레이션 트레이닝 제공.
- 실시간 피드백 시스템: AI가 상담원의 대화를 분석하고 개선점을 제안하여 역량 강화.

6. 윤리적 고려 및 규제 준수
- AI 도입 시 개인정보 보호 및 보험업 관련 규제를 준수하도록 설계.
- 고객 데이터를 보호하기 위한 보안 프로토콜 마련.

이런 방식으로 AI를 활용하면 고객 경험을 개선하면서도 업무 효율성을 극대화할 수 있습니다. ABC 생명에서 어떤 부분을 가장 우선적으로 고려하고 있는지 알려주시면 좀 더 구체적인 전략을 제안해 드릴게요!

대략적이고 어디서나 볼 수 있는 답변을 받았습니다. 실제로 써먹기엔 한참 부족하죠. 챗GPT에게 제대로 된 답변을 받기 위해서는 프롬프트를 구체적으로 작성해야 합니다.

저는 [ABC 생명보험]의 고객 상담센터에서 [VIP 고객]을 담당하고 있는 [VIP 상담 팀장]입니다. 현재 우리 회사는 일일 [2000]건의 고객 문의를 처리하고 있으며, 주로 [보험 갱신 및 신상품 소개]에 관한 상담이 이루어지고 있습니다.

현재 고객 응대 프로세스는 아래와 같이 진행되고 있으며, 다음과 같은 문제점이 있습니다:

#기존 프로세스
1. 고객 문의 접수 (콜센터, 홈페이지, 모바일 앱 등)
2. 상담사 배정 및 고객 정보 조회
3. 상담 진행 (보험 갱신 안내 및 신상품 소개)
4. 고객 요청 처리 및 후속 조치
5. 상담 완료 및 고객 만족도 조사

#문제점
1. [문제점 1 - 응대 시간 지연]
2. [문제점 2 - 상담사 업무 부담]
3. [문제점 3 - 일관되지 않은 답변]

#목표
생성형 AI를 활용하여 다음과 같은 목표를 달성하고자 합니다:
1. [목표 1 - 응대 시간 30% 단축]
2. [목표 2 - 신규 상품 업셀링 기존 대비 100% 이상 달성]
3. [목표 3 - 고객 만족도 95점 이상/100점 만점]

#과제
위 상황을 고려하여 다음 내용을 포함한 고객 응대 생성형 AI 적용 방안을 제시해 주세요:
1. 가장 효과적으로 적용할 수 있는 고객 응대 영역
2. 단계별 구현 방법(단기/중기/장기)
3. 예상되는 ROI 및 성과 측정 방법
4. 실제 구현 시 고려해야 할 윤리적/법적 이슈
5. 유사 산업 내 성공 사례

다음은 고객 응대에 생성형 AI를 효과적으로 적용하기 위한 방안입니다.

ABC 생명보험 고객 응대 AI 적용 방안

1. 적용 가능 고객 응대 영역

생성형 AI는 고객 문의를 자동화하고 상담 품질을 높이는 데 활용될 수 있습니다. 주요 적용 영역은 다음과 같습니다.

❶ FAQ 자동 응답 시스템
  ○ 보험 갱신, 계약 조건, 청구 절차 등 반복적인 문의에 대한 AI 챗봇 응답 자동화
  ○ VIP 고객 맞춤형 응답(이전 상담 이력 및 보유 보험 상품 기반)
❷ 신상품 추천 및 업셀링
  ○ AI 기반 맞춤형 상품 추천(고객 데이터 분석)
  ○ 상담 중 실시간 추천 기능 추가
❸ 상담사 지원 시스템(AI Copilot)
  ○ 실시간 상담 중 AI가 적절한 답변 초안을 제공
  ○ 상담사가 제공한 정보 기반으로 후속 조치 자동화(예: 갱신 안내, 약관 제공)
❹ 음성 분석 및 감정 인식
  ○ AI가 고객 감정을 분석하여 상담 태도 조정
  ○ 고객 불만 발생 시 즉각적인 대응 전략 제시

2. 단계별 구현 방안

단기(3~6개월)
- ✅ AI 챗봇 도입 → FAQ 자동화
- ✅ VIP 고객을 위한 맞춤형 답변 제공
- ✅ AI 기반 상담사 보조 시스템(Prompt 기반 응답 추천)

중기(6~12개월)
- ✅ 상담사 AI Copilot 기능 고도화 → 실시간 답변 초안 제공
- ✅ AI 기반 신상품 추천 및 업셀링 기능 개발
- ✅ 고객 감정 인식 및 실시간 대응 시스템 구축

장기(12~24개월)
- ✅ AI 음성 상담 및 대화형 AI 도입
- ✅ 고객 맞춤형 보험 상품 자동 제안 시스템 개발

- ✅ AI 기반 상담 품질 평가 및 지속적 개선

3. 예상되는 ROI 및 성과 측정 방법
- ✅ 응대 시간 30% 단축 → AI 자동 응답 및 상담사 보조 시스템으로 평균 상담 시간 감소
- ✅ 신규 상품 업셀링 100% 증가 → 고객 맞춤형 상품 추천으로 판매 증가
- ✅ 고객 만족도 95점 이상 → 일관된 상담 품질 제공 및 빠른 응대

성과 측정을 위해 아래 KPI를 활용:
1. 평균 응대 시간 단축률
2. AI 추천 상품 가입률
3. 고객 만족도 점수
4. 상담사 업무 효율성 개선율

4. 윤리적/법적 고려 사항
- ✅ 개인정보 보호 → AI 학습 데이터 암호화 및 익명화
- ✅ 설명 가능성 확보 → AI 추천 및 응답이 논리적으로 설명 가능해야 함
- ✅ 고객 동의 → AI 활용에 대한 고객 동의 절차 마련
- ✅ 차별 방지 → AI 알고리즘이 특정 고객층을 차별하지 않도록 정기적 점검

5. 유사 산업 내 성공 사례
- ✅ 금융업: JP모건
  - AI 기반 상담 자동화로 고객 응대 시간 40% 단축
- ✅ 보험업: AXA

- AI 챗봇 활용으로 상담 효율성 30% 증가
- ✅ 통신업: Verizon
- AI 상담사 도입 후 고객 만족도 20% 상승

결론
생성형 AI 도입을 통해 응대 시간을 단축하고 상담 품질을 표준화하며, VIP 고객에게 차별화된 서비스를 제공할 수 있습니다. 단계별 접근을 통해 리스크를 최소화하면서도 점진적인 혁신을 이룰 수 있습니다.
추가로 세부적인 시스템 설계나 예산 산정이 필요하면 말씀해 주세요!

확연히 바뀐 답변 내용이 보이시나요? 대충 던진 질문에는 대략적인 대답만 돌아온다는 사실, 꼭 기억하셔야 합니다.

2. 다양한 주제를 하나의 대화에서 모두 물어보기

결론부터 이야기합니다. 새로운 주제의 대화는 새로운 대화창에서 시작하는 것이 좋습니다. 챗GPT는 이전 대화의 내용을 기억하기 때문에 새로운 대화를 하더라도 이전 대화의 기억이 영향을 미칩니다. 혹자는 '이전 대화 내용을 잊어'라는 프롬프트로 해결이 된다고 주장합니다만, 이런 프롬프트는 마치 이미 본 것을 안 본 척하고 이미 아는 것을 모르는 척 여기라는 명령과 다름없습니다. 그냥 대화 주제가 바뀌면 '새 채팅' 버튼을 눌러 새로운 창을 열고 새롭게 대화하는 것이 좋습니다.

또 다른 이유는 바로 '분류'입니다. 챗GPT의 대화는 화면 왼쪽 히스토리에 자동 정리됩니다. 대화가 히스토리에 저장될 때 자동으로 쓰레드(해당 대화)의 제목을 적어주는데 주제가 여러 가지일 경우 내가 찾는 대화가 어떤 쓰레드에 저장되었는지 기억하기 어렵습니다. 또한 나중에 각 프로젝트별로 정리할 때 여러 주제가 혼합된 쓰레드를 어떤 주제의 프로젝트에 넣어야 할지 고민이 될 수밖에 없습니다.

'새 술은 새 부대에 담아라'라는 성경에서 유래한 격언이 생성형 AI 시대에도 여전히 유효합니다.

3. 사실 확인 없이 결과 신뢰하기

챗GPT의 답변을 즉시 신뢰하거나 절대적인 진리로 받아들이는 것은 위험합니다.

챗GPT가 학습한 데이터는 조 단위의 문서라고 합니다. 학습량은 정말 방대하지만, 모든 정보를 완벽하게 반영하지 않으며, 최신 정보도 제한적입니다. 이는 마치 백과사전이 모든 정보를 담고 있더라도 최신 사건이나 특정한 맥락에서는 부정확할 수 있는 것과 같습니다.

예를 들어 챗GPT에게 특정 법률 조항이나 금융 상품에 대해 질문한다고 가정해 봅시다. 챗GPT는 일반적인 개념을 설명할 수 있지만, 해당 법률이 최근 개정되었거나 특정 보험 상품의 약관이 최근에 업데이트되었다면 그럴듯하지만 잘못된 정보를 제공할 가능성이 있습니다. 이런 경우 챗GPT의 답변을 참고하되, 반드시 추가적인 사실 확인이 필요합니다.

특히 전문적인 지식이 필요한 분야에서는 챗GPT를 '참고서'로 활용하되, '최종 결정'은 반드시 신뢰할 수 있는 출처(공식 문서, 전문가 상담)를 통해 검증해야 합니다. 마치 낯선 산속에서 길을 잃었을 때 네비게이션이 안내하는 길이 무조건 옳다고 믿지 않고, 주변 도로 표지판과 경험을 참고하는 것과 같습니다.

따라서 챗GPT의 답변을 그대로 받아들이기보다는 '의견을 듣는 과정'이라고 생각하는 것이 바람직합니다. AI는 조언자일 뿐, 최종 판단과 적용은 우리의 몫입니다.

4. 항상 '검색' 기능 켜고 쓰기

검색 기능을 항상 켜두면, 챗GPT의 응답 속도가 느려지고 간단한 질문에도 불필요하게 웹을 검색해 비효율적일 수 있습니다. 또한 웹에서 가져온 정보는 출처가 불명확하거나 품질이 낮은 경우가 있어, 오히려 답변의 정확도를 떨어뜨릴 수 있습니다. 내장 지식과 충돌해 일관성이 깨질 위험도 있으며, 광고성 또는 혼란스러운 외부 정보가 답변에 포함될 수도 있습니다. 따라서 실시간 뉴스나 특정 최신 정보가 필요할 때만 검색 기능을 켜는 것이 더 효율적이고 안정적입니다.

5. 복잡한 지시 한 번에 내리기

챗GPT에게 복잡하고 정리되지 않은 지시를 한 번에 내리면 정리되지 않은 결과를 받게 됩니다. 작년에 재밌게 본 넷플릭스의 요리 서바이벌 〈흑백요리사〉에서 고구마 100개를 먹은 듯 답답해하며 보았던 몇 리더의 비효율적인 리더십과 유사합니다.

팀 대전을 할 때 일부 리더가 명확한 지시를 내리지 못해 팀원들이 혼란스러워하고, 결과적으로 최고 실력의 요리사들이 모인 팀에서 실수를 연발하는 모습을 보였습니다. 이는 리더 때문이죠. 구체적이지 않은 계획, 우선순위 없는 명령을 내린 데서 문제가 비롯되었습니다. 반면 팀원을 제대로 리드한 리더는 잠시 숙고의 시간을 가진 후 업무를 쪼개어 나누어 주고 그 순서까지 정리했습니다.

챗GPT에게 여러 가지 복잡한 지시를 한꺼번에 요청하는 것은 팀원에게 명확한 지시를 내리지 못하는 것과 비슷합니다.

예를 들어 "이 문장을 더 자연스럽게 고치고, 문어체로 바꾸고, 단어 선택도 세련되게 하고, 일본어로 번역도 해주세요"라는 요청은 챗GPT에게 복잡한 작업을 동시에 해내라고 요구하는 것입니다. 이는 모델이 각 작업의 우선순위를 판단하기 어렵게 만들어, 결과적으로 사용자가 원하는 품질의 답변을 얻기 어렵게 만듭니다.

챗GPT에게 좋은 결과를 받기 위해서는 다음과 같이 단계별로 명확하게 지시하는 것이 좋습니다.

1. **문장 자연스럽게 수정하기**: 먼저 "이 문장을 더 자연스럽게 고쳐주세요"라고 요청합니다.
2. **문어체로 변환하기**: 그런 다음 "이 문장을 문어체로 바꿔주세요"라고 지시합니다.
3. **단어 선택 세련되게 하기**: 이후 "단어 선택을 세련되게 다듬어 주세요"라고 요청합니다.
4. **일본어로 번역하기**: 마지막으로 "이 문장을 일본어로 번역해 주세요"라고 지시합니다.

다만 예외가 있긴 합니다. 최신 추론 모델인 GPT-5 씽킹이나 o3 모델(Mini 포함)은 한 번에 모든 지시와 필요한 정보까지 제공하는 것이 더 나은 결과를 제공합니다. 이 내용은 1-8에서 자세히 설명드리겠습니다.

1-4 PWC가 제안하는 5가지 생성형 AI 활용 패턴

여전히 나의 어떤 업무에 생성형 AI가 도움이 될지 감이 오지 않으시나요? 글로벌 컨설팅 기업 PwC가 정리한 '여섯 가지 생성형 AI 활용 패턴(Six Patterns of Generative AI)'은 막연하게 느껴지는 활용 가능성을 구체적인 도입 전략으로 바꾸게 도와주는 프레임워크입니다. 다음 여섯 패턴과 활용법을 이해하면, 리서치센터

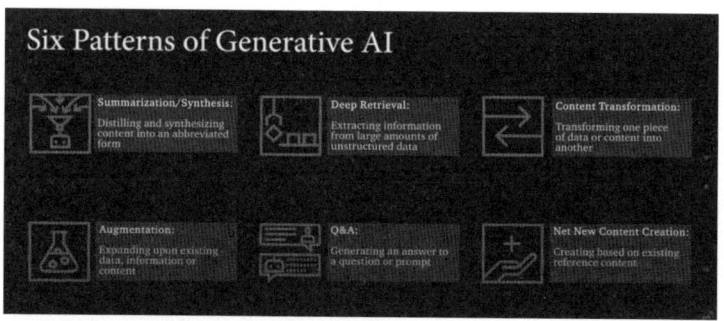

PWC가 제안하는 여섯 가지 생성형 Ai 활용 패턴 (출처: PwC)

부터 IB, PB, 홍보, 기획 담당자까지 나의 어떤 업무에 도입해 볼지 그림이 그려지실 겁니다.

금융업에서 영업 조직이 하는 일의 예를 들자면 체형이 다른 고객에게 '맞춤 수트'를 하루에도 수십벌 지어 파는 양복점과 같습니다. 과거에는 상담 전 20쪽짜리 상품 설명서를 읽고 예상 질문을 손으로 정리하느라 30분이 훌쩍 갔습니다. 이제 생성형 AI라는 고속 재단기가 생기면서 상황이 달라졌습니다. PB가 "수수료 변동성 과거 수익률"만 체크해 넣으면 3분 만에 예상 Q&A 시트가 완성되고, IRR 계산식 오류까지 자동으로 잡아줍니다. 고객에게 자신의 체형에 꼭 맞는 '3분 커스텀 수트' 같은 제안서를 챙겨 가면 계약 체결률도 자연스레 올라가겠죠.

금융 실무에 바로 적용 가능한 여섯 가지 생성형 AI 활용 패턴

요약 및 합성 (Summarization & Synthesis)	방대한 자료를 핵심만 남겨 압축	애널리스트가 글로벌 레포트 400여 건을 3분 만에 한 페이지 브리핑으로 압축
검색 추출 (Deep Retrieval)	비정형 데이터에서 원하는 정보 정밀 추출	준법감시팀이 감독원 지침 500여 건을 스캔해 문제 조항만 필터링
콘텐츠 변환 (Content Transformation)	형식을 바꿔 다른 타깃에 재작성	복잡한 보험 약관 → 고객용 Q&A북으로 변환, 상담 콜 30퍼센트 감소
확장 (Augmentation)	기존 콘텐츠에 새 정보 덧붙여 풍부화	고객 인터뷰 요약본 → 맞춤형 제안서 자동 생성, 작성량 3배 증가
질문 및 답변 (Q&A)	질문 입력 즉시 적확한 응답 생성	콜센터 챗봇이 연금·세제 질문 실시간 해결, 1차 문의 해결률 80퍼센트 돌파
새로운 콘텐츠 생성 (Net New Content Creation)	레퍼런스를 바탕으로 완전히 새로운 자료 제작	시장지표·경쟁사 데이터 → 전략 보고서 초안 2일 완성

경영, 기획, 리스크 관리 부서의 업무는 안개 속을 항해하는 범선의 조타실 역할과 비슷합니다. 규제·시장·경쟁사 정보를 동시에 읽어야 하는데 사람 감각만으로는 배 앞에 무엇이 나타나는지 또 바람 방향은 어떻게 바뀌는지 분간하기가 어렵습니다. 생성형 AI가 감도 높은 센서 역할을 해서 자동 감지 레이더처럼 시장의 변화와 경쟁사의 도전을 감지해 준다면 걱정할 게 없겠죠.

공시 200건을 단숨에 요약해 준다고 상상해 보세요. 이전에 규제 대응 보고서 초안 작성에 며칠을 보냈다면 이제 반나절이면 잘 정리된 초안을 작성할 수도 있습니다. 금리, 환율, 신용 스프레드 등의 시장 변수를 프롬프트로 입력하면 즉석에서 손익 그래프가 생성되고, 경쟁사 IR 자료를 시간순 타임라인으로 시각화할 수도 있습니다. 덕분에 금융권의 의사 결정 담당자는 안개 속에서도 뱃머리 각도를 틀거나 돛을 내리는 등 항해에 필요한 결정을 빠르게 내릴 수 있게 됩니다.

활용 예시: 증권사에서 사용할 만한 6가지 패턴 프롬프트

패턴	예시 프롬프트
요약 및 합성	NH투자증권의 '글로벌 투자 전략 분기 보고서'를 분석해 주세요. 주요 시장 동향을 분류하고, 핵심 투자 전략, 잠재적 리스크, 수익률 예측으로 구분하여 2페이지 분량으로 요약해 주세요.
검색 추출	리서치센터 보고서(2019~2024)에서 ESG 관련 투자 전망 추출하여 연도별로 분류하고, 산업별 핵심 내용, 예상 수익대율을 퍼센트로 정리해 주세요. 5년간 트렌드와 타 자산 사례도 포함해 주세요.
콘텐츠 변환	자사 5대 핵심 투자 상품을 다음 형식으로 변환해 주세요. 1) 인스타그램용 짧은 카피, 2) 외국인 펀드매니저에 설명, 3) 신규 고객용 스크립트, 4) 웹사이트용 종합 안내, 5) 방문 최적 경로
확장	기후 변화 대응 관련 상품 투자 가이드라인을 작성해 주세요. 기존 핵심 요약 문서를 확장해 각 항목별 구체적 실행 방안, 탄소 중립 투자 전략, 친환경 산업 지원 정책, 연금 세대/계절별 맞춤형 상품 제안을 추가하세요.
질문 및 답변	퇴직연금 상품 관련 고객 FAQ에 대한 답변을 작성해 주세요. 공시율, 이율 방식, 세제 혜택, 시장 전망, 타사 대비 장점을 명확하고 일관되게 작성해 주세요.

새로운 콘텐츠 생성	청년 주식 투자자 교육을 위한 숏폼 미디어용 카드뉴스(5장)를 기획해 주세요. 용어 정리, 혜택, 투자 방식, 성공 사례, FAQ를 포함하고 트렌디한 표현으로 작성해 주세요.

PwC의 여섯 패턴은 대부분의 사무직 업무에 적용 가능합니다. 그리고 하나의 과제에 여러 가지 패턴을 이용하게 될 것입니다. 나와 내 조직의 업무 맥락, 문화에 맞춰 패턴들을 조합해 사용한다면, AI 활용 능력이 바로 업무 경쟁력이라는 사실을 직접 체감하게 될 것입니다. 아주 작은 과제부터 어떤 패턴으로 테스트하면 좋을지 독자님의 반복되는 업무를 살펴보시기 바랍니다.

1-5 효과적인 프롬프트 작성의 공통 원칙

챗GPT(OpenAI), 클로드(Anthropic), 제미나이(Google) 등의 공식 가이드에서 공통적으로 강조하는 프롬프트 작성 원칙을 정리하면 다음과 같습니다. 아래 원칙들은 금융권의 마케팅, 영업, 기획, 연구 업무에 응용할 때에도 유용하게 적용됩니다.

1. 명확하고 구체적으로 지시하기(Clarity & Specificity)

AI가 이해하기 쉽게 명확한 지침을 제시해야 합니다. 모호한 질문이나 지시를 피하고, 원하는 내용과 목표를 구체적으로 명시하세요. 예를 들어 "이번 분기 신규 고객 데이터를 분석해 주세요"보다는 "이번 분기 신규 개인 고객의 연령대별 구매 금액을 분석하여, 상위 3개 연령층과 그 특징을 5문장 내로 요약해 주세요"처럼 요구 사항을 자세히 설명하세요. 명확한 프롬프트는 모델이 핵심을 파악해 더 정확한 응답을 하도록 도와줍니다.

2. 맥락과 배경 정보 제공(Context)

모델에게 문제의 배경과 상황을 충분히 알려주는 것이 중요합니다. 금융 도메인에서는 제품 정보, 시장 상황, 고객 프로필 등 관련 맥락을 프롬프트에 포함하세요. 맥락을 알면 모델이 질문의 의도와 중요 포인트를 이해해 더 적절한 답변을 합니다. 예를 들어 "당신은 우리 은행의 마케팅 전문가입니다. 최근 20대 고객이 감소했습니다. 이 상황에서…"와 같이 상황을 설명한 뒤 질문을 하면, 모델이 해당 맥락에 맞는 마케팅 아이디어를 제시할 가능성이 높습니다.

3. 역할이나 관점 설정(Role/Perspective)

모델에게 특정 역할을 부여하면 답변의 '톤(Tone)'과 '전문성'을 조정할 수 있습니다. 예를 들어 "당신은 10년 경력의 금융 분석가입니다" 또는 "프레젠테이션 전문가의 관점에서 답변하세요"와 같이 모델의 페르소나를 지정하면, 응답이 해당 역할에 맞게 전문 용어를 사용하거나 어조를 조절하게 됩니다. 금융권 실무에서도 "경험 많은 자산관리사처럼 고객 투자 포트폴리오를 평가해 주세요"처럼 역할을 주면, 보다 실제 전문가가 조언하는 듯한 현실감 있고 신뢰도 있는 답변을 얻을 수 있습니다.

4. 원하는 출력 형식과 제약 조건 명시(Format & Constraints)

응답의 형태나 스타일, 길이 제한 등의 요구 사항을 명확히 지정하세요. 예컨대 보고서 형식의 결과를 원하면 "표 형식으로" 또는 "항목당 두 줄로 요약" 등 형식을 알려줍니다. 또한 필요한 경우 제한 사항(예: 200자 이내로 작성)을 부가하면 모델이 범위를 벗어나지 않습니다. 예를 들어 "다음 달 마케팅 캠페인 아이디어를 3가지 bullet point로 제시해 주세요. 각 아이디어는 한 문장으로 요약하고 20자 이내로 해주세요"처럼 출력 형태와 제한을 명시하면, 결과물이 일관된 포맷으로 나와서 활용하기가 수월합니다.

5. 예시와 출력 샘플 제공(Provide Examples)

모델에게 원하는 출력의 예시를 보여주면 더 정확한 결과를 얻을 수 있습니다. 프롬프트에 한두 개의 예시 답변이나 형식을 제시하면, 모델이 그 패턴을 학습하여 일관된 스타일로 답합니다. 특히 금융 보고서나 상품 설명문처럼 정형화된 형식이 있다면, 예시를 포함하는 것이 효과적입니다. 예를 들어 "예시: 1) 고객 세그먼트

A – 10억 원, 2) 고객 세그먼트 B – 8억 원. 이제 우리 데이터에 기반하여 같은 형식으로 상위 2개 세그먼트를 알려주세요"라고 하면, 모델이 예시 형식에 맞춰 일관된 출력을 생성할 것입니다.

6. 복잡한 요청은 단계적으로 묻기(Step-by-step & Decomposition)

난도가 높은 업무나 다단계 분석이 필요한 경우 문제를 쪼개어 단계별로 질문하거나, 모델이 순차적으로 사고하도록 유도하세요. 예를 들어 한 번에 완성본을 요구하기보다 "1단계: 데이터를 요약, 2단계: 문제점 식별, 3단계: 해결 방안 제안"처럼 절차를 나눠 프롬프트를 작성하면, 모델이 각 단계를 논리적으로 수행하여 더 체계적인 최종 답변을 제공합니다. 또는 "문제 해결 방법을 차근차근 생각해 보자"처럼 명시적으로 단계별 추론을 지시하는 '생각의 사슬(Chain-of-Thought)' 기법을 활용해도 좋습니다.

7. 소극적 금지보다는 적극적 지시(Positive Instructions over Negatives)

"~하지 마" 같은 금지어구만 제시하기보다는, 대신 무엇을 해야 하는지 적극적으로 알려주는 방식이 효과적입니다. 예를 들어 고객 응대 시 "고객 이름을 묻지 마세요"라고 하기보다는, "개인 정보는 묻지 말고 대신 계정 관련 일반 안내를 해주세요"처럼 해야 할 행동을 함께 지시합니다. 이렇게 하면 모델이 금지 사항을 피하면서도 무엇을 해야 할지 명확히 이해하게 되어 더 바람직한 출력을 생성합니다. 오픈AI 가이드 또한 응답에서 피할 사항만 나열하기보다는 대안 행동을 제시하라고 권장합니다.

위 원칙들은 금융권의 마케팅/영업/기획/연구 업무에서 프롬프트 작성 시 바로 활용할 수 있습니다. 예를 들어 마케팅 캠페인 아이디어를 얻고 싶다면 '명확한 목표와 배경(원칙 1, 2)'을 제시하고, '마케팅 전문가 역할(원칙 3)'을 부여한 뒤, '응답 형식(예: 슬라이드 요점 5개, 원칙 4)'을 지정해 보세요. 필요한 경우 '유사 캠페인 예시(원칙 5)'를 제공하고, 요청이 복잡하다면 '세부 단계로 나눠(원칙 6)' 질문하면 효과적입니다. 또한 민감한 정보는 '포지티브 가이드(원칙 7)'로 처리하여 AI가 불필요한 정보를 요구하지 않도록 할 수 있습니다.

1-6 널리 알려진 5가지 프롬프트 프레임워크

다양한 업계 전문가와 튜토리얼에서 소개하는 '프롬프트 프레임워크'들은 프롬프트를 체계적으로 구성하는 데 도움을 줍니다. 그중에서도 금융권 실무에 적용하기 적합하고 널리 알려진 다섯 가지 프레임워크를 선정하여 소개합니다. 각 프레임워크의 개요와 구성 요소, 금융 맥락에 맞춘 프롬프트 예시, 장단점을 분석했습니다.

1. RACE 프레임워크

RACE는 'Role, Action, Context, Expectation'의 약자입니다. AI 모델에게 '역할, 요구 작업, 상황 맥락, 기대 결과' 네 요소를 모두 명확히 전달하는 프레임워크입니다. 비교적 단순한 구조로 어떤 프롬프트든 기본적으로 갖춰야 할 요소들을 포함하고 있어, 전천후로 활용하기 좋습니다.

- **역할**(Role): AI가 맡을 역할이나 페르소나를 정의합니다. 예컨대 금융 컨설턴트, 고객, 분석가 등의 역할을 지정해 어투와 전문성을 설정합니다.
- **행동 지시**(Action): AI에게 시킬 주요 작업을 구체적으로 설명합니다. 무엇을 해야 하는지, 어떤 형태의 응답을 원하는지를 명시합니다.
- **맥락**(Context): 작업과 관련된 상황 및 배경 정보를 제공합니다. 문제의 상황, 자료의 개요, 대상에 대한 정보 등을 포함해 이해를 돕습니다.
- **기대 결과**(Expectation): 최종적으로 얻고자 하는 출력물이나 목표를 서술합니다. 답변의 방향성과 기준을 제시하는 단계로, 원하는 결과물의 형태나 요건을 밝힙니다.

RACE 프레임워크는 네 가지 핵심 요소를 균형 있게 포함하여 프롬프트의 중요한 요소를 빠뜨리지 않게 해줍니다. 특히 '기대 결과(Expected outcome)'를 명시하도록 함으로써, 답변의 방향성과 완료 조건이 분명해져 금융 실무에 필요한 목표 지향적 응답을 얻기 좋습니다. 구조가 단순해 어떤 주제에도 적용하기 쉽고 범용성이 높다는 것도 장점입니다.

반면 상대적으로 간결한 4요소로 이루어져 있기 때문에, 추가적인 세부 지침이나 예시 등이 필요한 경우 RACE만으로는 충분하지 않을 수 있습니다. 예를 들어 출력 형식이나 세부 단계 지시가 필요한 복잡한 작업에는 보완이 필요합니다. 또한 역할과 맥락은 구분이 비교적 명확하지만, 기대 결과는 요구 결과를 모호하게 기술하면 여전히 답변이 산만해질 수 있으므로 사용자가 원하는 기대치를 명확히 서술해야 하는 부담이 있습니다.

RACE 프레임워크 활용 프롬프트 예시

Role: 당신은 10년 경력의 은행 자산 관리사입니다.
Action: 고객의 현재 재무상황을 분석해 맞춤형 투자 포트폴리오를 작성하세요.
Context: 고객은 30대 초반 맞벌이 부부이고, 주요 관심사는 자녀 교육 자금 마련과 은퇴 준비입니다. 현재 예금 5000만 원과 월 저축 100만 원의 여력이 있습니다.
Expectation: 고객의 목표를 달성하기 위한 자산배분 전략을 [3가지

제안]으로 요약해 주세요(각 제안에는 투자 상품 구성과 예상 수익률을 포함).

위 프롬프트는 RACE 구조에 따라 역할(자산 관리사), 해야 할 작업(포트폴리오 작성), 맥락(고객 프로필과 재무 목표), 기대 결과(3가지 제안과 세부 요구 사항)를 모두 명시한 예시입니다. 이런 구성 덕분에 AI는 누구의 입장에서, 무슨 작업을, 어떤 상황에서 수행하여 어떤 결과를 내야 하는지를 분명히 이해하게 됩니다.

2. CARE 프레임워크

CARE는 'Context, Action, Result, Example'의 약자입니다. '맥락, 행동 지시, 결과'를 기술하고 마지막으로 '예시'를 제공하는 구조로, 프롬프트에 상황 설명과 기대 결과, 참고 예시까지 포함하게 됩니다. 특히 예시 부분이 포함되어 원하는 답변의 형태나 예시를 보여줄 때 유용한 프레임워크입니다.

- **맥락**(Context): 상황 설정이나 배경 설명을 제공합니다. (예: "고객 불만 사례가 발생한 상황에서…"처럼 맥락을 제시.)
- **행동 지시**(Action): AI가 수행해야 할 작업을 설명합니다. (예: "해당 사례에 대한 대응 방안을 제안해 주세요.")
- **결과**(Result): 기대하는 출력이나 목표 결과를 명확히 합니다.

(예: "… 그리고 그 해결 방안을 3단계 플랜으로 정리해 주세요.")

- **예시(Example)**: 원하는 답변 형식이나 참고 예를 제공합니다.

    (예: 이전에 유사 문제를 해결한 예시 답변이나 출력 포맷 등.)

CARE 프레임워크에 따라 맥락(고객 불만 상황), 행동 지시(팀장의 대응 작성), 결과(사과 메시지와 조치 계획 제시), 예시(답변 스타일 예시)를 모두 포함한 프롬프트 예시를 보여드리겠습니다. 예시 섹션에 간략한 모범 답안을 제시하여 모델이 참고하도록 한 것이 특징입니다.

CARE 프레임워크 활용 프롬프트 예시

> \# Context: 당신은 ○○은행 고객센터 팀장입니다. 한 VIP 고객이 "모바일 앱 이체 오류"에 대해 불만을 제기한 상황입니다.
> \# Action: 이 고객의 불만을 공감하고, 문제 원인을 조사하여, 적절한 해결책을 제시하는 답변을 작성하세요.
> \# Result: 고객이 신뢰를 회복하고 만족할 수 있도록 [사과 메시지]와 [향후 조치 계획]을 2~3문장으로 구성해 주세요.
> \# Example: (예시 답변) "고객님, 불편을 드려 대단히 죄송합니다. 현재 기술팀이 원인을 파악 중이며, 30분 내 문제를 해결해 드릴 것을 약속드립니다. 추가로 불편함을 겪지 않으시도록…."

CARE는 상황 배경과 기대 결과를 모두 포함하면서도, 추가로 예시를 제공할 수 있어 응답의 품질과 일관성을 높입니다. 특히 금융 분야에서는 규제나 전문 용어로 인해 특정한 답변 형식이 필요할 때가 많은데, 예시를 통해 모델이 따라야 할 형식을 명확히 제시할 수 있습니다. 또한 '맥락→행동 지시→결과'로 이어지는 구조가 사례 분석형 업무(예: 컴플라이언스 사고 사례 대응)에 잘 맞습니다.

반면 CARE 프레임워크를 사용하려면 적절한 예시를 마련해야 한다는 점에서 다소 번거로울 수 있습니다. 사용자가 원하는 예시 출력물을 직접 생각해 내야 하기 때문에 프롬프트 작성에 시간이 더 들 수 있습니다. 또한 역할(Role) 요소가 포함되지 않아, 필요한 경우 맥락 부분에 역할 정보를 함께 기술해야 하는데, 구조상 맥락에 너무 많은 정보를 넣으면 산만해질 수 있습니다. 따라서 CARE는 예시를 통한 출력 가이드가 특히 중요할 때 사용하고, 그렇지 않다면 예시 없이 3요소만으로 간결하게 쓰는 등 유연하게 활용할 필요가 있습니다.

3. RISE 프레임워크

RISE는 'Role, Input, Steps, Expectation'의 약자로, 프롬프트를 '역할, 입력 데이터/정보, 단계별 지침, 기대 결과' 순으로 구성합니다. 단계적 수행(Steps)에 초점을 맞춘 프레임워크로, 복잡한 업무를 단계별로 나눠 해결하거나 AI에게 체계적인 접근을 유도할 때 유용합니다.

- **역할**(Role): AI의 역할이나 정체성을 규정합니다. (예: "당신은 위험관리 부서의 선임 애널리스트입니다.")
- **입력 데이터/정보**(Input): 작업에 필요한 세부 정보나 자료를 제공합니다. (예: "다음은 지난 분기 리스크 평가 보고서 요약입니다: (자료 첨부)")
- **단계별 지침**(Steps): 원하는 해결 절차나 단계를 나열합니다. (예: "1단계: 데이터 이상치 확인, 2단계: 주요 리스크 요인 식별, 3단계: 조치 방안 제안")
- **기대 결과**(Expectation): 최종적으로 얻고자 하는 결과물을 설명합니다. (예: "각 단계별 분석 결과와 권고안을 제시해 주세요.")

RISE 프레임워크는 작업 과정을 세분화함으로써 모델이 한꺼번에 모든 것을 고려해야 하는 부담을 줄여줍니다. 금융권에서처럼 복잡한 데이터 분석이나 프로세스를 다룰 때, 단계별 지침을 주면 모델이 체계적으로 사고하고 응답하는 데 효과적입니다. 또한 역할과 입력 데이터/정보를 분리해 명시하기 때문에, 맥락 정보를 충분히 주면서도 모델의 역할에 맞춰 답변의 톤을 유지할 수 있습니다. 이런 구조 덕분에 RISE 프레임워크는 분석 리포트 작성, 문제 해결형 질문 등에 적합합니다.

반면 프롬프트가 다소 장황해질 수 있고, 작성자의 준비 작업이 늘어날 수 있습니다. 단계(Steps)를 나열하기 위해서는 사용자가 문제를 잘 구조화해야 하며, 모든 단계가 논리적으로 맞아야 효과를 발휘합니다. 잘못된 단계 지시를 하면 오히려 모델을 혼란시킬 우려도 있습니다. 또한 간단한 질의에는 RISE 구조가 오버엔지니어링일 수 있습니다. 예컨대 한두 문장으로 답할 수 있는 질문에 굳이 '단계'를 넣으면 비효율적일 수 있으므로, 프롬프트의 복잡도에 맞게 적용하는 것이 중요합니다.

RISE 프레임워크 활용 프롬프트 예시

> \# Role: 당신은 증권사 리서치 애널리스트입니다.
> \# Input: 아래는 최근 1년간 ABC회사의 분기별 재무제표 요약입니다:
>   (재무 데이터 표 첨부)
> \# Steps: 1) 이 재무데이터에서 [주요 추세 2가지]를 찾아내세요.
>   2) 해당 추세의 [원인이나 영향 요인]을 분석하세요.
>   3) 마지막으로 이 회사 주식의 [투자 의견]을 간략히 제시하세요(매수/보유/매도 중 택일).
> \# Expectation: 각 단계의 답변을 순서대로 번호를 붙여 작성하고, 전체 답변은 300자 이내로 해주세요.

위 예시는 RISE 구조를 충실히 따릅니다. 애널리스트라는 역할

(Role)을 주고, 분석에 필요한 정보(Input)를 제공했으며, 3단계로 문제 해결 과정(Steps)을 안내하고, 기대 결과(Expectation)로 출력 형식과 분량까지 지정했습니다. 특히 'Steps' 부분이 눈에 띄는데, 모델이 각 단계를 순차적으로 수행하여 답하도록 유도함으로써 논리적인 흐름을 갖춘 답변을 얻을 수 있습니다.

4. COAST 프레임워크

COAST는 'Character(혹은 Context), Objective, Actions, Scenario, Task'의 머리글자로 이루어진 프레임워크입니다. 시나리오 중심으로, 특정 상황(Scene)을 설명하고 그 안에서 목표(Objective)와 해야 할 일(Task), 구체적인 행동들(Actions)을 나열하도록 권장합니다. 주로 스토리텔링이나 사례 기반 프롬프트에 유용하며, 금융권에선 케이스 스터디 형태의 질문에 활용할 수 있습니다.

- **등장인물/맥락(Character/Context)**: 상황에 등장하는 인물이나 맥락을 설정합니다. 여기서 C를 'Character'로 볼 수도 있고 'Context'로 보기도 합니다. (예: "당신은 금융 영업팀 팀장입니다.")
- **목표(Objective)**: 해당 시나리오에서 달성해야 할 목표를 제시합니다. (예: "팀 실적을 20퍼센트 향상시키는 것.")

- **행동들(Actions)**: 그 목표를 달성하기 위해 고려하는 구체적인 행동 또는 조치 목록입니다. (예: "신규 고객 유치 캠페인 기획, VIP 고객 리텐션 프로그램 개선…")
- **상황(Scenario)**: 상세한 상황 묘사나 조건을 제공합니다. (예: "현재 팀원은 5명이고 예산은 제한적이며, 경쟁 은행에서 공격적 마케팅을 시작한 상황…")
- **과제(Task)**: AI에게 부여되는 최종 작업 지시입니다. (예: "위 상황을 바탕으로, 팀 목표 달성을 위한 3가지 전략을 제안해 주세요.")

COAST 프레임워크는 특히 맥락이 복잡한 의사 결정 시나리오에 유용합니다. '등장인물/맥락'을 통해 이야기나 사례를 충분히 설명하고 '목표'와 '과제'로 문제 설정과 임무를 분리하므로, 전략 수립이나 사례 분석형 질문에서 AI의 상황 이해도를 높여 현실적인 답변을 끌어낼 수 있습니다. 금융권에서는 영업 시나리오, 위기관리 시나리오, 투자 사례 분석 등에 적용하면 모델이 단편 정보만 갖고 답을 생성하는 것보다 맥락에 맞는 구체적인 조언을 해줄 가능성이 높습니다.

반면 포함해야 할 요소가 많아 프롬프트가 길어질 수 있고, 작성자가 모든 정보를 채워 넣어야 하므로 부담이 될 수 있습니다. 특히 '행동들'과 '과제'의 구분이 모호해질 가능성이 있는데, '행동들'은 고려 사항일 뿐 최종 지시는 '과제'에 담긴다는 점을 명확히 해야 합니다. 또한 '상황'에 너무 많은 정보를 넣으면 모델이 어떤 부분에 중점을 둬야 할지 혼란스러워질 수 있습니다. 따라서 시나리오 설정은 핵심적인 요소만 간추려야 하며, COAST 프레임워크를 사용할 때는 프롬프트가 과도하게 장황해지지 않도록 유의해야 합니다. 요컨대 COAST 프레임워크는 상황 맥락이 복잡할 때 효과적이지만 간단한 질의에는 오히려 과한 구조일 수 있습니다.

COAST 프레임워크 활용 프롬프트 예시

> # Character: 당신은 ○○증권의 영업팀장(10년 경력)입니다.
> # Objective: 이번 분기 [주식 상품 판매량 15퍼센트 증가]라는 목표가 있습니다.
> # Actions: 이를 위해 고려 중인 전략은 1) [온라인 투자 세미나 개최], 2) [VIP 고객 1:1 컨설팅], 3) [영업직원 인센티브 제도 개선]입니다.
> # Scenario: 현재 팀원은 8명이며, 전분기 실적은 목표 대비 마이너스 5퍼센트였습니다. 마케팅 예산은 한정적이며, 경쟁사들은 공격적으로 프로모션을 진행 중입니다.
> # Task: 위 정보에 기반하여, 목표 달성을 위한 [최적의 실행 계획]을 수립하고 각 전략에 대해 [기대 효과]를 분석해 주세요.

위 프롬프트는 COAST의 각 요소를 명확히 구분했습니다. 팀장의 캐릭터와 목표, 가능한 행동 전략들, 둘러싼 환경 시나리오를 제시한 후, 마지막에 구체적인 과제를 요구하고 있습니다. 시나리오가 상세히 주어졌기 때문에 모델은 맥락을 잘 파악하게 되고, 제시된 'Actions'를 참고하여 실행 계획을 체계적으로 제안할 수 있을 것입니다.

5. CREATE 프레임워크

CREATE는 'Character, Request, Examples, Adjustment, Type of output, Extras'의 머리글자로 이루어진 프레임워크입니다. 무려 여섯 가지 요소를 포함하며, 프롬프트를 매우 상세하게 구조화할 수 있는 방법입니다. 역할 부여부터 요청 내용, 출력 예시, 추가 지침(조정 사항), 출력 형식, 부가 정보까지 망라하기 때문에 복잡한 요청이나 높은 정확도가 필요한 작업에 활용됩니다.

- **캐릭터/역할**(Character): AI의 역할이나 페르소나를 지정합니다. (예: "당신은 투자 컨설팅 전문 로보어드바이저입니다.")
- **요청/과업**(Request): 수행해야 할 핵심 작업 내용을 적습니다. (예: "고객의 투자 성향을 분석하여 포트폴리오를 구성하세요.")
- **예시**(Examples): 원하는 출력의 예시나 참고 사례를 제공합니다. (예: "예를 들어 '고위험 선호. 80퍼센트 주식, 20퍼센트 채권.' 같은 형식으로 제시")
- **조정 지침**(Adjustment): 출력에 대한 특별 지시나 조정 사항을 명시합니다. (예: "내용을 더 전문적으로 보이도록 금융 용어를 사용하

세요" 혹은 "너무 어려운 용어는 피하세요")
- **출력 유형**(Type of output): 원하는 응답의 형식이나 스타일을 지정합니다. (예: "표 형태로 결과를 보여주세요", "요약 보고서 형식으로 작성해 주세요")
- **추가 정보**(Extras): 기타 참고할 추가 맥락이나 데이터를 제공합니다. (예: "고객 나이: 45세, 소득: 고소득, 투자 경험: 중급" 등 추가 정보)

CREATE 프레임워크는 사실상 가장 상세한 프롬프트 템플릿 중 하나로, 빠뜨릴 수 있는 요구 사항을 모두 포함하도록 도와줍니다. 특히 예시와 조정 지침, 출력 유형 부분은 다른 프레임워크에 없는 요소로, 모델의 출력 품질을 한층 높이는 비결입니다. 예시로 레이아웃이나 답변 예시를 보여주고, 조정 지침으로 구체적인 구술 지침(톤이나 어휘 등)을 주며, 출력 유형으로 포맷 지정까지 하면, 마치 사람이 세세히 피드백을 준 것처럼 정교한 맞춤 응답이 나올 확률이 높습니다. 금융권에서는 정책 보고서나 투자 분석처럼 형식과 정확성이 중요한 문서 작성에 CREATE 프레임워크를 활용하면 원하는 형식과 수준의 답변을 얻기 유리합니다.

하지만 많은 정보를 담다 보니 프롬프트 작성 자체가 매우 공들여야 하는 작업이 됩니다. 사용자 입장에서 CREATE를 매번 사용하기는 번거로울 수 있으며, 불필요한 요소까지 넣으면 오히려 모델이 중요한 부분을 간과하는 데 혼란을 겪을 수 있습니다. 또한 프롬프트가 너무 길면 (특히 예시가 길어지면) 토큰을 많이 소모하게 되어 효율이 떨어질 우려도 있습니다. 따라서 CREATE 프레임워크는 정말 세밀한 제어가 필요할 때만 사용하는 것이 좋고, 상황에 따라 예시나 추가 정보 등 일부 요소는 생략하는 등 유연하게 조절해야 합니다. 요약하면, 강력한 만큼 다루기 어려운 프레임워크이므로 금융권에서도 주로 고정형 문서 템플릿 생성 등 필요할 때 선택적으로 활용하는 것이 바람직합니다.

CREATE 프레임워크 활용 프롬프트 예시

Character: 당신은 AI 기반 재무설계사입니다(친절하고 전문적인 어조).

Request: 35세 중산층 고객의 [은퇴 자금 계획]을 수립하세요.

Examples: 예시) 35세 남성, 현재 자산 1억 원, 은퇴 목표 60세, 월 적립 100만 원 → 권장: 국내 주식 50퍼센트, 외국 펀드 30퍼센트, 채권 20퍼센트

Adjustment: 설명은 [전문 용어를 최소화]하고, 고객이 쉽게 이해할 수 있는 비유를 한 가지 포함하세요.

Type of output: [항목별 권장 자산배분표]와 [간략한 설명]을 포함한 보고서 형식.

Extras: 고객의 위험 선호도는 '중간' 수준이며, 현재 별도 대출은 없습니다.

여섯 가지 구성 요소를 모두 채운 꽤 긴 프롬프트입니다. 역할, 작업, 예시, 조정 지침, 출력 형식, 추가 정보가 명확히 구분되어 있습니다. 이 정도로 상세히 프롬프트를 작성하면 모델은 요구를 명백히 파악할 뿐 아니라, 예시와 조정 지침을 참고하여 매우 구체적이고 원하는 스타일에 가까운 응답을 할 것입니다.

1-7 CO-STAR 프레임워크 심층 해설

CO-STAR는 싱가포르 거브테크(GovTech) 데이터사이언스팀이 처음 제안한 6단계 프롬프트 구조로 'Context, Objective, Style, Tone, Audience, Response'의 머리글자를 따서 이름을 지었습니다. 각 요소를 명시함으로써 모델이 '무엇을, 어떤 방식으로, 누구에게' 전달해야 하는지 한눈에 파악하도록 하는 것이 핵심입니다.

CO-STAR 프레임워크 구성

요소	질문 가이드	금융권 예시 설명
맥락 (Context)	작업의 배경·상황을 제공	K은행은 20대 고객 유입이 감소해 디지털 예적금 상품을 출시하려는 상황
목표 (Objective)	모델이 수행할 구체적 작업	SNS 광고용 30자 카피 5개 작성
스타일 (Style)	글의 구조·형식을 지정	각 카피는 #(해시태그) 2개 포함, 콜론으로 분리

톤 (Tone)	감정·어투 지정	친근하고 희망적인 톤
청중 (Audience)	최종 수신자 정의	모바일 뱅킹에 익숙한 20대 초반
응답 (Response)	원하는 출력 포맷/제약	표 형식, 열은 '카피·해시태그' 2개, 80byte 이하

프롬프트 작성 단계별 지침

1. '맥락→목표' 순으로 좁혀가기: 먼저 비즈니스 상황(예: '연체율 증가')을 설명한 뒤, 구체 목표('이탈 고객 3가지 세그먼트 정의')를 명시합니다.

2. 스타일, 톤은 브랜드 가이드와 맞추기: 은행 브랜드 가이드에 있는 어조, 텍스트 길이 규정과 일치하도록 지정하면 응답 일관성이 올라갑니다.

3. 청중을 세분화: '일반 고객' 대신 '30대 전문직·고소득'처럼 구체화하여 모델이 난해한 전문 용어 여부를 조절하도록 합니다.

4. 응답 형식은 머신 처리까지 고려: CSV, JSON, Markdown 표 등 후속 파이프라인(리포트 자동화·BI 툴)을 염두에 둔 포맷을 요청하면 추가 정제가 필요 없습니다.

금융권 사례별 CO-STAR 프롬프트 예시

A. 마케팅 - 디지털 예적금 출시 SNS 카피

Context
K은행은 20대 고객 유입이 감소해 금리 3.5%의 '플렉스저축' 모바일 예적금 상품을 7월 출시 예정입니다.

Objective
인스타그램 릴스를 위한 15초용 문구 3가지 작성.

Style
각 문구는 1) 메인 이모지, 2) 15자 내 헤드라인, 3) 해시태그 2개 (#플렉스저축 #금리3_5) 순.

Tone
밝고 도전적.

Audience
20~29세 사회 초년생.

Response
표 형식으로 'Head'와 'Hashtags' 두 열만 보여주세요.

B. 영업 - 기업자금 담당자 대상 IR 피치

Context
우리증권 투자 은행팀은 A사(매출 1조)의 회사채 발행을 주관하며, 오늘 CFO에게 프레젠테이션 예정.

Objective
5슬라이드 피치덱 아웃라인 작성.

Style
슬라이드 제목+핵심 Bullet 2개.

Tone
전문적이되 결단력 있는 어조.

Audience
재무 전문가(CFO·재경팀).

Response
Markdown 리스트.

C. 기획 - 모바일 뱅킹 앱 신규 기능 로드맵

Context
S은행은 UX 개선을 위해 '카테고리별 지출 알림'을 도입 검토 중.

Objective
12개월 로드맵을 분기별 마일스톤으로 제시.

Style
Gantt 표 대신 텍스트 타임라인(분기: 작업) 형식.

Tone
목표 지향, 간결.

Audience
DX 추진실 임원.

Response
분기별 '주요 과업-성과 지표' 2열 표.

D. 연구 - 중앙은행 연설 요약&시장 영향 평가

Context
오늘 한국은행 총재가 기준금리 동결 시사 발언.

Objective
① 핵심 메시지 5줄 요약 ② 국채 3Y·10Y 금리 영향 시나리오 3가지 제시.

Style
1단 요약 후 번호 매긴 시나리오.

Tone
중립적·데이터 중심.

Audience
채권 딜러 및 매크로 전략팀.

Response
Markdown 헤드라인+표(시나리오·금리 변동bp).

다음은 CO-STAR 프레임워크의 장점·한계 및 실무 적용 팁을 정리한 표입니다. 직접 CO-STAR 프레임워크를 활용하기 전에 체크리스트로 활용해 보시기 바랍니다.

CO-STAR 프레임워크의 장점·한계 및 실무 적용 팁

장점	설명
6요소 체크리스트	누락 없이 프롬프트를 설계해 첫 시도 성공률을 높임
브랜드 톤 관리	Style·Tone·Audience 필드를 통해 은행·증권사별 레터헤드 일관성 확보
재사용성	한 번 만든 CO-STAR 템플릿을 부서별로 복사해 템플릿 문화 정착
한계 및 완화 방법	요소가 많아 프롬프트 길이 증가 → 세부 요소를 주석(#)·선택적 생략으로 압축
	초보 작성자는 Style·Tone 선택이 애매 → 사내 브랜드 가이드 문서 링크를 Context에 포함
	Audience 세부 지정 실패 시 응답 난이도 불일치 → '금융 비전문 고객 vs 리스크 전문가'처럼 난이도 키워드 추가
실무 팁	CO-STAR를 사내 포털에 FAQ 양식으로 만들어 직원이 Context·Objective만 입력하면 나머지 필드(Style·Tone·Audience·Response)는 부서 기본값을 자동 채우도록 하면 메신저봇·RPA와 연동해 프롬프트 품질을 표준화할 수 있음.

각 프롬프트 프레임워크는 목적에 따라 장단점과 활용 분야가 다릅니다. 금융권 실무에서는 이들 원칙과 프레임워크를 상황에 맞게 조합해 사용하면, 마케팅 카피 작성에서부터 투자 보고서 요약, 영업 전략 수립까지 AI의 도움을 극대화할 수 있을 것입니다.

공통 원칙으로 프롬프트의 기본기를 다진 후, 필요에 따라 적절한 프레임워크를 적용하면 보다 명확하고 유용한 AI 응답을 얻을 수 있습니다.

1-8 과제에 맞는 모델 선택 전략

실무에서 생성형 AI의 활용은 단순한 정보 검색을 넘어 심층적인 분석과 전략 수립에 필수적인 도구가 되고 있습니다. 그런데 GPT-5 출시 전 강의에서 만난 수강생들의 대부분은 모델 선택이 가능한 유료 플랜을 쓰면서도 기본으로 세팅된 모델, 즉 GPT-4o만 사용하고 있었습니다. 같은 모델이라도 조금씩 다른 결과를 내놓는 챗GPT이기 때문에 모델을 바꾸면 그 결과물의 품질 또한 달라질 수밖에 없습니다. 이제 GPT-5가 디폴트 모델이 되었지만 유료 사용자에게는 여전히 다양한 모델 선택권을 제공합니다.

그렇다면 어떻게 골라 써야 하는 걸까요? 모델의 문서 처리, 생성 등 동작 원리에 따라 크게 '추론 모델'과 '비추론 모델'로 나눌 수 있습니다. 각 모델의 특성을 이해하고 써야만 돈 내고 쓰는 챗GPT의 능력을 끝까지 뽑아낼 수 있습니다. 증권사 업무를 중심으로 두 모델의 차이점을 설명하고, 금융 전문가들이 각자의 업무에 맞춰 AI를 어떻게 활용할 수 있는지 실용적인 팁을 제공합니다.

챗GPT 모델의 진화와 종류

2025년 8월 현재, 챗GPT는 무료를 포함한 모든 사용자에게 GPT-5를 기본 모델로 제공하며, 유료 사용자에게는 추론 기능을 갖춘 GPT-5 씽킹 모델과 각 모델별로 경량화된 빠른(Fast) 모델을 제공합니다. 추가로 이전 모델인 레거시(Regacy) 모델 GPT-4o도 선택이 가능합니다. 레거시 모델명 기준으로 설명드리면 GPT로 시작하는 모델은 비추론이고 'o'로 시작하는 모델은 추론 모델입니다. 무료 모델에서는 모델 선택이 불가능해 비추론 모델인 GPT-4o를 기본으로 제공합니다. 먼저 비추론 모델부터 살펴보겠습니다.

무료 사용자는 GPT-5와 레거시(Auto) 모델, 총 두 개만 선택할 수 있다.

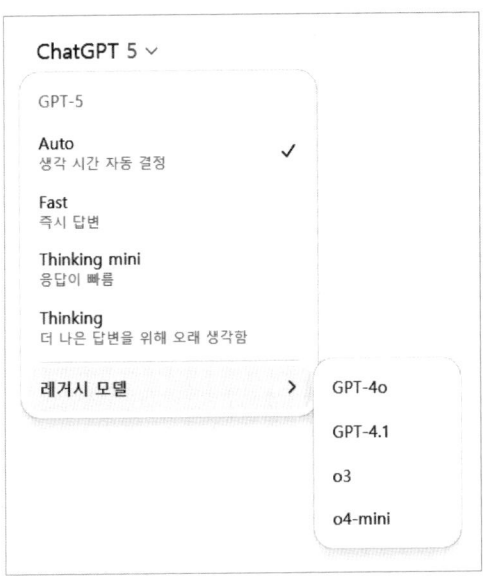

유료(Plus) 사용자는 최신 GPT-5의 4가지 최신 모델과 레거시(Auto) 모델 4가지를 선택할 수 있다.

비추론 모델

GPT-4o 같은 비추론 모델은 대부분의 일반적인 업무에 적합하도록 설계되었습니다. 이 모델들은 질문을 받으면 즉시 답변을 생성하며, 빠른 응답 속도가 가장 큰 장점입니다. 입력과 출력을 처리할 때 추론 모델에 비해 적은 토큰(AI가 정보를 처리하는 최소 단위)을 사용합니다. 간단한 시장 데이터 조회, 이메일 초안 작성, 뉴스 요약, 번역 등 일상적인 업무에 매우 유용합니다.

활용 예시: 증권사 애널리스트가 "현재 미국 시장의 주요 경제 지표 동향을 알려주세요"라고 질문했을 때, GPT-4o는 즉시 관련 데이터를 검색해 간결하게 요약해 줍니다. 또한 "이번 주 고객들에게 보낼 시장 동향 브리핑 초안을 작성해 주세요" 같은 요청에도 빠른 시간 내에 기본적인 틀을 제공합니다. 그러나 복잡한 투자 전략 수립이나 깊이 있는 투자 리스크 분석 같은 여러 단계의 정보 입력과 평가가 필요한 작업에서는 제한적인 성능을 보입니다. 예를 들어 특정 기업의 '내재 가치 평가를 위한 재무 모델 분석'이나 '특정 거시 경제 변수가 포트폴리오에 미치는 영향 분석'을 요청했을 때, GPT-4o는 비교적 일반적이거나 미리 학습된 패턴에 기반한 확률에 의한 답변을 제공하는 경향이 있습니다.

최신 GPT-5 모델도 비추론 모델이지만 소위 '자동 스위칭' 기능을 탑재해 추론이 필요할 경우는 씽킹 모델로 처리합니다. 예를 들어 프롬프트에 '더 깊이 있게 더 깊이 생각하고 답변을 해줘'라고 입력하면 자동으로 씽킹 모델이 활성화됩니다.

추론 모델

이전 o3 모델이나 최신 GPT-5 씽킹 모델은 '고급 추론' 기능을 특징으로 합니다. 이 추론 모델들은 질문에 대한 답변을 생성하기 전에 더 많은 '생각' 과정을 거칩니다. 즉, 사용자가 입력한 프롬프트에서 의도를 분석하고 문제를 분해합니다. 결과물을 생성하기 전에 '생각 중(Thinking)'이라는 추론 과정을 거치고 있음을 화면에 표시합니다. 과제에 따라 다르지만 많게는 수십 단계의 추론과 평가를 거쳐 다음 단계로 넘어갑니다. 깊이 있는 문제를 고민하고 다양한 시나리오를 검토하는 인간과 유사한 사고 과정을 보여줍니다. 첨부한 파일을 읽고, 프롬프트에 필요한 내용이 충분한지 검토하고, 부족하면 스스로 웹 검색을 수행해 필요한 자료를 찾아옵니다. 또 이 과정에서 살펴본 자료들이 충분한지 스스로 판단합니다. 이러한 특성 덕분에 복잡한 투자 전략 수립, 심층 리서치, 리스크 관리, 시장 예측 같은 고도의 지적 능력이 필요한 파트너로 적합하다고 할 수 있습니다.

활용 예시: 증권사 애널리스트가 "현재 글로벌 시장의 'AI 버블에 대한 회의론'이 증권사에 미치는 가장 큰 외부적 도전 과제는 무엇인가요?"라고 질문했을 때, 추론 모델은 단순히 관련 뉴스를 요약하는 것을 넘어, "GenAI(생성형 AI) 도입이 성숙 단계에 접어든 기업은 1%에 불과하고, 45%의 기업은 AI 전문 인력이 부족하며, 75%는 데이터 보안을 우려한다"는 다양한 소스의 통계 자료와 함께 심층적인 분석을 제공합니다. 또한 "이러한 시

장 도전 과제를 해결하지 못했을 때 증권사가 직면할 최악의 시나리오는 무엇인가요?"라고 질문했을 때, 추론 모델은 '도미노 효과'를 분석하고, '재정적 결과', '전략 및 평판 결과' 등으로 세분화된 표 형식의 상세한 분석을 제공합니다. 이는 단순한 정보 나열이 아닌, 문제의 인과 관계를 파악하고 잠재적 영향을 예측하는 고급 추론 능력을 보여줍니다.

금융 업무에서의 모델 선택 전략

두 모델의 비교를 통해 알 수 있듯이, 챗GPT를 금융업에서 효과적으로 활용하기 위해서는 작업의 성격에 따라 적절한 모델을 선택하는 것이 중요합니다.

- GPT-5, GPT-4o(비추론 모델) 증권사 데일리 브리프 작성, 경쟁 보험사의 최근 뉴스 요약 정리, 상품에 대한 고객 문의에 대한 신속한 답변 생성, 간단한 보고서 요약 등 빠른 응답과 기본적인 정보 처리가 필요한 대부분의 업무에 적합합니다.

- GPT-5 thinking, o3(추론 모델): 복잡한 재무 모델 분석, 신상품 기획을 위한 시장 트렌드 심층 분석, 리스크 관리 시나리오 개발, 경쟁사 전략 분석 및 차별화 포인트 도출, 투자 보고

서 초안 작성 등 '생각'과 '논리', 깊이 있는 통찰력이 필요한 업무에서 비추론 모델에 비해 뛰어난 성능을 발휘합니다. 응답 생성에 시간이 더 소요될 수 있지만, 그만큼 높은 품질과 깊이 있는 분석 결과를 제공합니다. 심층 분석(Deep Research)에 사용되는 모델도 추론 모델입니다.

참고로 모델 이름에 'Fast'나 'Mini'가 붙어 있다면 속도 우선 모델입니다. 즉, 더 적은 토큰을 사용해 빠르게 답변을 받을 수 있습니다.

독자님이 유료 플랜을 쓰신다면 이 두 유형의 모델 특성을 이해하고, 자신의 과제에 맞는 적절한 모델을 선택함으로써 AI를 최적의 '전략적 사고 파트너'로 활용할 수 있습니다. 또, 하나의 과제를 하나의 모델로 끝내는 것이 아니라 대화 중간에 모델 변경을 하며 하이브리드 방식으로 사용할 수도 있습니다. 예를 들어 새로운 ETF 포트폴리오를 설계하기 위해 고객의 투자 성향을 분석하고 맞춤형 제안을 해야 할 때, 우선 비추론 모델로 기본 ETF의 특성을 정리한 후 추론 모델로 바꿔 고객 데이터와 ETF 상품 정보 DB를 기반으로 정교한 시나리오를 생성할 수 있습니다. 애널리스트 리포트를 만드는 일을 한다면 우선 비추론 모델로 취합한 복수의 문서에서 특정 정보를 추출하고 요약 정리한 후 추론 모델로 최종 인 사이트를 담은 리포트 초안을 만들 수 있습니다.

챗GPT 같은 생성형 AI 활용 능력을 극대화하는 것은 단순히 프롬프트를 잘 작성하는 능력은 물론이고 각 모델의 강점을 이해하고 적재적소에 활용 하는 '모델 지휘자'로서의 역량을 키우는 것도 중요할 것입니다.

Part 2

실시간 투자 정보 분석과 시황 자료 작성하기

A증권사 김은우 애널리스트는 매일 아침 글로벌 마켓 동향을 분석하고 시황 자료를 작성해야 합니다. 특히 AI 섹터의 최신 동향을 빠르게 파악하고 투자자들에게 인사이트를 제공해야 하죠. 그런데 수많은 외국 뉴스와 정보를 검토하는 데 많은 시간이 소요됩니다. 은우 씨는 매일 아침 8시까지 보고서를 제출해야 하는 압박 속에서 효율적인 정보 분석 방법이 필요했습니다. "매일 야근하면서 외국 뉴스를 일일이 번역하고 분석하게 너무 힘드네요. 더 효율적인 방법이 없을까요?"

금융 시장은 24시간 쉼 없이 움직이며, 전 세계에서 발생하는 뉴스와 이벤트에 즉각적으로 반응합니다. 증권사의 리서치 애널리스트로서 이러한 방대한 정보를 신속하게 수집하고 분석하여 의미 있는 시황 자료로 가공하는 것은 매우 중요한 업무입니다. 이번 장에서는 챗GPT를 활용하여 글로벌 금융 뉴스를 효율적으로 분석하고 전문적인 시황 자료를 작성하는 방법을 알아보겠습니다.

시황 자료는 단순한 뉴스 요약이 아닌 금융 전문가의 통찰력이 담겨야 합니다. 단순 요약은 챗GPT가 더 잘하니까요.

시황 자료에는 오늘 기준 최신 시장 동향, 증시에 영향을 미치는 주요 이벤트와 그 영향, 투자 기회와 위험 요소 등이 포함됩니다. 챗GPT는 이러한 시황 자료 작성 과정에서 정보 수집, 번역, 요약, 분석을 빠르게 처리하는 데 도움을 줄 수 있습니다. 특히 「블룸버그」나 「야후파이낸스」 같은 신뢰할 수 있는 금융 정보 소스의 URL을 활용하면 최신 정보를 기반으로 한 시황 자료를 빠르게 작성할 수 있습니다.

2-1 기본 프롬프트: 실시간 투자 뉴스 분석

먼저 간단한 시황 자료를 만들 수 있는 프롬프트를 사용해 보겠습니다.

Role
당신은 증권사 마켓 리서치 부서의 리서치 연구원입니다. 전 세계의 실시간 투자 관련 뉴스를 분석하고 시황 자료를 만드는 업무를 합니다.

Task
제공한 URL을 이용해서 시황 자료의 초안을 작성하세요. 아래의 형식에 맞게 전문적인 문체로 작성하세요.

URL(분석을 원하는 URL 직접 입력)

Output Format
1. 섹터 동향 요약
2. 주요 기업 뉴스(M7)
3. 투자 전망
4. 종합 의견

설명:
Yahoo Finance에서 특정 섹터로 검색하고(예: Tech) 뉴스 URL을 2개

> 이상 복사해 붙여 넣으세요.

글로벌 시황 분석 리포트

작성일: 2025년 3월 26일

1. 시장 개요
최근 글로벌 기술 시장은 인공지능(AI) 관련 수요 증가와 반도체 기업들의 강세로 상승세를 보이고 있습니다. 특히 엔비디아와 ARM 홀딩스와 같은 핵심 기술 기업들이 주도하는 가운데, 마이크로소프트와의 협력 관계 강화로 주가 상승이 이어지고 있습니다.

2. 주요 뉴스 및 이벤트
- 엔비디아 CEO 젠슨 황은 AI 수요가 "당분간 계속될 것"이라고 언급하며 향후 시장 전망에 대한 긍정적인 시각을 표명했습니다.
- ARM 홀딩스의 주가는 마이크로소프트와의 협력 관계 강화 소식에 큰 폭으로 상승했습니다.
- 마이크로소프트는 AI 워크로드를 위한 ARM 기반 칩 개발을 추진 중인 것으로 알려졌습니다.

3. 산업별 동향
- 반도체 산업
- 엔비디아는 AI 관련 수요 증가로 인해 지속적인 성장세를 보이고 있으며, 데이터센터 및 클라우드 컴퓨팅 분야에서의 입지를 강화하고 있습니다.
- ARM 홀딩스는 칩 설계 분야에서의 경쟁력을 바탕으로 마이크로소프

트와 같은 대형 기술 기업들과의 협력을 확대하고 있습니다.

- 클라우드 및 AI 산업
- 마이크로소프트는 ARM 기반 칩 개발을 통해 AI 워크로드 처리 효율성을 높이고 클라우드 서비스 경쟁력을 강화하려는 움직임을 보이고 있습니다.
- AI 기술의 발전과 함께 관련 하드웨어 및 소프트웨어에 대한 수요가 지속적으로 증가하고 있습니다.

4. 투자 시사점
- 반도체 산업, 특히 AI 관련 하드웨어 제조업체들은 향후에도 강한 성장 모멘텀을 유지할 것으로 예상됩니다.
- ARM 아키텍처의 중요성이 커지고 있으며, 관련 기업들의 성장 가능성에 주목할 필요가 있습니다.
- 엔비디아와 같은 AI 관련 기업들의 실적 및 전망에 대한 지속적인 모니터링이 필요합니다.
- 마이크로소프트의 ARM 기반 칩 개발이 클라우드 시장에 미칠 영향에 대해 주목해야 합니다.

야후 파인낸스 섹터 링크 https://finance.yahoo.com/sectors/technology/

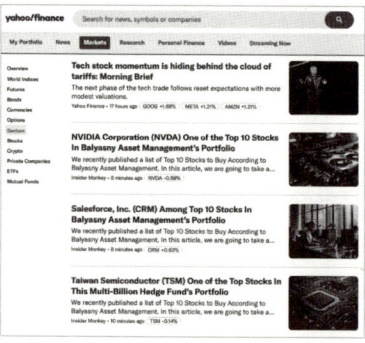

2-2 응용 프롬프트: 테크 섹터 심층 분석

이번에는 결과 포맷을 더 상세하게 정리한 프롬프트를 사용해 보겠습니다.

Role
당신은 증권사 마켓 리서치 부서의 수석 리서치 연구원입니다. 전 세계의 실시간 투자 관련 뉴스를 분석하고 시황 자료를 만드는 업무를 합니다. 특히 테크 섹터와 관련된 심층적인 분석을 전문으로 합니다.

Task
제공한 URL을 이용해서 시황 자료의 초안을 작성하세요. 단순히 뉴스를 요약하는 것이 아니라, 해당 뉴스가 시장에 미치는 영향, 관련 업종 및 기업들의 투자 전망, 그리고 중장기적 시장 트렌드를 분석해 주세요. 글로벌 투자자들에게 실질적인 인사이트를 제공할 수 있는 전문적인 내용으로 작성하세요.

URL
https://finance.yahoo.com/news/nvidia-ceo-says-ai-demand-193410808.html
https://finance.yahoo.com/news/arm-holdings-shares-jump-microsoft-140353962.html

Output Format
1. 핵심 요약(Executive Summary)
2. 시장 동향 분석(Market Trend Analysis)
   - 관련 섹터 주가 동향
   - 주요 지표 및 기술적 분석
3. 뉴스 상세 분석(News Detail Analysis)
   - 주요 뉴스 내용 및 의미
   - 시장 반응 및 영향력 평가
4. 관련 산업 생태계 분석(Industry Ecosystem Analysis)
   - 가치 사슬 영향 분석
   - 경쟁사 동향 및 포지셔닝
5. 투자 전략 제언(Investment Strategy Recommendations)
   - 단기 투자 관점(3개월 이내)
   - 중장기 투자 관점(6개월~1년)
6. 리스크 요인(Risk Factors)
7. 기술적 분석 차트 제안(Technical Analysis Chart Suggestions)

추가 지침
- 글로벌 매크로 경제 상황을 고려하여 분석해 주세요.
- 한국 시장 및 아시아 시장에 미치는 영향도 함께 고려해 주세요.
- 해당 뉴스와 관련된 ETF나 파생 상품에 대한 정보도 포함해 주세요.
- 모든 분석에는 근거를 제시해 주세요.

글로벌 테크 시장 심층 분석 리포트
작성일: 2025년 3월 26일   작성자: 글로벌 테크 섹터 수석 리서치팀

1. 핵심 요약 (Executive Summary)
엔비디아 CEO 젠슨 황의 AI 수요 지속 전망과 ARM 홀딩스-마이크로소프트 협력 강화는 AI 인프라 생태계의 구조적 변화를 시사합니다. 이는 단순한 기업 간 협력을 넘어 AI 가속화 시장의 재편을 의미하며, 특히 GPU 중심에서 ARM 기반 커스텀 칩으로의 다변화를 보여줍니다. 이러한 변화는 향후 반도체 산업의 성장 패턴을 재구성할 것으로 예상되며, 특히 한국을 포함한 아시아 반도체 생태계에 상당한 영향을 미칠 전망입니다. 단기적으로는 엔비디아의 독점적 지위가 유지되겠으나, 중장기적으로는 ARM 기반 설계의 확산으로 인한 경쟁 구도 변화가 예상됩니다. 이에 따라 반도체 설계 IP, 파운드리, 후공정 관련 기업들의 선별적 투자 접근이 권장됩니다.

2. 뉴스 상세 분석 (News Detail Analysis)
주요 뉴스 내용 및 의미
- 엔비디아 CEO 젠슨 황의 AI 수요 전망: 젠슨 황은 스탠포드 대학 강연에서 "AI 수요가 앞으로도 계속될 것"이라고 강조하면서, GPU 공급 부족 현상이 지속될 것임을 시사했습니다. 이는 단순한 CEO의 낙관적 전망을 넘어, 실제 데이터센터와 클라우드 서비스 제공업체들의 주문 동향을 반영한 발언으로 해석됩니다.
- 마이크로소프트-ARM 협력 확대: 마이크로소프트가 ARM 홀
- 반도체 섹터: 필라델피아 반도체 지수(SOX)는 최근 3개월간 15.2%

상승, 이는 S&P 500 지수 대비 1.8배 상회하는 성과
- 엔비디아(NVDA): 연초 대비 78.3% 상승, 시가총액 3조 달러 돌파로 애플을 제치고 일시적 세계 최대 기업 기록
- ARM 홀딩스(ARM): 마이크로소프트 협력 소식에 하루 만에 11.5% 급등, 52주 최고가 갱신 중이며 IPO 가격 대비 약 210% 상승
- 마이크로소프트(MSFT): ARM 기반 칩 개발 소식에도 불구하고 주가 반응은 제한적(0.5% 상승)으로 이미 시장이 AI 관련 포지셔닝을 상당 부분 반영한 것으로 판단

주요 지표 및 기술적 분석
- 밸류에이션: 엔비디아 P/E 70.3배, ARM 홀딩스 P/E 117.8배로 역사적 평균을 크게 상회하나, 예상 성장률을 감안할 때 PEG 레이션은 각각 1.2, 1.5로 여전히 합리적 수준
- 기관 투자자 동향: 헤지펀드의 엔비디아 포지션은 지난 분기 대비 7.5% 증가했으며, ARM에 대한 기관 투자자 보유 비중은 IPO 이후 꾸준히 증가 중
- 모멘텀 지표: 엔비디아와 ARM 모두 RSI 75 이상으로 과매수 영역에 진입했으나, AI 관련 모멘텀이 지속되고 있어 단기 조정 후 상승 추세 지속 가능성 높음
- 외국인 투자 동향: 글로벌 자금의 아시아 반도체 섹터 유입은 전분기 대비 22% 증가, 특히 한국과 대만 기업 중심으로 포지션 확대 추세

(하략)

2-3 프로를 위한 팁: 4가지 키포인트

프롬프트를 프로처럼 사용하기 위한 키포인트 네 가지를 기억

해 두세요.

- **URL 선택의 중요성**: 시황 자료의 품질은 제공하는 정보 소스의 품질과 직결됩니다. 단순히 많은 URL을 제공하기보다 서로 다른 관점이나 보완적인 정보를 담고 있는 2~3개 정도 양질의 소스를 선택하세요.
- **산업 용어 활용**: 프롬프트에 해당 산업의 핵심 용어(예: AI에서 'LLM', 'GPU 수요', '데이터센터 투자')를 포함하면 더 전문적인 분석 결과를 얻을 수 있습니다.
- **일관된 형식 유지**: 매일 같은 형식의 시황 자료를 작성한다면, 템플릿을 만들어 프롬프트에 포함하세요. 이는 보고서의 일관성을 유지하고 챗GPT가 필요한 요소를 빠트리지 않도록 도와줍니다.
- **주의사항**: 챗GPT는 제공된 URL의 내용만을 기반으로 분석하므로, 중요한 시장 이벤트나 기업 발표가 있을 때는 관련 URL을 반드시 포함해야 합니다. 또한 최종 보고서는 전문가인 애널리스트의 검토와 수정이 필요합니다.

위 내용을 응용한 프롬프트 예시를 들어보겠습니다.

예시 1. 특정 기업 분석

Role
당신은 테슬라 분석 전문 애널리스트입니다.

Task
제공된 URL을 바탕으로 테슬라의 최근 실적과 AI 자율주행 기술이 기업가치에 미치는 영향을 분석해 주세요. 경쟁사(BYD, 리비안 등)와 비교 분석도 포함해 주세요.

URL
[관련 뉴스 URL]

예시 2. 특정 관심 이벤트 영향 분석

Role
당신은 글로벌 금융 섹터 전문 애널리스트입니다.

Task
최근 미 연준의 금리 결정이 글로벌 은행과 보험사에 미치는 영향을 분석해 주세요. 미국, 유럽, 아시아 지역별 금융 기관의 대응 전략도 포함해 주세요.

URL
[관련 뉴스 URL]

예시 3. 분석 결과 데이터 시각화

Role
당신은 증권사 리서치 애널리스트입니다.

Task
제공된 URL을 분석하고, 주요 테크 기업들의 실적 데이터를 표와 차트 형태로 정리해 주세요. 특히 AI 관련 매출 성장률을 시각화하고, 향후 전망을 분석해 주세요.

URL
[관련 뉴스 URL]

#Output Format
[시각화 요소가 포함된 보고서 형식]

예시 4. 산업 뉴스 분석

Role
당신은 기업 금융 전문 심사역입니다.

Task
제공된 URL의 산업 뉴스를 분석하여 해당 산업의 리스크 요인과 기업 신용 평가에 미치는 영향을 분석해 주세요. 특히 금리 변동과 공급망 이슈가 해당 산업에 미치는 영향을 중점적으로 다루어 주세요.

```
# URL
[관련 산업 뉴스 URL]
```

　은우 씨가 일하는 증권사뿐 아니라 은행, 보험 등 전 금융업에서는 정확하고 시의적절한 정보 분석이 매우 중요합니다. 챗GPT를 활용하면 방대한 양의 글로벌 금융 뉴스 중에 내가 관심 있는 주제만 빠르게 분석하고, 전문적인 시황 자료(또는 마켓 트렌드 자료)를 효율적으로 작성할 수 있습니다.

　한 번에 완벽한 답을 받지 못할 수도 있습니다. 원하는 것이 단순한 뉴스 요약이 아닌, 심층적인 분석과 인사이트라면 여러 번 요청하고 리뷰하며 원하는 결과물을 생성해야 합니다. 여러분의 금융 산업에 대한 전문성을 반영한 프롬프트를 작성하고 원하는 출력 형식을 제공해 일관된 형식을 유지할 수 있다면 아침마다 편하게 커피 마실 여유 시간이 생길 겁니다. 다만 챗GPT는 여러분의 전문성을 보완하는 도구일 뿐, 결과 검수 및 사용 여부를 위한 최종 판단은 금융 전문가인 여러분의 몫임을 항상 기억하시기 바랍니다.

Part 3

보고서로
미래 주가 예측하기

증권사에서 기업 영업을 담당하고 있는 조민수 씨, 아침마다 이메일을 열기가 무섭습니다. 메일로 쏟아지는 자사 리서치 센터의 PDF 문서는 물론 ERP에 업데이트되는 글로벌 리서치 기관들의 보고서 목록을 보면 한숨만 나옵니다. 한글만 있는 것도 아니고 영어 문서도 많습니다. 문서에서 핵심 정보를 추출하고 부서에서 활용할 요약 리포트를 만들다 보면 점심 시간이 됩니다. 지난주에는 중요한 투자 미팅 전에 10개 기업의 보고서를 분석해야 했는데, 야근을 해도 절반밖에 처리하지 못했습니다. 이런 반복 작업을 더 효율적으로 처리할 방법이 없을까요?

금융업 종사자라면 민수 씨처럼 수많은 애널리스트 보고서를 빠르게 분석하고 핵심 데이터를 추출하여 투자 의사 결정에 활용하게 됩니다. 이번 장에서는 챗GPT를 활용해 애널리스트 보고서에서 재무 데이터를 추출해 지루한 데이터 추출과 분석을 처리하는 방법을 살펴보겠습니다.

금융 보고서 분석에서 우리는 과거 재무 데이터를 바탕으로 미래 실적을 예측하고, 이를 통해 기업의 적정 가치를 산출합니다. 주가수익비율(PER)은 주가를 주당순이익(EPS)으로 나눈 값으로, 기업의 수익 대비 주가가 얼마나 비싼지를 나타내는 대표적인 가치 평가 지표입니다. 성장률 예측은 단순 이동 평균, 지수 평활법, 회귀 분석 등 다양한 기법을 활용할 수 있으며, 업종과 기업 특성에 맞는 방법론 선택이 중요합니다.

3-1 기본 프롬프트: CAGR과 PER 활용하기

여기서는 연평균 성장률(CAGR)과 PER만 이용하는 매우 단순한 모델을 이용해 미래 주가를 예측합니다. 실무에서는 원하는 분석 기법을 이용해 보시기 바랍니다.

첨부한 파일은 NH투자증권에서 발행한 애널리스트 보고서입니다. 다음 작업을 순서대로 수행해 주세요:

1. 보고서에서 최근 5년간의 매출, 영업이익, 당기순이익 데이터를 추출하여 표로 정리해 주세요.
2. 매출과 순이익의 연평균 성장률(CAGR)을 계산해주세요.
3. 산출한 CAGR을 기준으로 향후 3년간의 매출과 순이익을 예측하고 표로 정리해 주세요.
4. PER 20, 25, 30을 각각 적용하여 향후 3년간의 예상 시가총액과 주가를 계산해 주세요.
5. 분석 결과를 바탕으로 투자 의견(매수/중립/매도)과 그 근거를 1~2문장으로 요약해 주세요.

모든 응답은 한국어로 작성해 주세요.

3-2 응용 프롬프트: 6가지 심화 분석

방금 살펴본 방식의 응용 프롬프트를 보여드리겠습니다.

예시 1. 경쟁사 비교 분석

첨부한 파일은 [기업명]의 애널리스트 보고서입니다. 동일 업종 내 주요 경쟁사인 [경쟁사1], [경쟁사2], [경쟁사3]과 비교하여 다음 항목을 분석해 주세요:

1. 최근 3년간의 매출 성장률, 영업이익률, 순이익률을 표로 정리
2. 주요 재무비율(PER, PBR, ROE) 비교
3. 기업별 사업 포트폴리오 및 경쟁력 요약
4. 각 기업의 향후 성장 전망과 위험 요소
5. 상대적 투자 매력도 순위와 그 이유

모든 데이터는 최신 보고서를 기준으로 하며, 데이터 출처를 명시해 주세요.

예시 2. 섹터 전망 분석

첨부한 파일은 [산업/섹터] 관련 애널리스트 보고서입니다. 다음 사항을 분석해 주세요:

1. 해당 산업의 최근 5년 성장 추이와 향후 3년 전망
2. 산업 내 주요 플레이어들의 시장 점유율 변화
3. 핵심 성장 동력과 위험 요소
4. 글로벌 트렌드와 국내 시장의 차이점
5. 투자자에게 가장 유망한 서브섹터 또는 기업 추천

산업 특성을 고려한 적절한 가치 평가 방법론을 사용하고, 그 선택 이유를 설명해 주세요.

예시 3. 복수의 보고서로 포트폴리오 구성 최적화

첨부한 파일들은 [산업군] 내 10개 기업의 애널리스트 보고서입니다. 다음 기준에 따라 최적의 포트폴리오 구성을 제안해 주세요:

1. 각 기업의 최근 3년 재무지표(매출, 영업이익, 순이익) 및 성장률 분석
2. 향후 3년 실적 예측(보고서의 데이터 활용)
3. 기업별 베타 및 변동성 측정
4. 위험-수익 프로파일에 따른 포트폴리오 내 최적 비중 제안
5. 3가지 시나리오(낙관/중립/비관)에 따른 포트폴리오 수익률 예측

결과는 표와 함께 포트폴리오 구성 근거를 명확히 설명해 주세요.

예시 4. ESG 변수 적용 분석

첨부한 보고서를 바탕으로 [기업명]의 재무적 성과와 ESG(환경, 사회, 지배 구조) 요소를 통합하여 분석해 주세요:

1. 전통적 재무지표(매출, 이익, ROE 등) 요약
2. ESG 관련 주요 지표 및 등급 분석
3. ESG 요소가 기업 가치에 미치는 잠재적 영향 평가
4. ESG 리스크와 기회 요인 식별

5. ESG 요소를 고려한 조정 기업 가치 산출

분석 결과를 바탕으로 장기 투자 관점에서의 매력도를 평가해 주세요.

예시 5. 애널리스트의 자동차 산업 분석

저는 증권사 리서치센터에서 자동차 부품 산업을 담당하는 애널리스트입니다. 첨부한 파일은 현대모비스에 대한 분기 보고서입니다. 전기차 전환 트렌드에 초점을 맞추어 다음 항목을 분석해 주세요:

1. 최근 3년간 부문별(모듈/AS 부품/핵심 부품) 매출 비중 변화와 수익성 추이
2. 전기차 관련 부품 포트폴리오 경쟁력과 핵심 제품군
3. 현대차그룹과 비그룹 고객사 비중 및 외국 완성차 업체 수주 현황
4. 주요 경쟁사(콘티넨탈, 보쉬, 덴소 등) 대비 기술적/재무적 강점과 약점
5. 자율주행/전동화 관련 R&D 투자 규모와 ROI 전망

특히 미래 모빌리티 부품 시장에서의 포지셔닝과 향후 3년간 전동화 부품 비중 확대에 따른 실적 개선 가능성을 중점적으로 분석해 주세요.

예시 6. 은행 PB의 REITs 포트폴리오 분석

저는 시중 은행의 PB(프라이빗뱅커)로 고액 자산가 고객을 담당하고 있습니다. 첨부한 파일은 부동산 REITs 관련 리포트입니다. 금리 상승기에 적합한 포트폴리오 구성을 위해 다음 사항을 분석해 주세요:

1. 국내 주요 REITs의 최근 3년간 배당 수익률과 NAV 대비 할인/할증률 비교
2. 자산 유형별(오피스/리테일/물류/주거) 임대료 및 공실률 추이
3. 금리 변동에 따른 REITs 유형별 민감도 분석
4. 인플레이션 헤지 관점에서의 REITs 효과성 평가
5. 향후 12개월 기준 최적의 REITs 포트폴리오 구성안(기대 수익률, 위험도, 비중 포함)

분석 결과를 바탕으로 고객의 리스크 성향별(안정/중립/공격) 맞춤형 REITs 투자 전략을 제안해 주세요. 특히 현금흐름(Cash Flow) 안정성과 자산 가치 상승 가능성을 균형 있게 고려해 주세요.

이번 장에서는 챗GPT로 애널리스트 보고서에서 필요한 핵심 재무 데이터를 추출하고, 미래 실적과 기업 가치를 예측하는 방법을 살펴보았습니다. 금융 전문가인 여러분은 비전문가인 제가 제안하는 기본 프롬프트부터 시작하여 점차 복잡한 분석이 가능한 고급 프롬프트까지 활용하실 수 있을 겁니다. 특히 PER, EPS 등 기업 분석 지표를 활용한 가치 평가, 성장률 예측, 경쟁사 비교 분

석, 포트폴리오 리밸런싱 등 다양한 금융 분석 작업도 시도해 보시기 바랍니다.

  금융권 종사자가 아니더라도 종사하고 있는 산업과 직무에 따라 프롬프트를 변형해 사용해 보시기 바랍니다. 반복적인 문서 분석에 소요되는 시간을 대폭 줄이고, 더 가치 있는 업무에 집중하실 수 있을 것입니다.

Part 4

애널리스트 리포트에서 특정 정보만 추출해 요약하기

금융투자팀의 이주영 과장은 매일 아침 국내외 투자 은행들의 모닝 브리핑을 검토하며 투자 전략을 수립합니다. 그러나 수십 개의 보고서를 모두 읽고 핵심 내용을 추출하는 데 많은 시간이 소요되고, 때로는 양에 치여 중요한 정보를 놓치기도 합니다. '매일 쏟아지는 보고서를 다 읽을 수가 없네. 특히 영문 보고서는 번역하는 데도 시간이 걸리고, 여러 보고서의 내용을 한글로 번역하고 종합해 의사 결정에 활용하기가 쉽지 않아.' 이주영 과장은 깊은 한숨을 쉽니다.

김 과장님의 긴 한숨이 이해됩니다. 금융권에서 일하는 분들은 매일 방대한 양의 시장 보고서와 투자 분석 자료를 효율적으로 처리하는 것이 중요한 경쟁력입니다. 특히 채권 시장같이 복잡한 영역에서는 다양한 변수와 지표를 종합적으로 분석해야 하므로, 핵심 인사이트를 빠르게 추출하는 능력이 필수적입니다. 이번 장에서는 챗GPT를 활용하여 금융 보고서에서 채권 시장 관련 핵심 정보를 추출하고, 투자 의사 결정에 필요한 데이터를 체계적으로 정리하는 방법을 살펴보겠습니다.

이번 분석 과제는 다음과 같은 단계로 이루어집니다.

1) 보고서 파일 업로드, 데이터 입력
2) 분석 목적 명확화
3) 구조화된 정보 추출
4) 시각화 및 표 형식 정리
5) 추가 인사이트 도출

이번에 사용할 보고서는 NH 투자증권의 모닝 브리프입니다. 보고서의 내용을 세 줄로 요약하면 다음과 같습니다.

- 미국은 정부 지출을 제외한 민간 부문이 침체 상태에 있으며, 재정 격차 확대 속에 장기 국채 금리의 상대적 강세가 지속될 것으로 전망됩니다.
- 2차전지 업계는 1분기 재고 조정 이후 2분기부터 회복 기대감이 있으며, 영원무역(Youngone)과 한국전력공사(KEPCO)는 실적 변동성과 요금 인상 필요성이 주요 이슈입니다.
- 국내외 증시는 조정 국면을 보이고 있으며, 미국과 아시아 주요 지수들이 하락세를 나타냈습니다.

4-1 단계별 프롬프트 작성하기

프롬프트를 적고 보고서를 업로드해 실행해 보겠습니다.

첨부한 문서는 NH투자증권에서 발행한 영문 보고서입니다. 첨부 문서에서 가장 중요하게 언급한 채권 투자 기회와 위험 요소를 정리하세요.

NH투자증권의 영문 보고서(2025년 3월 4일자 NH Morning Meeting Brief)에서 언급한 채권 투자 관련 주요 기회와 위험 요소는 다음과 같이 요약할 수 있습니다:

채권 투자 기회 (Opportunities)
1. 장기 금리 강세 지속 가능성
○ 미 재무장관 Scott Bessent는 "정부 지출을 제외하면 미국 민간 부문은 경기 침체 상태에 있다"고 평가함.
○ 향후 경제 정책의 핵심은 정부 지출 축소 및 민간 주도 회복으로 전환하는 것이며, 이로 인해 장기 금리의 상대적 강세가 지속될 것으로 전망됨.
2. GDP 갭 및 소비 심리의 차별화
○ 한국은행은 GDP 갭(실제 성장률 - 잠재 성장률)이 계속해서 마이너스를 기록할 것으로 예상, 이는 완화적인 통화정책이 지속될 수 있는 여지를 의미.
○ 소비자 심리 지수도 고소득층과 저소득층 간의 격차가 존재하여, 정책 대응 여지가 있는 구조적 경제 흐름이 반영됨.
3. 일부 지역의 금리 하락
○ 10년 만기 국채 금리의 지역별 변화를 보면, 미국, 일본, 독일 등 선진국 대부분에서 금리가 하락함.
○ 채권 가격은 금리와 반비례하므로, 이러한 금리 하락은 기존 보유 채권의 가격 상승 요인으로 작용 가능.

채권 투자 위험 요소 (Risks)
1. 미국의 재정 갭 확대

○ 정부 지출 축소가 우선시될 경우, 민간 주도의 성장 전환이 원활하지 않을 경우 시장 변동성 확대가 우려됨.
○ 재정 축소와 금리 정책이 상충할 경우 채권 시장 불안 요인이 될 수 있음.

2. 신흥국 및 일부 선진국 금리 상승
○ 보고서에 따르면 멕시코(+81.3bp), 브라질(+53.9bp), 인도(+14.2bp) 등 일부 신흥국에서는 10년물 금리가 오름.
○ 이는 신흥국 채권에 대한 환율 및 금리 리스크를 증가시키며, 해당 시장에 대한 투자 접근에 주의가 필요함.

3. 소비 심리 및 실물경제 지표의 불균형
○ 소비 심리 지표는 고소득층과 저소득층 간의 괴리를 나타내며, 이는 경기 회복의 확산이 제한적일 수 있음을 시사.
○ 경기 회복의 편중은 정책 기대감의 제한 및 리스크 프리미엄 상승 요인으로 작용할 수 있음.

필요하시다면, 이 내용을 그래프 또는 표 형태로 정리해 드릴 수도 있습니다. 또는 관심 있는 특정 국가나 기간에 대한 채권 전략 분석도 도와드릴 수 있어요.

보고서의 소주제를 확인하고 채권을 제외한 분석 대상 기업에 대한 투자 의견을 아래 컬럼 제목으로 해, 표 형식으로 정리하세요.
1. 기업명 2. 현재 주가 3. 목표 주가 4. 투자의견 5. 분석 핵심 내용

아래는 NH투자증권의 영문 보고서(Mar 4, 2025 NH Morning Meeting Brief)에 포함된 채권을 제외한 기업 분석 대상에 대한 투자 의견을 정리한 표입니다.

기업명	현재 주가 (W)	목표 주가 (W)	투자 의견	분석 핵심 내용
Youngone	47,650	58,000	Buy(유지)	4Q24 실적 쇼크에도 OEM 매출 20% 증가하며 회복세 지속, 특히 우븐(Woven) 부문 강세. 1H25까지 성장 모멘텀 기대됨.
KEPCO	21,350	30,000	Buy(유지)	4Q24 실적 컨센서스 하회. 설비 투자 및 채권 발행 한도 해소를 위해 추가 전기료 인상 필요. 현재 수익성으로는 구조적 문제 해결 어려움.

필요하시면 위 내용을 기반으로 각 기업의 투자 전략 요약, 비교 포인트, 또는 향후 실적 전망 등을 추가 분석해 드릴 수 있습니다.

추가로 해당 기업의 투자에 영향을 미치는 최신 뉴스를 검색하고 마지막 열에 요약해 추가하세요. 긍정적인 뉴스는 문장 앞에 [⇧]를 붙이고 부정적인 뉴스는 [⇩]를 붙이세요

다음은 최신 뉴스 정보를 반영한 투자 의견 업데이트 표입니다:

기업명	현재 주가 (W)	목표 주가 (W)	투자 의견	분석 핵심 내용	최신 뉴스 요약
Youngone	47,650	58,000	Buy (유지)	4Q24 실적 쇼크에도 OEM 매출 20% 증가하며 회복세 지속, 특히 우븐(Woven) 부문 강세. 1H25까지 성장 모멘텀 기대됨.	[⇧] 2025년 OEM 부문 회복세 지속 기대: 최근 글로벌 스포츠 브랜드들의 발주량 회복에 따라 OEM 수주 증가 기대감이 확대. 특히 북미 및 유럽 시장 회복 조짐이 긍정적으로 작용.
KEPCO	21,350	30,000	Buy (유지)	4Q24 실적 컨센서스 하회. 설비 투자 및 채권 발행 한도 해소를 위해 추가 전기료 인상 필요. 현재 수익성으로는 구조적 문제 해결 어려움.	[⇩] 전기료 인상 가능성 부각: 산업부와 기재부가 2025년 상반기 전기료 인상 여부를 검토 중이라는 소식. 전력 수요 증가와 국제 연료비 상승에 따라 가격 현실화 압박 증가.

필요하시면 각 기업에 대해 산업 내 경쟁사 비교, 리스크 요인 요약, 향

후 분기 실적 예측 등의 심화 분석도 도와드릴 수 있습니다. 원하시나요?

4-2 근거 보충하기: 특정 내용의 출처 요구하기

답변을 생성했는데 특정 문장이 근거가 약할 경우가 있습니다. 말은 되는데 이대로 보고서를 만들었다가는 십중팔구 상관에게 지적을 당할 것 같은 그런 느낌. 이런 답변을 받았다고 상정해 보죠.

Before

> 연초 이후 중국 본토 자금이 홍콩 주식 시장에 2,707억 위안 유입됐으며, 이는 전년 동기의 6배 수준.
> 중국 본토 자금이 전체 홍콩 주식 시장 거래량에서 차지하는 비중이 2021년 18%에서 현재 30%로 확대.
> 본토 자금이 기술주뿐만 아니라, 소비/고배당 주도 매수중. 또한 글로벌 IB들의 잇따른 중국 주식 시장 비중 상향 조정에 외국인 헤지펀드 자금도 추가 유입될 가능성. 현재 항셍테크 지수12개월 포워드 PER은 18배로 과거 3년 평균치(19.1배)보다 낮음.
> 시장 조정 시, H 지수 추종 ETF인 TIGER 차이나 HSCEI, 항셍테크 추종 ETF인 TIGER 차이나 항셍테크, KTEC 등 매수 전략 유효.

근거가 빈약해 보일 때는 챗GPT에게 출처를 요구하며 다시 작성을 요청할 수 있습니다. 신뢰할 수 있는 기관이나 기업의 문서를 업로드할 수 있고 또는 유력 매체들의 온라인 기사를 참조할 수도 있습니다.

프롬프트를 이렇게 추가해 보세요.

(여기에 빈약한 문장 복사해 넣기)

\# 위에서 언급한 글로벌 IB들의 중국 주식 비중 상향의 근거를 찾아서 정리해 주세요.

After

최근 주요 글로벌 투자 은행(IB)들이 중국 주식에 대한 투자 비중을 상향 조정한 데에는 여러 가지 이유가 있습니다. 주요 근거를 정리하면 다음과 같습니다:

다음
1. 중국 기술 산업의 성장 및 저평가: 골드만삭스는 중국의 기술 산업이 글로벌 동료들에 비해 여전히 저평가되어 있다고 언급하며, 향후 반등 가능성을 시사했습니다. Benzinga Korea 한국
2. 중국 경제 성장 전망 상향: 씨티그룹은 중국의 AI 중심 투자가 증가함에 따라 GDP 성장률 전망을 4.5%에서 4.7%로 상향 조정했습니다. Benzinga Korea한국
3. 중국 주식 시장의 강세: MSCI 차이나 지수는 올해 들어 20% 상승하

> 여 역대 가장 좋은 출발을 기록했습니다. 이러한 시장의 강세는 투자자들의 관심을 끌고 있습니다. Benzinga Korea 한국
> 4. 중국 정부의 정책 지원 기대: 골드만삭스는 정책 지원 기대에 따라 중국 A주가 향후 3개월 내에 반등할 것으로 전망했습니다.
>
> 이러한 요인들로 인해 글로벌 IB들은 중국 주식에 대한 투자 비중을 상향 조정하고 있습니다.

글에 근거가 붙으니 더 자신감 있게 보고서를 쓸 수 있을 것 같습니다.

다만 출처가 붙었다고 안심하면 안됩니다. 마우스로 출처 버튼을 눌러 확인해야 합니다.

> **"美주식 팔고 중국 사라" 글로벌IB 잇따른 호평에… 중국 반색**
>
> 정은지 특파원 2025. 3. 12. 12:19
>
> 씨티·골드만삭스·JP모건 등 긍정평가 전하며 "기술주 성과" 자평
> "탈중국 외국 자본 돌아올 수도" 기대감도

출처: 뉴스1, https://v.daum.net/v/20250312121922486

클릭해 보니 기사가 나옵니다. JP모건, 골드만삭스를 보니 든든해졌습니다. 챗GPT의 결과물을 무작정 의심하지 말고 이처럼 원하는 것을 요구하면 됩니다.

Part 5

마켓 리서치 초안 작성하기

S증권의 리서치 담당자 고진우 씨는 다음 주까지 애슬레저 패션 시장 분석 보고서를 작성해야 합니다. 평소라면 이틀 정도 걸리는 작업이지만, 오늘은 급하게 잡힌 외국 출장 준비와 분기 보고서 마감이 겹쳐 시간이 부족한 상황입니다. 진우 씨는 최근 동료들이 보고서 작성에 챗GPT를 활용한다는 이야기를 들었지만, 어떻게 활용해야 할지 막막합니다. '투자 보고서에 AI를 활용해도 되나? 어떻게 프롬프트를 작성해야 믿을 수 있는 결과가 나올까?' 고민합니다.

이번 장에서는 챗GPT를 활용하여 금융 시장 분석 보고서를 효율적으로 작성하는 방법을 알아보겠습니다. 정확히는 초안이죠. 챗GPT로 완성할 수는 없습니다. 결국 이 분야 전문가인 진우 씨 같은 분들이 최종 검수하고 완성해야 합니다. 뼈대에 해당하는 초안을 빠르게 작성해서 리서치 애널리스트, 투자 전문가, 자산 관리사 등 금융 전문가들을 도와드리고 싶어서 이 과제를 준비했습니다. 보고서의 품질은 희생하지 않고 작성 시간을 단축하는 데 도움이 되는 프롬프트 작성법을 소개합니다.

금융 산업에서 시장 분석 보고서는 투자 의사 결정의 핵심 자료입니다. 어떤 문서도 소홀히 할 수 없지만 시장 분석 보고서는 전문성을 제대로 보여주는 과제라서 더욱 신경이 쓰일 수밖에 없습니다. 하지만 매번 방대한 데이터를 수집하고 분석하고 논리적으로 구조화된 보고서를 작성하는 건 고통스럽습니다. 상당한 시간과 노력을 투자해야 하죠. 지금부터 그 시간을 줄이는 방법을 알아보려고 합니다.

5-1 프롬프트 구성 분석: Role, Task, Output Format

바로 프롬프트를 살펴보겠습니다.

Role
당신은 증권사 마켓 리서치부서의 연구원입니다.
전 세계의 실시간 투자 관련 뉴스를 분석하고 시황 자료를 만드는 업무를 합니다.

Task
○○○ 카테고리의 시장 트렌드 보고서의 초안을 작성하세요. 아래 형식에 맞게 전문적인 문체로 작성하세요.

Output Format
- Executive Summary: 주요 시장 동향 및 핵심 인사이트 요약(1~2 문단)
- 글로벌 시장 분석: 주요 지표 및 거시경제 요인 분석
- 섹터의 주요 동향: 산업내 핵심 플레이어의 성과 및 전망
- 투자 기회 분석: 유망 종목 분석
- 위험 요인: 잠재적 리스크 요인 평가
- 향후 전망: 단기/중기 시장 전망 제시
- 투자 전략 제안: 포트폴리오 구성 전략 및 제안
- 핵심 종목 분석: 추천 종목 및 근거 제시

결과를 보기 전에 프롬프트의 구조와 기능을 살펴 보겠습니다. 구분 기호 '#'으로 나뉜 섹션별로 설명드리겠습니다.

> #Role
> 당신은 증권사 마켓 리서치부서의 리서치 연구원입니다.
> 전 세계의 실시간 투자 관련 뉴스를 분석하고 시황 자료를 만드는 업무를 합니다.

'#Role(역할)' 섹션은 특정 전문가 역할을 부여합니다. 여기서는 '증권사 마켓 리서치부서의 리서치 연구원'이라는 구체적인 직업을 지정했습니다. 기능과 필요성은 다음과 같습니다.

- **전문성 부여**: AI에게 금융 전문가로서의 관점과 지식을 활용하도록 지시합니다.
- **맥락 설정**: "전 세계의 실시간 투자 관련 뉴스를 분석하고 시황 자료를 만드는 업무"라는 구체적인 업무 맥락을 제공하여 응답의 품질과 적절성을 높입니다.
- **신뢰성 강화**: 특정 전문 분야의 역할을 부여함으로써 결과물이 더 전문적이고 신뢰할 수 있게 만듭니다.

'#Task(역할 정의)'는 AI가 응답할 때 취해야 할 관점과 사용해야 할 전문 지식의 영역을 명확히 해주는 중요한 요소입니다.

> # Task
> 애슬래저 패션 시장 카테고리의 트렌드 보고서를 작성하세요.
> 아래 형식에 맞게 전문적인 문체로 작성하세요.

이 섹션은 AI에게 수행해야 할 구체적인 작업을 지시합니다. 기능과 필요성은 다음과 같습니다.

- **명확한 목표 설정**: "애슬래저 패션 시장 카테고리의 트렌드 보고서 작성"이라는 구체적인 과제를 제시합니다.
- **문체 지정**: "전문가를 위한 격식 있는 문체"라고 명시하여 결과물의 톤과 스타일을 조절합니다.
- **범위 제한**: 특정 시장 카테고리(애슬래저 패션)로 분석 범위를 좁혀 더 집중적이고 깊이 있는 분석을 유도합니다.

> # Output Format
> - Executive Summary: 주요 시장 동향 및 핵심 인사이트 요약 (1~2문단)
> - 글로벌 시장 분석: 주요 지표 및 거시경제 요인 분석
> - 섹터의 주요 동향: 산업 내 핵심 플레이어의 성과 및 전망
> - 투자 기회 분석: 유망 종목 분석
> - 위험 요인: 잠재적 리스크 요인 평가
> - 향후 전망: 단기/중기 시장 전망 제시

- 투자 전략 제안: 포트폴리오 구성 전략 및 제안
- 핵심 종목 분석: 추천 종목 및 근거 제시

이 섹션은 원하는 결과물의 구조와 형식을 상세히 지정합니다. 기능과 필요성은 다음과 같습니다.

- **구조화된 응답 유도**: 전문적인 금융 보고서의 표준 형식을 세부 섹션으로 나열하여 구조화된 결과물을 요청합니다.
- **결과의 완결성 보장**: 필요한 모든 섹션을 미리 지정하여 중요한 항목이 누락되지 않도록 합니다.
- **실용적 가치 강화**: "요약본(Executive Summary)"부터 "핵심 종목 분석"까지 보고서가 지향하는 투자자의 실제 의사 결정에 필요한 모든 요소를 포함합니다.
- **각 섹션의 목적 명시**: 각 섹션이 다루어야 할 내용을 간략히 설명하여 AI가 적절한 정보를 제공하도록 가이드합니다.

그럼 결과도 한번 살펴보겠습니다. 참고로 저는 추론(Reasoning)하는 모델 o3를 사용했습니다.

1초 동안 생각
아래는 최신 애슬래저 패션 시장의 동향과 투자 인사이트를 종합한 보고서입니다.

Executive Summary: 주요 시장 동향 및 핵심 인사이트 요약
최근 전세계 애슬래저 패션 시장은 건강·웰니스 트렌드와 라이프스타일 변화에 힘입어 견고한 성장세를 보이고 있습니다. 글로벌 시장 규모는 2024년 수백억 달러대에서 중장기적으로 두 자릿수 성장률(CAGR 8~10% 수준)을 기록하며 2030년대 초반까지 크게 확대될 것으로 전망됩니다. 이에 따라 소비자들은 운동과 일상생활을 아우르는 편안하고 기능성 높은 의류에 대한 수요가 증가하고 있으며, 이에 발맞춰 주요 브랜드들은 지속 가능한 소재 및 혁신적 디자인을 통해 경쟁력을 강화하고 있습니다.

또한, 주요 글로벌 브랜드와 신흥 업체 간의 경쟁이 치열해짐에 따라, 브랜드 차별화와 직접 소비자 대상(D2C) 판매 채널의 강화가 중요한 과제로 대두되고 있습니다. 투자자들은 이러한 시장 구조 변화를 면밀히 분석하여 안정적인 성장과 수익 창출이 가능한 종목에 주목할 필요가 있습니다.

글로벌 시장 분석: 주요 지표 및 거시경제 요인 분석
글로벌 애슬래저 패션 시장은 전 세계적인 건강 및 피트니스 인식 확산, 원격 근무의 보편화, 그리고 소비자의 라이프스타일 변화에 의해 견인되고 있습니다. 다수의 시장 조사 기관들은 2024년 기준 글로벌 시장 규모가 약 400~450억 달러 수준이며, 2030년대 초까지 두 배 가까이 성장할 것으로 예측하고 있습니다. 주요 거시경제 요인으로는 경제 회복세, 소비자 신뢰 회복, 온라인 유통 채널의 확대 등이 있으며, 특히 북미와 아시아태평양 지역에서 높은 성장 잠재력이 확인되고 있습니다.

애슬래저 패션 섹터의 주요 동향: 산업내 핵심 플레이어의 성과 및 전망
애슬래저 패션 섹터는 Nike, Adidas, Lululemon, Puma 등 전통적인 글로벌 대형 브랜드와 On Holding, Gymshark, Vuori 등 신흥 브랜드 간의 경쟁이 두드러집니다.

- Nike는 혁신적인 기술 적용과 글로벌 브랜드 인지도에서 강점을 보이나, 일부 시장에서는 경쟁 심화와 공급망 이슈가 단기 과제로 작용하고 있습니다.
- Adidas는 최근 과거 논란 이후 회복세를 보이며, 지속 가능한 제품 라인업 확대로 브랜드 이미지를 재정비 중입니다.
- Lululemon은 고급 애슬래저 시장에서 독보적인 입지를 유지하고 있으나, 남성 시장 확대 및 신제품 개발에 대한 도전 과제가 존재합니다.
- On Holding은 러닝 슈즈 및 프리미엄 의류 부문에서 눈에 띄는 성장세와 함께, 파트너십 및 제품 다각화를 통해 시장 점유율을 확대하고 있는 점이 주목할 만합니다.

투자 기회 분석: 유망 종목 분석
투자자들은 글로벌 브랜드와 함께 혁신적 성장 가능성을 지닌 신흥 업체에도 주목할 필요가 있습니다.

- On Holding은 최근 분기 매출 전년 동기 대비 40% 이상 성장하는 등, 파트너십과 프리미엄 제품군 확대로 2024년 120% 성장 전망을 받으며 강력한 성장 모멘텀을 보이고 있습니다.
- Lululemon은 고급 브랜드로서 안정적인 고객층과 높은 재구매율을 기

반으로 한 성장 잠재력을 보유하고 있으나, 남성 시장 진출 확대 및 제품 라인업 다각화 전략이 필요합니다.
- Nike와 Adidas는 각각의 기술력과 글로벌 유통망, 브랜드 인지도에서 경쟁력을 갖추고 있어, 장기적 투자 관점에서 안정적 수익원을 제공할 것으로 기대됩니다.

위험 요인: 잠재적 리스크 요인 평가

애슬레저 시장은 급격한 성장과 함께 몇 가지 위험 요인도 내포하고 있습니다.

- 경쟁 심화: 전통 대형 브랜드와 신흥 업체 간의 경쟁이 치열해지면서, 가격 인하 경쟁 및 제품 차별화 실패 우려가 존재합니다.
- 거시경제 불확실성: 글로벌 경제의 회복 속도, 인플레이션 압력, 무역 분쟁 및 관세 정책 변화 등이 시장에 부정적 영향을 미칠 수 있습니다.
- 공급망 리스크: 원자재 가격 변동, 생산지 다변화 지연, 그리고 물류 비용 상승 등이 주요 위험 요소로 작용할 수 있습니다.
- 소비자 트렌드 변화: 패션 트렌드의 빠른 변화와 소비자 기호 변화가 브랜드의 재고 및 판매 전략에 부담을 줄 수 있습니다.

향후 전망: 단기/중기 시장 전망 제시

단기적으로는 경제 회복과 소비자 지출 회복에 따른 수요 증대가 기대되나, 경쟁 심화와 공급망 문제 등으로 인한 변동성 역시 존재합니다. 중기적으로는 지속 가능한 소재와 혁신 기술을 도입한 제품 라인업 강화, D2C 채널의 확대로 브랜드 경쟁력이 제고될 전망입니다. 특히, 아시아태평양 및 북미 시장에서의 성장세가 두드러지며, 글로벌 시장의 구조적 변화에 따른 새로운 기회가 창출될 것으로 보입니다.

투자 전략 제안: 포트폴리오 구성 전략 및 제안

투자자들은 다음과 같은 전략을 고려할 필요가 있습니다.

- 분산 투자: 글로벌 대형 브랜드(Nike, Adidas, Lululemon 등)와 신흥 성장주(On Holding 등)를 균형 있게 포함한 분산 투자 전략이 바람직합니다.
- 장기 보유 전략: 경제 회복과 소비자 트렌드 변화에 따른 중장기적 성장성을 고려해, 단기적 변동성에도 불구하고 장기 보유를 통한 안정적 수익 창출을 도모합니다.
- ESG 및 지속 가능성 고려: 지속 가능한 소재와 친환경 생산 공정에 주력하는 브랜드에 대한 투자 비중을 확대하여, 장기적으로 긍정적인 사회적 평가와 브랜드 신뢰도를 확보할 수 있습니다.
- 기술 혁신 및 D2C 강화: 혁신 기술과 디지털 채널을 적극 활용하는 기업에 대한 투자가 향후 경쟁 우위를 점하는 데 도움이 될 것입니다.

핵심 종목 분석: 추천 종목 및 근거 제시

- Nike Inc.: 글로벌 브랜드 파워, 혁신적인 기술 적용, 강력한 유통망을 바탕으로 단기적 변동성에도 불구하고 장기적 성장성이 기대됩니다.
- Adidas AG: 최근 브랜드 이미지 회복과 지속 가능한 제품 라인업 확대로 경쟁력을 강화하고 있으며, 글로벌 시장에서 안정적 점유율을 유지할 전망입니다.
- Lululemon Athletica Inc.: 고급 애슬래저 시장에서의 독보적 위치와 높은 고객 충성도를 기반으로, 특히 여성 및 남성 시장 확대 전략이 성공할 경우 큰 성장 모멘텀을 제공할 수 있습니다.
- On Holding: 혁신적인 제품 개발과 글로벌 파트너십을 통한 급격한 성장세가 돋보이며, 투자자들에게 높은 성장률(2024년 120% 성장 전

> 망)을 제시하고 있어 매력적인 선택지로 평가됩니다.
>
> 본 보고서는 애슬래저 패션 시장의 현재 동향과 중장기 성장 가능성, 그리고 주요 위험 요인을 종합 분석하여 투자 전략 수립에 실질적인 도움을 드리고자 작성되었습니다. 시장 변화에 대한 면밀한 모니터링과 함께, 위에 제시한 핵심 종목들을 중심으로 포트폴리오를 구성한다면 안정적 수익 창출과 동시에 성장 기회를 극대화할 수 있을 것으로 기대됩니다.

어떤가요? 필요한 구성 요소를 다 갖추고 있어 초안으로 충분히 만족스럽습니다. 이제부터는 각 섹션별로 검수하고 근거가 필요한 내용은 근거를 보강하면 됩니다.

전문가 눈높이에서 결과를 보니 그래도 좀 아쉽다고요? 그럼 프롬프트를 조금 더 업그레이드해 보겠습니다.

5-2 맥락 및 제약 사항 등 보완: Constraints, Tone

맥락을 보완하고 제약 사항과 글의 톤을 추가해 구체적으로 지정하겠습니다.

제약 사항은 '#Constraints', 어조는 '#Tone'으로 표시했습니다.

꽤 긴 프롬프트입니다. 참고로 아웃풋 포맷 작성을 위해서 저는 기존 애널리스트 보고서를 몇 개 제공하고 공통 구성 요소를 추출해 작성했습니다.

Role
당신은 15년 경력의 글로벌 투자 은행 UBS의 수석 리서치 애널리스트입니다.
특히 소비재 부문에서 전문성을 인정받고 있으며, 애슬레저 패션 시장에 대한 깊이 있는 분석으로 유명합니다.

Task
애슬레저 패션 시장 카테고리의 종합 트렌드 보고서를 작성하세요. 이 보고서는 자산 운용사, 기관 투자자, 개인 투자자들을 위한 것으로, 객관적 데이터 분석과 함께 투자 전략에 대한 전문적 견해를 제시해야 합니다.

Constraints
- 최신 데이터(2023년 4분기까지)를 기반으로 작성하세요.
- 루루레몬, 나이키, 아디다스, 언더아머, 푸마 등 주요 브랜드의 재무 실적을 포함하세요.
- ESG 요소를 고려한 투자 관점을 반드시 포함하세요.
- 코로나19 이후 변화된 소비자 행동 패턴을 반영하세요.
- 핵심 투자 종목 선정 시 PER, PBR, ROE 등 주요 재무 지표를 근거로 제시하세요.
- 기본적 분석과 함께 기술적 분석 관점도 제공하세요.

Output Format
Executive Summary: 주요 시장 동향 및 핵심 인사이트 요약(1~2 문

단)
글로벌 시장 분석: 주요 지표 및 거시경제 요인 분석
섹터의 주요 동향: 산업 내 핵심 플레이어의 성과 및 전망
투자 기회 분석: 유망 종목 분석
위험 요인: 잠재적 리스크 요인 평가
향후 전망: 단기/중기 시장 전망 제시
투자 전략 제안: 포트폴리오 구성 전략 및 제안
핵심 종목 분석: 추천 종목 및 근거 제시

Tone
전문적이고 객관적인 분석가 톤을 유지하되, 명확한 투자 통찰력과 견해를 드러내세요.

프롬프트의 구체성 점수는 결과 점수와 크게 상관이 있습니다. 1점짜리 프롬프트로 10점짜리 결과를 원하는 건 욕심입니다. 처음에는 가벼운 프롬프트로 시작해 여러분의 전문성이 더해진 나만의 프롬프트를 완성해 보시길 바랍니다. 책 뒤쪽에서 매번 이런 긴 프롬프트를 입력하지 않아도 되는 방법도 소개드리겠습니다.

Part 6

챗GPT 잘 쓰는
K증권사 김 팀장의 습관

K증권의 김유인 팀장은 챗GPT를 업무에 적극 활용하여 성과를 높이고, 주변 동료들의 부러움을 사고 있습니다. 마치 AI 시대의 새로운 업무 습관을 체득한 선구자처럼 행동하죠. 이번 장에서는 김유인 팀장이 실천하는 11가지 챗GPT 활용 습관을 소개합니다. 왜 이러한 습관들이 중요한지, 어떻게 챗GPT에 적용하는지, 그리고 금융 전문가의 실무에 맞게 활용할 수 있는 팁과 예시를 함께 담았습니다.

김 팀장의 이야기를 통해 여러분도 챗GPT를 더 똑똑하고 효율적으로 활용하는 방법을 배워보세요. 친근하면서도 현실적인 사례들로 구성된 이 가이드는, 금융 업계 종사자분들이 현업에서 AI를 유용한 비서처럼 쓰는 데 도움을 드릴 것입니다. 자, 그럼 김 팀장의 11가지 습관을 하나씩 살펴보겠습니다!

6-1 좋은 예시는 폴더로 정리해 둔다

"유용한 예시는 곧 자산이다. 챗GPT도 학습시키고, 나도 편해진다!"

왜 중요한가

뛰어난 성과를 내는 사람들은 좋은 사례와 참고 자료를 잘 모아둡니다. 김 팀장도 마찬가지로, 챗GPT와의 상호 작용 중 특히 잘 나온 '질문(프롬프트)'과 답변을 캡처하거나 복사해 폴더에 저장해 둡니다. 이렇게 하면 나중에 비슷한 과제를 할 때 그 예시를 참고하여 시간을 절약할 수 있습니다. 금융 업무에서는 시장 보고서 작성, 투자자 설명 자료 준비 등 반복적으로 비슷한 글을 쓰는 일이 많습니다. 이전에 챗GPT가 만들어 준 훌륭한 답변 예시를 폴더에서 찾아 참고하면, 새로운 작업도 일관된 품질로 빠르게 수행할 수 있습니다.

어떻게 적용하나

우선 컴퓨터나 사내 공유 드라이브에 '챗GPT 예시 모음' 폴더를 만들고, 분야별로 하위 폴더를 구성합니다. 예를 들어 '보고서_서식, 고객응대_답변, 시장분석_예시'처럼 업무 영역별로 분류해 둡니다. 김 팀장은 업무 시간에 챗GPT로 얻은 유용한 결과물을 바로 이 폴더에 저장합니다. 챗GPT 플러스를 사용한다면 대화창을 PDF로 내보내는 기능이나, 답변을 복사해 문서로 정리하는 방법도 활용합니다. 중요한 것은 필요한 순간에 빠르게 꺼내 볼 수 있게 체계적으로 정리해 두는 것입니다.

또한 김 팀장은 챗GPT에게 잘된 예시를 학습하도록 활용하기도 합니다. 새로운 프롬프트를 짤 때 과거의 우수 답변을 참고 자료로 제시하면서 "다음 답변은 이러한 스타일을 참고해서 작성해 주세요"라고 요청합니다. 챗GPT는 제공된 예시의 어조나 형식을 학습하여 보다 일관되고 원하는 스타일에 맞춘 결과물을 내놓습니다.

실무 예시

예를 들어 김 팀장이 이전에 챗GPT로부터 얻은 훌륭한 주식 시장 주간 보고서 요약본이 있다고 해봅시다. 그는 그것을 '시장분석_예시' 폴더에 저장해 두었습니다. 이후 새로 비슷한 주간 보고서를 작성해야 할 때, 김 팀장은 해당 예시를 불러와 챗GPT에게 제공합니다.

김 팀장: (지난주 챗GPT가 작성해 준 시장 동향 요약 예시를 첨부하며) 위 예시처럼, 이번 주 주요 시장 동향과 다음 주 전망을 한 페이지 분량으로 요약해 주세요.

챗GPT: 네, 첨부해 주신 예시의 톤과 형식을 참고하여 이번 주 시장 동향과 다음 주 전망을 요약해드리겠습니다. 이번 주 코스피 지수는 글로벌 금융 긴축 우려로 약세를 보였습니다. (하략)

위와 같이 챗GPT에 참고 예시를 제시하면, 일관된 품질의 결과를 얻을 확률이 높아집니다. 좋은 예시를 모아둔 폴더는 김 팀장의 비밀 무기이자 시간 절약 창고입니다.

6-2 반복 작업은 GPT나 프로젝트로 설정한다

"매번 새로 할 필요 있나요? 자동화할 수 있다면 AI에게 맡기고, 난 더 중요한 일에 집중!"

왜 중요한가

금융업에서는 일일 시장 브리핑 작성, 주간 실적 요약, 월간 리포트 등 반복 업무가 많습니다. 사람은 반복 작업에 쉽게 지치고 실수를 할 수도 있지만, 챗GPT는 지치지 않고 일관된 결과를 만들어 냅니다. 따라서 같은 유형의 작업을 매번 처음부터 할 것이 아니라 챗GPT에게 맡기거나 자동화해 두면 업무 효율이 크게 올라갑니다. 김 팀장은 단순 반복적인 보고서 작성은 챗GPT를 활용해 자동화하고, 자신은 더 전략적이고 창의적인 업무에 시간을 투입합니다.

어떻게 적용하나

먼저 본인이 하는 업무 중 패턴이 일정한 작업을 목록으로 적어 봅니다. 예를 들어 '매일 아침 글로벌 시황 요약 작성'이 있다면, 이를 챗GPT로 자동 생성하도록 시도합니다. 김 팀장은 챗GPT 대화창 하나를 해당 용도로 고정해 두고, 매일 아침 똑같은 프롬프트로 업데이트된 내용만 넣어 결과를 얻습니다. 필요하다면 커스텀 지시어(예: "항상 국내 증시 위주로 서술할 것")를 추가해 일관성을 유지합니다.

또한 챗GPT의 프로젝트 기능을 활용하면 관련 대화들을 하나로 묶어 관리할 수 있습니다. 예컨대 김 팀장은 '주간 펀드 보고서'라는 프로젝트를 만들어 그 안에서 매주 펀드 보고서를 작성하는 대화를 이어갑니다. 이렇게 하면 매주 새로운 대화를 시작하더라도 이전 설정이나 형식을 참고하기 쉬워집니다. 프로젝트나 고정된 대화창을 사용하면 맥락을 유지하면서도 불필요한 과거 대화 내용은 지워 효율을 높일 수 있습니다.

실무 예시

김 팀장이 매주 반복 작성하는 '주간 펀드 성과 보고' 작업을 생각해 봅시다. 김 팀장은 첫 주에 챗GPT와 함께 보고서 템플릿을 완성해 두었습니다. 그 템플릿에는 펀드 수익률, 시장 비교, 주요 변동 원인 등이 포함되어 있고 챗GPT 프롬프트로 저장되었습니다. 다음 주부터 김 팀장은 숫자 등 변경된 데이터만 넣으면 챗GPT가 동일한 형식으로 새 보고서를 작성합니다.

김 팀장: 이번 주 펀드 성과 보고서를 업데이트할게요. 지난 주 대비 수익률은 +1.2% (코스피 대비 +0.5%p), 주요 변화 요인은 미 연준 금리 동결 기대 등입니다. 이 내용을 반영

해서 지난번과 동일한 형식의 보고서를 작성해 주세요.

챗GPT: (지난 대화의 맥락을 바탕으로) 네, 주간 펀드 성과 보고서를 업데이트하겠습니다. (이후 이전 보고서의 형식을 따라 업데이트된 내용이 작성됨)

이렇게 하면 매주 보고서 작성에 들이는 시간이 획기적으로 줄어들고, 보고서의 양식과 톤도 일관성 있게 유지됩니다. 김 팀장은 챗GPT를 마치 자동화 도구처럼 활용하여 반복 작업을 효율화했습니다.

6-3 챗GPT가 잘 못하는 건 시키지 않는다

"AI의 한계를 인정하고, 무리한 요구는 하지 않기!"

왜 중요한가

챗GPT는 뛰어난 도우미지만 만능은 아닙니다. 모델이 근본적으로 약한 부분이나 제한된 분야에 무리한 요청을 하면 실망스러운 답을 얻거나 시간을 낭비할 수 있습니다. 김 팀장은 챗GPT의 강점과 약점을 명확히 이해하고, 잘하지 못하는 작업은 애초에 시키지 않는 현명함을 발휘합니다. 이를 테면 최신 주가 예측이나 정확한 법률 자문처럼 챗GPT가 신뢰도 있게 해내기 어려운 일은 다른 방법을 찾거나, 질문을 바꾸어 접근합니다.

어떤 일에 약한가

금융 업계 업무를 예로 들면 챗GPT는 실시간 데이터 제공이나 미래 예측에 약합니다. 시장 상황에 대한 최신 뉴스를 모르거나(브라우징 기능을 켜면 어느 정도 해결되지만 시의성을 100퍼센트 보장하긴 어렵습니다), 내재적 한계로 정확한 숫자 계산을 틀릴 때도 있습니다. 또 복잡한 지시를 한 번에 내렸을 때 우선순위를 혼동하여 엉뚱한 결과를 내놓기도 합니다. 예를 들어 "이 포트폴리오를 분석해서 문제점을 찾고, 향후 1년 수익률 예측도 하고, 그걸 표로 만들어 주세요"처럼 여러 작업을 한꺼번에 요청하면 챗GPT가 일부를 놓치거나 품질이 떨어질 수 있습니다.

어떻게 대처하나

챗GPT에게 무리한 역할을 기대하지 않습니다. 정확한 통계 수치나 법률 조항의 최신 개정 내용처럼 신뢰도가 중요하면, 챗GPT의 답변을 그대로 쓰지 않고 반드시 검증합니다. 김 팀장은 챗GPT를 '똑똑한 조수'로 여기되, 최종 판단은 항상 본인이 합니다. 또한 한 번에 복잡한 명령을 내리기보다는 작업을 쪼개서 단계별로 요청합니다. 예를 들어 위의 복잡한 요청은 다음처럼 나눕니다.

1. 포트폴리오를 분석해서 문제점을 찾아주세요.
2. (1번 답변 확인 후) 이 포트폴리오의 향후 1년 수익률을 몇 가지 시나리오로 예측해 주세요.
3. (2번 답변 확인 후) 1번과 2번 결과를 표로 정리해 주세요.

이렇게 하면 각각의 질문에 대해 챗GPT가 집중하여 더 정확한 답변을 제공합니다. 김 팀장은 특히 모델이 잘못하거나 거짓말하기 쉬운 영역(예: 존재하지 않는 통계나 레퍼런스 생성, 애매한 개념 단정 짓기)은 피해서 묻습니다. 꼭 필요하다면 "정확하지 않을 수 있음을 알고 있지만…"이라는 식으로 참고 의견을 구하되, 중요한 결정에 사용하지 않습니다.

실무 예시

신입 직원이 김 팀장에게 "챗GPT한테 다음 분기 경제 성장률을 예측하게 해볼까요?"라고 묻습니다. 김 팀장은 웃으며 조언합니다. "챗GPT가 그럴듯한 숫자를 내놓을 순 있겠지만, 그건 어디까지나 데이터 기반 추정이 아니라 패턴상 그럴듯하게 만든 허구일 가능성이 높아요. 차라리 챗GPT에게는 성장률에 영향을 미칠 요인들을 정리해 달라고 하고, 실제 예측치는 우리가 데이터를 보고 판단합시다."

그 조언대로 신입 직원은 질문을 바꿔 프롬프트를 작성합니다.

"향후 한 분기 동안 한국 경제 성장률에 영향을 줄 수 있는 주요 요인들은 무엇인가요?" 챗GPT는 금리, 수출입 동향, 환율, 유가 등의 요인을 잘 정리해 주었고, 팀은 이를 참고하여 자체적인 예측을 할 수 있었습니다. 이처럼 챗GPT에게 적절한 역할만 부여하는 것이 김 팀장의 지혜입니다.

6-4 채팅창은 주기적으로 정리한다

"새 술은 새 부대에 담아라. 새로운 주제는 새 대화창에서!"

왜 중요한가

챗GPT는 대화 문맥을 기억하기 때문에, 여러 가지 주제를 한 채팅에 섞어서 물어보기 시작하면 모델이 혼동을 일으킬 수 있습니다. 이전에 나눴던 이야기의 내용이 새로운 질문에 영향을 주어, 엉뚱한 전제에서 답변이 나올 수 있죠. 또한 한 채팅창에 너무 많은 대화를 이어나가면, 그 기록이 방대해져서 원하는 정보를 나중에 찾아보기 어려워집니다. 김 팀장은 대화 주제가 바뀔 때 과감하게 새 채팅을 시작하고, 사용하지 않는 옛 기록은 정리합니다. 이러한 습관 덕분에 언제나 깔끔한 대화 환경을 유지하고 필요한 내용도 빠르게 찾습니다.

어떻게 적용하나

챗GPT를 쓰다 보면 하나의 창에서 이것저것 질문을 이어가고 싶은 유혹이 생깁니다. 그러나 김 팀장은 주제별로 대화창을 분리하는 규칙을 세웠습니다. 예를 들어 오전에는 '국내 증시 동향'을 묻는 대화창을 사용하고, 오후에 '팀 회의록 요약'이 필요하면 새 창을 엽니다. 이렇게 하면 각 대화 기록이 왼쪽 히스토리 목록에 주제별로 깔끔히 남기 때문에, 나중에 특정 주제의 대화 내용을 찾아보기가 쉽습니다. 반대로 여러 주제가 뒤섞인 하나의 대화는 나중에 어느 폴더(프로젝트)에 저장해야 할지 애매해지는 문제도 있습니다.

또한 김 팀장은 너무 오래 이어진 대화도 새로 고칩니다. 챗GPT의 기억 한계(맥락 창 길이)가 있기 때문에, 아주 긴 대화를 이어가면 옛날 내용은 잊거나 모델이 혼란스러워할 수 있습니다. 김 팀장은 중요한 논의가 일단락되면 해당 결과를 요약해서 메모해 두고, 관련된 새 질문이 떠오르면 새 창에서 요약 내용부터 제공한 후 대화를 시작합니다.

실무 예시

김 팀장이 오전에 챗GPT와 '국제 원자재 가격 동향'에 대해 한참 대화를 나누었다고 합시다. 오후에 김 팀장은 전혀 다른 주제인 '다음 주 팀 미팅 발표 자료 아이디어'를 얻고 싶습니다. 이럴 때는 기존 채팅창을 이어 쓰는 대신, 새로운 채팅을 시작합니다. 혹시나 나중에 아침에 나눈 원자재 대화 내용이 궁금하면, 히스토리에서 해당 제목을 찾아보면 됩니다. 이렇게 대화창을 정리하는 습관 덕분에 김 팀장은 필요한 정보를 빠르게 찾고, 챗GPT에게도 매번 명확한 맥락을 제공하게 됩니다.

6-5 심층 리서치는 한도까지 반드시 사용한다

"딥 리서치? 끝을 봐야 직성이 풀리죠. 토큰 한도까지 탈탈 털기!"

왜 중요한가

챗GPT는 간단한 질문에 간단한 답을 주는 용도로만 쓰기엔 아까운 존재입니다. 금융 분야에서는 복잡한 리서치 작업이 자주 발생하는데, 이때 챗GPT의 심층 분석 능력을 최대한 끌어내는 것이 김 팀장의 노하우입니다. 김 팀장은 한두 문장의 짧은 답변에 만족하지 않고, 챗GPT의 토큰 한도(한 번에 생성할 수 있는 최대 분량)까지 활용하여 깊이 있는 분석을 얻어냅니다. 예컨대 어떤 주제에 대해 "더 알려주세요", "계속" 등의 프롬프트를 통해 답변을 확장시키거나, 질문을 달리 하면서 여러 각도로 조명해 보게 합니다. 이렇게 하면 인간이라면 며칠 걸릴 법한 리서치도 비교적 짧은 시간에 폭넓게 수행할 수 있습니다.

어떻게 적용하나

김 팀장의 접근법은 다단계 질문과 팔로업 질문의 적극적 활용입니다. 처음에는 광범위한 개요를 물어보고, 이후 점차 세부 주제로 파고드는 식입니다. 예를 들어 새롭게 떠오르는 금융 상품에 대해 알아볼 때, 우선 "그 상품의 구조와 특징"을 묻고, 이어서 "비슷한 상품과의 차이점", "해당 상품의 위험 요인", "시장 성장 전망" 등을 차례로 질문합니다. 챗GPT가 한 번에 주는 답변이 장황해질 것 같으면, "각 항목을 자세히 설명해 주세요"라고 추가 지시하여 최대한 상세한 답을 이끌어 냅니다. 때로는 답변 도중에 끊길 때도 있는데, 이 경우 "이어서 알려주세요"라고 입력하여 계속 이어서 생성하도록 합니다.

또한 챗GPT에게 자료 요약을 시킬 때도 한도까지 활용합니다. 김 팀장은 방대한 보고서나 연구 자료 PDF를 부분부분 복사해 챗GPT에게 요약시키고, 중요 부분은 "좀 더 자세히 알려주세요"라고 하여 원하는 분량만큼 상세히 파악합니다. 이러한 심층 활용은 챗GPT 유료 사용자가 누릴 수 있는 큰 이점인데요, 심층 연구를 선택하고 질문을 한다면 추론과 CTO(연쇄 질문 기법)를 이용해 토큰 한도를 크게 사용할 수 있는 장점이 있습니다.

심층 리서치 선택 후 프롬프트를 입력합니다.

실무 예시

김 팀장이 '아시아 신흥국 채권 시장 전망'이라는 주제로 리서치 메모를 작성해야 한다고 가정해 봅시다. 김 팀장은 먼저 챗GPT에게 "아시아 신흥국 채권 시장의 향후 1년 전망을 개요부터 자세히 설명해 주세요"라고 물어 전반적인 답을 얻습니다. 여기서 끝내지 않고 답변에 언급된 키워드별로 후속 질문을 던집니다. 예를 들어 "말레이시아와 인도네시아 채권 시장 전망을 비교해 주세요", "주요 리스크 요인(정치, 통화 등)을 상세히 분석해 주세요" 같은 추가 요청을 계속 이어나갑니다. 챗GPT는 각 질문에 대하여 점점 깊이 있는 분석을 내놓고, 결국 김 팀장은 이를 종합해 알찬 리서치 메모를 완성합니다.

이처럼 한 번 챗GPT를 사용할 때 가능한 최대치의 정보를 끌어내는 습관 덕분에, 김 팀장은 동료들보다 빠르고 폭넓게 인사이트를 얻습니다. "물어볼 수 있는 건 끝까지 다 물어본다"가 김 팀장의 모토입니다.

6-6 결과는 수정해 쓴다

"AI가 준 초안, 내 손을 거쳐야 완성본!"

왜 중요한가

챗GPT가 훌륭한 답변과 초안을 제공해 주긴 하지만, 그대로 복사해서 쓰는 것은 김 팀장의 스타일이 아닙니다. 왜냐하면 AI가 생성한 글은 어딘가 천편일률적이거나 미묘하게 맥락과 어울리지 않는 부분이 있기 때문입니다. 또한 중요한 문서일수록 사람의 최종 감수와 편집 과정을 거쳐야 품질이 보장됩니다. 김 팀장은 챗GPT의 결과물을 일종의 '반제품'으로 여기고, 자신의 전문 지식과 감각을 더해 퇴고 작업을 거칩니다. 이 과정을 통해 내용의 정확성을 높이고, 글의 톤을 상황에 맞게 다듬으며, 자신만의 색깔을 입힙니다.

어떻게 적용하나

우선 챗GPT가 준 답변을 천천히 읽으며 사실 관계 오류나 부적절한 표현이 없는지 확인합니다. 숫자나 고유명사는 틀리는 경우가 있으므로 특히 잘 살핍니다. 그런 다음 문장의 흐름이나 말투가 매끄러운지 점검합니다. 김 팀장은 필요한 경우 직접 수정을 가하거나, 챗GPT에게 추가 지시를 내려 수정합니다. 예를 들어 답변이 너무 일반적이면 "우리 회사 상황에 맞게 구체화해 주세요" 혹은 "조금 더 딱딱한 문어체로 바꿔주세요" 등 개선을 요구합니다. 챗GPT도 훌륭한 편집 도구가 될 수 있으므로, 처음부터 완벽을 바라지 말고 여러 번의 수정 대화를 거치는 것이 좋습니다.

또한 최종적으로는 본인 눈으로 직접 읽으며 다듬습니다. AI가 미처 알지 못하는 내부 상황이나 업계 뉘앙스를 고려하여 몇 문장을 추가하거나 빼는 것이죠. 이런 편집 과정을 거치면 AI와 사람의 장점이 결합되어 결과물의 완성도가 훨씬 높아집니다.

실무 예시

김 팀장이 챗GPT로 '고객용 주간 금융 시장 동향 보고' 초안을 얻었다고 합시다. 챗GPT는 전체적으로 훌륭히 작성했지만, 읽다 보니 몇 가지 마음에 걸리는 부분이 있습니다. 예컨대 너무 교과서적인 문장이 있다거나, 일부 수치는 최신이 아닙니다. 김 팀장은 우선 사실 오류가 있는 숫자를 최신 데이터로 교체합니다. 그리고 문장이 딱딱하게 느껴지는 부분은 부드럽게 고쳐 씁니다. 그래도 문맥상 어색한 문단이 한 군데 있어, 그는 챗GPT에게 해당 부분을 요약하고 어조를 바꾸도록 요청합니다.

> 김 팀장: 3번째 문단이 너무 장황한데, 핵심만 두세 문장으로 요약해 주세요. 그리고 일반 독자도 이해하기 쉽도록 표현을 풀어 써주세요.
> 챗GPT: 네, 요청하신 대로 3번째 문단을 간결하고 쉬운 표현으로 수정해 보겠습니다. (요약 및 어조 수정된 문단 생성)

이후 김 팀장은 수정된 문단을 검토하여 최종 보고서에 포함시킵니다. 이렇게 AI가 제공한 초안을 사람의 편집으로 마무리함으로써, 김 팀장은 빠르면서도 품질 높은 결과물을 내놓습니다.

6-7 캡처를 적극적으로 이용한다

"백문이 불여일견! 챗GPT 답변, 필요하면 캡처로 공유한다."

왜 중요한가

때로는 텍스트로 길게 설명하는 것보다, 챗GPT가 만들어 준 답변 화면을 한눈에 보여주는 것이 더 효과적입니다. 김 팀장은 동료들과 정보를 공유할 때 챗GPT 대화 내용을 '스크린샷(캡처)'으로 찍어 보내곤 합니다. 표나 차트, 코드 등 복잡한 형식의 결과물도 캡처 이미지로 공유하면 쉽게 전달되죠. 이는 단순히 결과를 보여줄 뿐만 아니라, 동료들이 챗GPT 활용 과정을 이해하는 데도 도움을 줍니다. "어떤 프롬프트로 이런 답을 얻었구나"를 캡처 화면을 보고 바로 파악할 수 있으니까요.

어떻게 적용하나

컴퓨터 화면 캡처 도구를 활용하여, 챗GPT 답변이 나온 화면을 그림 파일로 저장합니다. 중요한 건 필요한 부분만 보기 좋게 잘라내는 것입니다. 윈도우 PC 기준으로 '윈도우키+시프트키+S'를 동시에 누르면 원하는 부분을 캡처할 수 있습니다. 김 팀장은 예를 들어 챗GPT가 만들어 준 표나 그래프가 있을 경우, 그 영역만 캡처해서 보고서에 붙입니다. 또는 동료에게 이메일로 조언을 줄 때, "챗GPT한테 이렇게 물어보세요"라며 자신이 했던 Q&A를 캡처해서 보여줍니다. 이는 일종의 시각 자료로써 이해를 돕습니다.

캡처 이미지를 프레젠테이션 자료에 넣어 활용하기도 합니다. 텍스트를 복사해 붙이면 형식이 깨지거나 방대한 내용을 다 담기 어려울 때, 이미지로 넣으면 편합니다. 다만, 캡처 시 보안에 유의해야 합니다. 회사 내부 정보나 민감한 내용이 대화에 포함되어 있다면 함부로 이미지로 저장하거나 공유하지 않습니다. 김 팀장은 공유 전에 캡처 이미지에 포함된 민감 정보를 지우거나 블러 처리하는 세심함도 잊지 않습니다.

실무 예시

김 팀장의 팀원이 새로운 파생 상품 구조를 이해하지 못해 어려워한다고 가정해 보겠습니다. 김 팀장은 챗GPT와 간단한 Q&A를 통해 그 개념을 설명하고, 해당 대화 내용을 캡처하여 팀원에게 전송합니다. 이미지에는 김 팀장의 질문과 챗GPT의 답변이 차례로 나와 있어, 팀원은 마치 옆에서 도와주는 설명을 직접 보는 듯한 효과를 얻습니다. 또 다른 예로, 김 팀장이 챗GPT의 'Code Interpreter'로 생성한 예쁜 그래프가 있다고 해봅시다. 이 그래프를 그대로 복사하기 어려울 땐 화면을 캡처해 보고서에 삽입하면 끝입니다.

이렇듯 캡처 활용을 두려워하지 않는 것이 김 팀장의 팁입니다. 그때그때 화면을 찍어두면 기록도 남고, 필요한 사람과 시각적으로 공유도 쉬워지니까요.

6-8 GPT를 만들어 동료들에게 공유한다

"나만의 GPT 비서를 만들어, 모두 함께 편해지자!"

왜 중요한가

김 팀장은 챗GPT 활용에 능숙해지면서, 자주 쓰는 프롬프트와 설정을 아예 맞춤형 AI 비서로 만들어 버렸습니다. 그리고 이것을 팀원들과 공유하여 모두가 혜택을 보고 있습니다. 오픈AI의 챗GPT 플랫폼에서는 사용자가 특정 역할과 지식을 가진 커스텀 GPT(Custom GPT)를 만들어 공개할 수 있는 기능이 있고, 김 팀장은 이를 적극 활용합니다. 예를 들어 금융권 업무에 특화된 'K증권 투자 분석 GPT'를 만들어 두면, 동료들은 일일이 프롬프트를 입력하지 않고도 그 GPT를 불러 써먹을 수 있습니다. 이는 마치 팀 내에 AI 전문가 한 명을 추가 채용한 듯한 효과를 냅니다.

어떻게 적용하나

먼저 본인이 자주 쓰는 챗GPT 시나리오를 분석합니다. 만약 '애널리스트 보고서 스타일 요약' 작업을 자주 한다면, 그에 맞게 시스템 메시지와 예시를 미리 설정해 둔 커스텀 GPT를 생성합니다. 예를 들면 해당 GPT는 "당신은 10년 차 애널리스트이며, 국내 주식 시장에 대한 깊은 통찰을 갖고 있다"로 역할을 부여하고, 출력 형식은 특정 템플릿을 따르도록 프로그래밍합니다.

이렇게 만든 나만의 GPT는 사내 교육에도 쓰입니다. 김 팀장은 새로운 팀원들에게 이 커스텀 GPT를 소개하며, "이걸 쓰면 우리 문서 스타일에 맞춰 답변이 나올 겁니다"라고 안내하죠. 동료들은 공유된 GPT를 활용해 쉽게 수준 높은 결과물을 얻고, 전체 팀의 생산성이 향상됩니다. 또한 김 팀장은 사내 보안 규정을 지키는 범위에서 회사 내부 자료(예: 상품 매뉴얼이나 규정집)를 GPT에 학습시키거나 연동하는 방안도 검토하고 있습니다. 이러한 세팅이 가능해지면 진정한 맞춤형 AI 조수가 완성되는 셈입니다.

실무 예시

김 팀장이 만든 'K증권 고객 응대 GPT'를 예로 들어 봅시다. 이 GPT는 고객들이 자주 묻는 질문에 대한 답변을 사전에 학습시켜 두었고, 우리 회사의 어조 가이드라인을 반영하도록 설정되어 있습니다. 한 영업직 동료가 고객 문의 이메일 답변 초안을 빨리 작성해야 할 때, 이 GPT에게 간단히 요청만 하면 됩니다.

- **동료:** (커스텀 GPT 'K증권 고객응대'에게) 고객이 우리 온라인 트레이딩 시스템 수수료 구조를 문의했어요. 친절하고 자세하지만 간결하게 답변해 주세요.
- **Custom K증권 GPT:** 안녕하세요, 고객님. 문의 주신 온라인 트레이딩 시스템의 수수료 구조에 대해 설명드리겠습니다.
  (회사 스타일에 맞춘 친절한 답변 생성)

이 동료는 별다른 노력 없이도 김 팀장이 미리 구축해 둔 GPT

를 통해 수준 높은 답변을 얻었고, 바로 고객에게 보낼 수 있었습니다. 김 팀장은 이러한 커스텀 GPT들을 지속적으로 개선하며 팀과 지식 자산을 공유합니다.

6-9 모르는 것은 물어본다

"모르면 묻는 게 이득! 챗GPT에게 부끄러움 없이 질문하기."

왜 중요한가

금융업에 몸담고 있다 보면 모르는 용어, 처음 접하는 개념이 끊임없이 등장합니다. 그때마다 주변에 물어보거나 자료를 뒤지는 것도 한 방법이지만, 챗GPT라는 훌륭한 즉문즉답 도구가 있다는 것을 김 팀장은 잘 알고 있습니다. 때문에 궁금한 것이 생기면 지체 없이 챗GPT에게 물어봅니다. '이걸 물어보면 너무 기본적인 거라고 흉보지 않을까?' 하는 걱정은 하지 않습니다. AI는 인내심 강한 선생님처럼 무엇이든 물으면 친절히 설명해 주니까요. 모르는 것을 바로바로 챗GPT에게 물어보는 습관 덕분에, 김 팀장은 지식의 빈틈을 빠르게 메울 수 있습니다.

어떻게 적용하나

챗GPT에게 질문의 난이도나 분야를 가리지 않고 묻습니다. 예를 들어 회의 중 누군가 '듀레이션(Duration)'이라는 용어를 언급했는데 정확한 정의가 헷갈린다면, 김 팀장은 휴식 시간에 챗GPT에게 "채권의 듀레이션이 뭔지 쉽게 설명해 주세요"라고 물어봅니다. 혹은 '예금보험공사 제도'처럼 생소한 주제가 나와도 일단 챗GPT에게 개념 정리를 부탁합니다. 이때 원하는 깊이만큼 계속 질문을 이어가는 것도 가능하죠. 처음엔 기본 정의를 듣고, 이어서 "좀 더 자세히 알려주세요", "실제 사례를 들어주세요" 등으로 발전시켜 나갑니다.

김 팀장은 또한 어설프게 아는 것일수록 더 물어봅니다. 가령 알고 있다고 생각했지만 막상 설명하려니 자신 없는 개념은 챗GPT에게 다시 한번 확인합니다. 이를 통해 잘못 알고 있던 부분을 교정하고, 더 확실한 지식을 얻게 됩니다. 물론 챗GPT의 답변이 언제나 100퍼센트 완벽하지는 않으므로, 중요한 사안에 대해서는 추가로 공식 자료를 찾아보지만, 일상의 작은 궁금증들은 챗GPT로 거의 해소합니다.

실무 예시

한 은행 영업점과 협업 프로젝트를 진행하던 중 '여신 심사'라는 말이 나왔다고 해봅시다. 김 팀장은 이 용어의 정확한 의미와 절차를 잘 몰랐지만 곧바로 챗GPT에게 질문했습니다.

김 팀장: 은행 업무에서 '여신 심사'가 무엇인지 간단히 설명해 주세요.
챗GPT: 여신 심사란 은행이 대출 등 여신 업무를 취급할 때 신청자의 신용도와 상환 능력을 평가하는 과정입니다.

이어진 챗GPT의 답변을 읽고 김 팀장은 개념을 명확히 이해하게 되었고, 이후 이어진 회의에서도 맥락을 잘 따라갈 수 있었습니다. 이렇게 사소한 것이라도 즉시 묻고 해결하는 습관은, 전문성을 쌓아가는 지름길입니다.

6-10 나의 생각, 관점, 경험을 반드시 포함한다

"내 이야기 없는 글은 남의 글. AI 결과물에도 내 색깔 입히기!"

왜 중요한가

김 팀장은 챗GPT의 답변을 토대로 문서를 작성할 때, 항상 자신의 관점과 경험을 한 스푼 얹습니다. 챗GPT는 아무리 똑똑해도 본인의 개성이나 실제 현업 경험까지 담아주진 못합니다. 그런데 금융 분야에서 신뢰를 얻으려면, 글이나 설명에 작성자 고유의 통찰과 목소리가 배어 있어야 합니다. 고객이든 상사든, 그 글이 AI가 뽑아낸 원론적인 답변인지 아니면 현업 전문가의 살아 있는 의

견인지 금방 알아차립니다. 따라서 김 팀장은 AI가 준 초안을 활용하되, 꼭 자신의 생각과 사례를 덧붙여 완성합니다.

어떻게 적용하나

챗GPT에게 자료나 아이디어를 얻었다면, 그것을 바탕으로 '내가 하고 싶은 말'을 재정리합니다. 우선 AI 답변 중 동의하는 점과 동의하지 않는 점을 구분하고, 자신의 견해를 명확히 합니다. 그런 다음 문서에 그 견해를 반영합니다. 때로는 1인칭 어조를 적절히 활용하여, "내가 보기에 ~이다" 또는 "우리 부서의 경험으로는 ~였다" 같은 표현을 넣습니다. 김 팀장은 이를 통해 글에 인간미와 신뢰감을 높입니다. 또한 자신의 경험 사례를 짧게 곁들입니다. 예컨대 챗GPT가 제시한 일반론적인 장단점 목록이 있다면, 각 항목에 대해 "우리 회사에서는 ~한 사례가 있다"처럼 구체화를 하는 것이죠.

만약 챗GPT가 작성한 문장에서 너무 AI스러운 티가 나는 부분이 있으면, 인간다운 어휘로 갈아 끼웁니다. 예를 들어 "매우 유용할 것입니다" 같은 표현 대신 "~할 것이라 기대합니다. 실제로 제가 지난해 적용해 보니 좋았습니다" 등으로 바꾸어 개인적 어조를 섞습니다. 이러한 편집을 통해 최종 산출물은 김 팀장 자신의 목소리가 살아 있는 콘텐츠가 됩니다.

실무 예시

김 팀장이 챗GPT의 도움을 받아 '하반기 증시 전망' 보고서를 작성했다고 가정해 봅시다. 챗GPT는 거시경제 지표와 과거 데이터에 근거한 전망을 그럴듯하게 써주었습니다. 그러나 김 팀장은 거기에 만족하지 않고 자신의 시각을 추가했습니다. 그는 과거에 겪었던 2008년 금융위기 당시의 경험을 짧게 언급하며 현재 상황과 비교했습니다. 또한 "최근 투자자들과 면담하며 체감한 분위기는 AI가 분석한 것보다 더 보수적이었다"라는 식으로 현장에서 느낀 점을 적어 넣었습니다.

이렇게 하니 보고서를 읽는 사람들이 '이건 김 팀장의 생각이 담긴 자료'라고 받아들이게 되었고, 신뢰도도 훨씬 높아졌습니다. AI의 힘을 빌리면서도 내 목소리를 내는 것, 이것이 김 팀장의 핵심 습관 중 하나입니다.

6-11 검색은 연산자와 함께 사용한다

"검색도 실력! 똑똑한 검색으로 AI 활용 업그레이드."

왜 중요한가

챗GPT가 편리하긴 하지만, 세상의 모든 정보를 다 담고 있지는 않습니다. 최신 정보나 매우 구체적인 자료는 여전히 웹 검색이 필요합니다. 김 팀장은 평소에 검색 엔진을 사용할 때 검색 연산자를 적극 활용하여 정확한 결과를 찾는 능력이 뛰어납니다. 이 스킬은 챗GPT와 결합되어 더 큰 힘을 발휘합니다. 예를 들어 챗GPT로부터 어떤 아이디어나 초안을 얻은 후, 관련 근거 자료를 찾거나 최신 통계를 확인할 때 정교한 검색 기법이 필요합니다. 잘 검색하면 신뢰할 수 있는 출처를 빨리 확보할 수 있고, 이를 챗GPT 대화에 추가해 답변의 질을 높일 수도 있습니다.

어떻게 적용하나

먼저 구글 등 검색 엔진에서 자주 쓰는 연산자를 익혀둡니다. 김 팀장이 애용하는 연산자 몇 가지를 소개하면 다음과 같습니다.

- **'Site' 연산자:** 특정 사이트 내 정보를 찾을 때 사용. (예: site:fss.or.kr IFRS17 보고서 = 금융감독원 사이트에서 IFRS17 관련 보고서 찾기)
- **'Filetype:' 연산자:** 특정 파일 형식(PDF, PPT 등) 자료를 찾을 때 유용. (예: 보험업 전망 filetype:pdf = 보험업 전망 관련 PDF 문서 검색)
- **정확한 구문 검색:** 키워드를 큰따옴표로 묶어서 꼭 그 단어들이 들어간 문서를 찾음. (예: "자기자본 이익률 10%" 전망)
- **'-'(마이너스) 연산자:** 특정 단어가 들어간 결과를 제외. (예: 배

당주 전망 -블로그 = 개인 블로그를 제외하고 검색)

- **기타 연산자**: OR, intitle:, intext: 등 상황에 따라 활용.

김 팀장은 챗GPT의 브라우징 모드를 켤 때도 이러한 키워드를 함께 써서 검색 정확도를 높입니다. 예컨대 챗GPT에게 "site:investopedia.com duration 설명 검색해 주세요"라고 하면, 평소 자신이 구글에서 하던 것과 유사하게 검색을 수행할 수 있습니다. 그리고 검색으로 찾은 링크를 열어보거나, 해당 내용을 요약해 달라고 챗GPT에게 부탁합니다.

이렇듯 검색을 잘 활용하면 챗GPT의 한계를 보완하고, 더욱 사실에 기반한 답변을 얻을 수 있습니다. 김 팀장은 특히 수치 근거가 필요한 리포트를 쓸 때, 챗GPT에게 작성시킨 초안의 숫자나 사실들을 한 번씩 검색 연산자로 검증합니다.

실무 예시

김 팀장이 어떤 보고서를 검토하던 중 "2023년 말 한국 GDP 성장률 3.1%"라는 수치를 봤다고 합시다. 최신 데이터인지 확인이 필요한 상황에서, 그는 곧바로 검색 연산자를 활용합니다.

김 팀장 (브라우징 활성화): site:news.korea.gov 2023 GDP 3.1%로 검색해 주세요. 최근 정부 발표 기사가 있을 겁니다.

챗GPT: (검색 결과 중 정부 발표 뉴스를 찾아 요약) 최근 기획재정부 보도자료에 따르면 2023년 한국 GDP 성장률 잠정치는 3.1%로 발표되었습니다.

이렇게 김 팀장은 정확한 출처를 확인하고 안심할 수 있었습니다. 또한 필요하다면 그 출처를 기반으로 챗GPT에게 추가 질문을 던져 더 깊은 분석을 얻을 수도 있습니다. 스마트한 검색 스킬은 AI 시대에도 여전히 빛을 발하며, 김 팀장은 이 기술을 통해 챗GPT 활용 효과를 극대화합니다.

이상으로 살펴본 11가지 습관은 K증권사 김 팀장이 챗GPT를 통해 업무 혁신을 이룬 비결입니다. 중요한 건 기술 자체보다 사용자의 태도와 습관임을 알 수 있습니다. 이 가이드북을 읽는 금융권 여러분도 김 팀장의 사례를 참고하여, 작은 습관 변화로 큰 업무 효율 향상을 경험하시길 바랍니다.

챗GPT는 이제 우리의 동료이자 도구입니다. 좋은 습관으로 똑똑하게 활용하면, 반복 업무에서 해방되고 더 가치 있는 일에 집중할 수 있습니다. 결국 핵심은 사람의 통찰력과 AI의 능력을 조화롭게 결합하는 것입니다. 김 팀장의 습관들이 그 길잡이가 되기를 바랍니다.

Part 7

신탁 계약서 독소 조항 분석 및 개선하기

'도대체 이 신탁 계약서를 어떻게 검토해야 할지 막막하네. 계약서만 50페이지가 넘고, 금액도 커서 실수하면 큰일인데... 우리 회사에 불리한 독소 조항은 어떻게 찾고, 어떻게 수정 제안을 해야 하지?'

장해수 대리는 자산관리팀에 갓 발령 받아 첫 신탁 계약 검토를 맡게 되었습니다. 법무팀의 도움을 받기 전에 스스로 문제점을 파악하고 싶지만, 계약서의 복잡한 법률 용어와 조항들 사이에서 어떤 부분이 위탁자에게 불리한지 식별하기가 쉽지 않습니다.

금융업에서 계약서 검토는 회사 업무의 큰 부분을 차지합니다. 계약 하나로 억억 하는 손해를 볼 수도 있고 반대로 큰 추가 수익을 확보할 수도 있으니까요. 특히나 자산 신탁 계약서 같은 큰 스케일의 복잡한 문서에서 위탁자에게 불리한 독소 조항을 식별하고, 이를 개선하는 작업은 상당한 전문성과 시간을 필요로 합니다. 이번 장에서는 챗GPT를 활용하여 계약서의 독소 조항을 효율적으로 찾고, 적절한 수정안을 제안하는 방법을 알아보겠습니다.

독소 조항이란 계약 당사자 중 한쪽에게 현저히 불리한 조건을 담고 있는 계약 조항을 의미합니다. 금융 계약서에서는 특히 위탁자의 권리를 제한하거나, 수탁자의 책임을 과도하게 면제하는 조항들이 자주 발견됩니다. 이러한 독소 조항을 식별하기 위해서는 계약의 본질적 목적, 양 당사자의 권리와 의무의 균형, 업계 표준 관행 등을 종합적으로 고려해야 합니다.

7-1 단계별 프롬프트

기본 프롬프트는 다음과 같습니다. 한 번에 다 넣는 것이 아니라 순서대로 하나씩 넣으며 결과물을 정리하는 단계별 프롬프트를 사용합니다.

> 1. 첨부한 문서는 한국 자산 신탁의 신탁 계약서입니다. 계약서의 주요 내용을 요약하세요.
> 2. 계약서 내용 중에 '위탁자'에 불리한 독소 조항을 찾아 리스트 형식으로 '조' 번호를 기준으로 오름차순으로 정렬해 출력하세요.
> 3. 각 리스트별로 독소 조항을 수정한 수정 문구를 출력하세요.

결과 보기 전에 프롬프트를 분해해 보겠습니다.

> 1단계: "첨부한 문서는 한국 자산 신탁의 신탁 계약서입니다. 계약서의 주요 내용을 요약하세요."

구성 요소
- **문서 식별**: 첨부한 문서가 '한국 자산 신탁의 신탁 계약서'임을 명시합니다.
- **작업 지시**: 계약서의 주요 내용을 요약하도록 지시합니다.

이 단계의 전략적 의도
첫 단계에서 전체 계약서의 요약을 요청하는 것은 챗GPT가 문서의 전반적인 구조와 내용을 파악하게 하기 위함입니다. 마치 숲을 먼저 보고 나서 숲속의 나무들을 찬찬히 살펴보는 것과 같습니다. 이는 뒤따르는 2단계, 3단계 분석을 위한 기반을 마련하는 것이죠. 이 단계가 없다면 챗GPT가 문맥을 충분히 이해하지 못한 채 독소 조항을 찾아야 하는 어려움이 생길 수 있습니다.

> **2단계**: "계약서 내용 중에 '위탁자'에 불리한 독소 조항을 찾아 리스트 형식으로 '조' 번호를 기준으로 오름차순으로 정렬해 출력하세요."

구성 요소
- **분석 기준**: '위탁자'에게 불리한 독소 조항을 찾아야 함을 명시합니다.
- **출력 형식**: 리스트 형식으로 제시할 것을 요구합니다.
- **정렬 기준**: '조' 번호를 기준으로 오름차순으로 정렬하도록 지시합니다.

이 단계의 전략적 의도
두 번째 단계는 챗GPT에게 계약서의 특정 부분(위탁자에게 불리한 조항)에 초점을 맞추도록 요청합니다. 이는 금융 전문가가 계약서 검토 시 가장 관심을 가질 만한 부분입니다. '조' 번호 기준 오름차순 정렬하라고도 요청했습니다. 여기서 기대할 수 있는 것은 다음과 같습니다

1. 출력 결과가 체계적이고 일관된 형태로 제공됩니다.
2. 계약서의 맨 첫 페이지부터 흐름에 따라 독소 조항을 파악할 수 있습니다.
3. 특정 조항을 빠르게 찾아볼 수 있습니다.

이는 마치 계약서를 처음부터 끝까지 읽으면서 해독이 필요한 조항에 형광펜으로 표시하는 것과 비슷한 효과를 노렸습니다.

> 3단계: "각 리스트별로 독소 조항을 수정한 수정 문구를 출력하세요."

구성 요소

- **문제 해결 요청**: 단순히 문제를 지적하는 것을 넘어 해결책을 제시하도록 요청합니다.
- **출력 형식**: 각 독소 조항별로 수정 문구를 제시하도록 지시합니다.

이 단계의 전략적 의도

세 번째 단계는 문제 식별에서 한 걸음 더 나아갑니다. 우리가 원하는 해결책을 내놓으라고 요청하고 있습니다. 금융 전문가가 법무팀과 협의하거나 계약 조건을 협상하기 위한 핵심 제안 내용을 제공합니다.

이제 제 프롬프트 작성 의도가 잘 전달된 것 같습니다.

결과를 살펴보겠습니다. 각 단계의 프롬프트는 생략하고 단계별 결과만 보겠습니다.

1단계 : 계약서 요약
한국 자산 신탁 증권신탁 계약서 요약
이 계약서는 위탁자와 미래에셋대우(수탁자) 간에 체결된 증권신탁 계약의 주요 내용을 규정하고 있습니다.

1. 신탁의 목적 및 재산 (제1조~제2조)
- 목적: 수익자의 이익 증대 및 신탁재산의 관리·운용·처분.
- 신탁재산: 위탁자가 신탁한 증권 및 그 운용을 통해 발생하는 이익.
- 추가신탁 가능: 신탁기간 내 추가 증권 신탁 가능.

2. 신탁 기간 및 수익자 (제3조~제4조)
- 신탁기간: 별지1 '증권신탁계약 세부내역서'에 명시된 기간.
- 연장 가능: 위탁자와 수익자의 합의 및 수탁자의 승낙을 통해 연장 가능.
- 수익자 지정 및 변경: 수익자는 별지1에 기재되며, 변경 가능.

3. 신탁재산의 운용 및 관리 (제5조~제6조)
- 운용 방법: 보관, 배당금 수령, 주주권 행사, 증권 매각 등.
- 금전 운용: 위탁자가 지정한 방법으로 운용하며, 특정 상황에서는 수탁자가 금융투자업규정에 따라 운용 가능.

4. 수익 및 신탁보수 (제14조~제16조)

- 신탁보수: 기본보수(운용기간 기준)와 성과보수(성과에 따른 추가 지급)로 구성.
- 신탁이익 지급: 위탁자의 신청에 따라 지급 가능.

5. 신탁 계약 해지 및 변경 (제17조~제21조)
- 중도해지: 위탁자와 수익자의 동의로 가능, 일부 해지 가능.
- 계약 변경: 수탁자가 변경할 수 있으며, 위탁자·수익자에게 사전 통보 필요.
- 신탁 종료 사유: 신탁기간 만료, 중도해지, 목적 달성 불가 등.

6. 기타 중요 조항
- 의결권 행사 (제10조): 수탁자가 행사하며, 위탁자의 지시에 따름.
- 양도 및 담보 제공 (제28조): 수익권 양도 시 수탁자의 승낙 필요.
- 소송 및 법적 절차 (제22조~제23조): 신탁재산 관련 소송 발생 시 협의 후 대응.
- 손익 귀속 (제25조): 운용 수익과 손실은 전부 수익자에게 귀속.

7. 법적 규정 및 관할법원 (제32조~제33조)
- 법적 준거: 신탁법 및 관련 법령 적용.
- 관할법원: 민사소송법에 따른 관할법원에서 소송 진행.

결론
이 계약서는 위탁자가 증권을 신탁하고 수탁자가 이를 관리·운용하는 방식을 규정하며, 수익자의 이익 보호를 중심으로 운용됩니다. 신탁계약 변경, 운용 방식, 계약 해지 및 법적 절차 등에 대한 명확한 조항이 포함되어 있습니다.

2단계 : 독소 조항 식별
위탁자에게 불리한 독소 조항 리스트
다음은 위탁자에게 불리할 가능성이 있는 조항을 정리한 목록입니다. 조항 번호 순으로 정렬하였습니다.

1. **제6조 (금전의 운용)**
   - 문제점: 위탁자가 지정한 방법대로 운용할 수 없는 잔액이 있을 경우, 수탁자가 자의적으로 금융투자업규정에 따라 운용 가능.
   - 위탁자 불리함: 위탁자의 운용지시가 충분히 반영되지 않을 위험.
2. **제14조 (신탁보수)**
   - 문제점: 성과보수를 부과할 수 있으며, 신탁 수익률이 '0'보다 낮은 경우에만 성과보수 면제.
   - 위탁자 불리함: 기준수익률을 초과하지 않더라도 성과보수가 부과될 수 있음.
3. **제17조 (중도해지)**
   - 문제점: 중도해지 시 수탁자는 신탁보수 외에도 중도해지 수수료를 부과 가능.
   - 위탁자 불리함: 신탁을 조기 종료하고 싶어도 불이익 발생.
4. **제18조 (일부해지)**
   - 문제점: 일부해지 시에도 신탁보수 및 중도해지수수료를 부과.
   - 위탁자 불리함: 일부라도 자금을 회수하려면 추가 비용 부담.
5. **제19조 (신탁계약의 종료)**
   - 문제점: 위탁자가 사망할 경우, 신탁계약 종료는 수탁자와 수익자의 합의에 따름.
   - 위탁자 불리함: 사망 시 신탁재산 처리가 지연될 가능성이 있음.
6. **제20조 (투자위험)**
   - 문제점: 신탁재산을 처분하여 현금화하기 어려운 경우 중도해지 불가능할 수 있음.
   - 위탁자 불리함: 원본 회수가 어려운 투자 위험을 부담해야 함.
7. **제21조 (신탁계약의 변경)**

- **문제점**: 수탁자가 계약 내용을 변경할 수 있으며, 변경이 불리한 경우에도 위탁자가 별도의 해지 의사를 표시하지 않으면 변경에 동의한 것으로 간주됨.
- **위탁자 불리함**: 불리한 변경 사항을 자동으로 수용해야 할 가능성이 있음.

8. 제24조 (원본과 이익의 보전)
- **문제점**: 신탁은 원본과 이익의 보전을 보장하지 않으며, 경우에 따라 원본 손실 가능.
- **위탁자 불리함**: 투자 실패 시 모든 손실을 위탁자가 감수해야 함.

9. 제28조 (양도 및 담보제공)
- **문제점**: 수익권을 양도하거나 담보 제공 시 수탁자의 승낙 필요.
- **위탁자 불리함**: 자산을 유동화하는 과정에서 불필요한 제한이 발생할 가능성.

결론
위 조항들은 위탁자에게 추가 비용 부담, 불리한 계약 변경, 자산 유동성 제한, 원금 보장 부재 등의 불이익을 초래할 가능성이 높습니다. 계약 체결 전에 신중한 검토 및 협상이 필요합니다.

3단계 : 독소 조항 수정제안

위탁자에게 불리한 독소 조항 수정안

아래는 위탁자에게 불리한 조항들을 보다 공정한 방향으로 수정한 문구입니다.

1. 제6조 (금전의 운용)
- **원문**:

위탁자가 지정한 방법대로 운용할 수 없는 잔액이 있는 경우, 수탁자는 금융투자업규정에 따라 자체적으로 운용할 수 있다.

- 수정안:

위탁자가 지정한 방법대로 운용할 수 없는 잔액이 발생하는 경우, 수탁자는 사전에 위탁자의 서면 동의를 받아 운용 방법을 결정한다. 위탁자의 동의 없이 자체적으로 운용하지 않는다.

2. 제14조 (신탁보수)

- 원문:

성과보수를 부과할 수 있으며, 신탁 수익률이 '0'보다 낮은 경우에만 성과보수 면제된다.

- 수정안:

신탁 수익률이 기준수익률을 초과하는 경우에만 성과보수를 부과할 수 있다. 또한, 손실 발생 시에는 기본보수도 면제한다.

3. 제17조 (중도해지)

- 원문:

중도해지 시 수탁자는 신탁보수 외에도 중도해지 수수료를 부과할 수 있다.

- 수정안:

중도해지 시 잔여 기간에 대한 신탁보수는 비례하여 환급하며, 중도해지 수수료는 위탁자에게 과도한 부담이 되지 않는 범위 내에서 실비 수준으로 제한한다. 수탁자의 책임 있는 사유로 해지하는 경우 중도해지 수수료를 면제한다.

4. 제18조 (일부해지)

- 원문:

일부해지 시에도 신탁보수 및 중도해지 수수료를 부과한다.

- 수정안:

일부해지 시 신탁보수는 운용된 기간에 대해 비례 적용하며, 중도해지 수수료는 일부해지 금액에 대해 합리적인 범위 내에서 부과한다. 단, 일정 기간 이상 운용된 자산에 대해서는 중도해지 수수료를 면제한다.

5. 제19조 (신탁계약의 종료)

- 원문:

위탁자가 사망할 경우, 신탁계약 종료 여부는 수탁자와 수익자의 협의에 따른다.

- 수정안:

위탁자가 사망할 경우, 수탁자는 수익자의 요청에 따라 신속히 신탁계약을 종료할 의무가 있다. 단, 위탁자의 생전 지정이 있는 경우 해당 내용에 따른다.

6. 제20조 (투자위험)

- 원문:

신탁재산을 처분하여 현금화하기 어려운 경우 중도해지가 불가능할 수 있다.

- 수정안:

신탁재산을 처분하여 현금화하기 어려운 경우라도, 위탁자가 원할 경우 시장 가격에 따라 즉시 처분할 수 있도록 한다. 처분이 어려울 경우 위탁자가 지정한 방식으로 운용할 수 있다.

7. 제21조 (신탁계약의 변경)

- 원문:

수탁자는 계약 내용을 변경할 수 있으며, 변경이 불리한 경우에도 위탁자가 별도의 해지 의사를 표시하지 않으면 변경에 동의한 것으로 간주된다.

- 수정안:

수탁자가 계약 내용을 변경하려면 위탁자의 서면 동의를 필수적으로 받아야 한다. 또한, 위탁자가 불리한 내용으로 계약 변경을 원하지 않을 경우, 별도의 해지 수수료 없이 계약을 종료할 수 있다.

8. 제24조 (원본과 이익의 보전)

- 원문:

신탁은 원본과 이익의 보전을 하지 않으며, 경우에 따라 원본 손실이 발생할 수 있다.
- 수정안:
수탁자는 신탁재산 운용 시 위탁자의 손실을 최소화하기 위해 선관주의 의무를 다해야 하며, 손실 발생 시 이에 대한 구체적인 사유를 위탁자에게 보고할 의무가 있다.

9. 제28조 (양도 및 담보제공)
- 원문:
수익권을 양도하거나 담보 제공 시 수탁자의 승낙이 필요하다.
- 수정안:
수익권을 양도하거나 담보 제공 시 위탁자는 사전 신고 후 자유롭게 양도할 수 있으며, 수탁자는 정당한 사유 없이 이를 거부할 수 없다.

결론
위 조항들을 수정함으로써, 위탁자의 권리를 보다 강화하고 불합리한 비용 부담 및 불리한 계약 변경 가능성을 차단할 수 있습니다. 계약 체결 전 수탁자와의 협상을 통해 위 내용을 반영하는 것이 중요합니다.

주의할 것이 있습니다. 거듭 말씀드리지만 사람이 직접 검수해야 합니다. 챗GPT가 출생한 이후로 가장 놀림을 많이 받았던 환각 현상 기억하시나요? 최근에는 정말 많이 줄었습니다. 하지만 완벽하진 않습니다. 그럴듯하게 쓰지만 열에 한 번 정도는 없는 것을 뻔뻔하게 쓰기도 합니다.

계약서처럼 중요한 문서를 챗GPT에게 믿고 맡기기엔 불안합니다. 따라서 챗GPT 결과 화면 옆에 계약서를 펼쳐가며 없는 조항을 언급하진 않았는지 또는 꼭 챙겨야 할 독소 조항인데도 빼먹진 않았는지 살펴보셔야 합니다. 챗GPT는 여러분의 일을 대체하는 것이 아니라 도울 뿐이니까요. 저는 이런 생성형 AI의 불완전함이 참 고맙습니다. 혹시 여러분도 그러신가요?

7-2 계약서 검토 프롬프트

조금 더 품이 많이 들어간 계약서 검토 프롬프트를 내려놓고 다음 장으로 넘어가겠습니다.

첨부한 문서는 한국 자산 신탁의 신탁 계약서입니다. 다음 단계에 따라 체계적으로 분석해 주세요:

1. 계약서의 주요 당사자와 계약 목적을 명확히 식별하세요. 계약서의 주요 내용을 5개 이하의 핵심 포인트로 요약하세요.
2. '위탁자'에 불리한 독소 조항을 다음 기준으로 평가하여 식별하세요:
   - 위탁자의 권리를 과도하게 제한하는 조항
   - 수탁자의 책임을 과도하게 면제하는 조항
   - 업계 표준보다 위탁자에게 불리한 조건을 담은 조항
   - 계약 해지 시 위탁자에게 과도한 패널티를 부과하는 조항
   - 일방적인 계약 변경 권한을 수탁자에게 부여하는 조항
3. 식별된 독소 조항을 '조' 번호 기준 오름차순으로 정리하고, 각 조항이 위탁자에게 불리한 이유를 법적 관점에서 설명하세요.
4. 각 독소 조항에 대해 위탁자와 수탁자 간의 권리와 의무의 균형을 맞

추는 수정안을 제시하세요. 수정안은 실무에서 수용 가능한 현실적인 안이어야 합니다.
5. 독소 조항 분석과 수정안을 표 형태로 정리하여 한눈에 비교할 수 있게 해주세요.

Part 8

금융 보도자료 작성하기

송세현 과장은 D투자증권 마케팅팀 소속입니다. 오늘 새로운 AI 기반 투자 서비스 출시에 관한 보도자료를 작성하는 급한 업무가 송세현 과장에게 할당되었습니다. 보도자료 초안 제출 마감은 내일 아침까지로, PR 에이전시에 요청하기에도 너무 시급한 케이스입니다. 보도자료 작성은 처음인 세현 과장이 해낼 수 있을까요?

금융 산업에서 보도자료는 단순한 정보 전달 이상의 역할을 합니다. 새로운 금융 상품이나 서비스 출시, 실적 발표, 경영진 교체 등의 중요한 소식을 시장과 투자자들에게 효과적으로 전달하는 핵심 커뮤니케이션 도구입니다. 하지만 금융 전문가들은 종종 마케팅 언어보다 재무 언어에 더 익숙해, 매력적인 보도자료 작성에 어려움을 겪습니다.

이번 장에서는 챗GPT를 활용하여 금융 산업에 특화된 전문적이고 매력적인 보도자료를 작성하는 방법을 알아보겠습니다. 금융 서비스 출시, 실적 발표, 인사 발령 등 다양한 상황에 맞는 보도자료 작성 프롬프트와 전략을 배우게 될 것입니다.

8-1 투자자와 시장을 사로잡는 메시지 만들기

보도자료(Press Release)는 기업이 언론에 공식적으로 발표하는 문서로, 새로운 제품이나 서비스 출시, 중요한 인사 발표, 재무 결과 등의 정보를 담고 있습니다. 효과적인 보도자료는 헤드라인, 리드 문단, 본문, 인용구, 회사 소개 등의 구성 요소를 포함하며, 언론과 고객들의 관심을 끌기 위해 핵심 메시지를 명확하게 전달해야 합니다.

금융 산업의 보도자료는 특히 규제 준수, 정확한 수치 정보, 투자자에게 미치는 영향을 분명히 전달하는 것이 중요합니다. 챗GPT는 이러한 요소들을 균형 있게 잘 전달하는 보도자료 작성에 큰 도움이 될 수 있습니다. 다음은 보도자료 작성 프롬프트 예시입니다.

Role
당신은 증권사 IR, PR을 담당하는 홍보 전문가입니다.

Objective
아래 PR 정보를 읽고 첨부한 기존 보도자료 예시 문서 형식과 문체, 어조를 이용해 보도자료를 작성합니다.

PR information
* 주제 : D투자증권, 생성형 AI 기반 미국펀드 투자 어드바이저 'GPT 펀드매니저' 런칭
* 강조점 :
1) 챗GPT 최신 모델에 자사 데이터로 파인튜닝
2) 전 세계 최초 완전 자동화된 AI 투자 어드바이저 모델 개발
3) 안정적인 성장세를 보이는 미국 펀드에 특화

이 프롬프트는 다음 구성 요소로 이루어져 있습니다.

1. **역할 정의**(Role): 챗GPT에게 홍보 전문가라는 명확한 역할을 부여합니다. 이는 전문적인 맥락과 톤을 설정해 일관된 결과

를 받는 데 도움이 됩니다.

2. **목표 설정**(Objective): 보도자료 작성이라는 구체적인 목표와 참고해야 할 형식을 명시합니다.

3. **주요 정보 제공**(PR information): 보도자료에 포함되어야 할 핵심 정보를 구조화하여 제공합니다.
   - 주제: 무엇에 관한 보도자료인지 명확히 합니다.
   - 강조점: 보도자료에서 특히 강조해야 할 핵심 포인트를 번호로 구분하여 제시합니다.

D투자증권, AI 기반 미국펀드 투자 어드바이저 'GPT 펀드매니저' 런칭

- 챗GPT 최신 모델에 자사 데이터로 파인튜닝한 금융 특화 AI 시스템 도입
- 전세계 최초 완전 자동화된 AI 투자 어드바이저 모델 개발 성공
- 안정적 성장세 보이는 미국 펀드 시장에 특화된 맞춤형 솔루션 제공

D투자증권(대표이사 OOO)은 인공지능(AI) 기술을 활용한 미국펀드 전문 투자 어드바이저 서비스 'GPT 펀드매니저'를 공식 출시했다고 26일 밝혔다.
'GPT 펀드매니저'는 챗GPT의 최신 모델을 기반으로 NH투자증권이 보유한 방대한 금융 데이터와 투자 노하우를 접목해 개발한 AI 투자 어드바이저다. NH투자증권은 자사가 보유한 20년 이상의 미국 시장 투자 데이터

를 활용해 AI 모델을 파인튜닝함으로써 금융 전문성을 대폭 강화했다.

특히 이번에 출시된 'GPT 펀드매니저'는 투자자 성향 분석부터 포트폴리오 구성, 리밸런싱 추천까지 투자 프로세스 전 과정을 AI가 완전 자동화하여 처리하는 전세계 최초의 서비스다. 기존 로보어드바이저와 달리 고객과의 대화를 통해 투자 니즈를 정확히 파악하고, 실시간으로 변화하는 시장 상황에 맞춘 투자 조언을 제공한다.

D투자증권 AI사업부 김OO 이사는 "불확실한 글로벌 경제 환경에서도 안정적인 성장세를 보이는 미국 펀드에 특화된 'GPT 펀드매니저'는 개인 투자자들의 투자 접근성을 크게 높일 것"이라며 "향후 6개월 내 'GPT 펀드매니저'를 통한 미국펀드 투자 규모가 5,000억원을 돌파할 것으로 전망한다"고 말했다.

'GPT 펀드매니저'는 D투자증권 모바일 앱을 통해 이용할 수 있으며, 출시 기념으로 3월 말까지 서비스 이용 수수료를 면제하고 신규 가입 고객에게 미국 주식 거래 수수료 할인 혜택을 제공한다.

D투자증권 관계자는 "이번 'GPT 펀드매니저' 출시를 시작으로 향후 국내 주식, 채권, ETF 등 다양한 자산군으로 AI 어드바이저 서비스를 확대해 나갈 계획"이라고 덧붙였다.

[회사소개]
D투자증권은 1973년 설립된 한국의 대표적인 종합 금융투자회사로, 주식, 채권, 파생상품 등 다양한 금융상품과 서비스를 제공하고 있다. 디지털 혁신을 통한 금융 서비스 고도화에 앞장서며 2025년 기준 총 자산 XX조원, 고객 수 XX만명을 보유하고 있다.

[문의]
D투자증권 홍보팀 000-000-0000

어떠신가요? 꽤나 준수한 결과입니다. 그러나 한계도 있습니다. 첨부한 기존 보도자료의 형식을 잘 적용하지 못해 문서 형식이 매번 조금씩 달라집니다. 형식을 고정하는 프롬프트를 추가해 주면 항상 동일한 포맷으로 보도자료를 생성할 수 있습니다.

Output Format
* 제목: 명확하고 임팩트 있는 헤드라인
* 부제: 3개의 핵심 강조점을 함축적으로 전달
* 날짜 및 장소 형식 예시: 서울, 2025년 3월 26일
* 리드 문단: 5W1H 접근법으로 핵심 내용 요약
* 본문: 각 강조점별 세부 내용 및 서비스 특징
* 인용구: CEO 또는 관련 임원의 코멘트 포함(OOO 대표이사, AI사업부 김OO 이사)
* 서비스 이용 정보: PC 또는 모바일 앱을 통해 이용 가능, 3월 말까지 수수료 면제
* 향후 계획: 국내 주식, 채권, ETF 등으로 서비스 확대 예정
* 회사 소개: D투자증권 간략 소개(1973년 설립, 종합 금융투자회사)
* 문의처: 홍보팀 연락처

금융 보도자료 작성 시 챗GPT 활용 전략을 정리해 보았습니다.

1. **명확한 수치 데이터 제공하기:** 챗GPT에 정확한 재무 데이터,

목표 수치, 성과 지표 등을 명확하게 제공하면 더 신뢰할 수 있는 보도자료를 얻을 수 있습니다.

2. **독자층 명시하기**: 프롬프트에서 보도자료의 주요 타깃(금융 언론, 개인 투자자, 기관 투자자 등)을 명시하면 그에 맞는 톤과 용어를 사용한 결과를 얻을 수 있습니다.

3. **규제 준수 지침 추가하기**: 금융 산업의 특성상 금융감독원, 공정거래위원회 등의 규제 가이드라인을 준수해야 하므로, 프롬프트에 관련 지침을 포함하는 것이 좋습니다.

4. **경쟁사 분석 요청하기**: 유사한 서비스나 상품을 출시한 경쟁사와의 차별점을 강조하기 위해 경쟁사 정보를 함께 제공하는 것이 효과적입니다.

5. **멀티턴 대화 활용하기**: 초안 작성 후 특정 섹션만 강화하거나 수정하는 식으로 챗GPT와 대화를 이어가면 더 정교한 결과물을 얻을 수 있습니다.

금융 보도자료는 특히 사실관계 확인이 중요합니다. 챗GPT가 생성한 내용 중 수치, 날짜, 인물 정보 등은 반드시 검증해야 합니다. 또한 금융 상품 관련 과장된 표현이나 오해의 소지가 있는 문구는 법적 문제가 될 수 있으므로 주의해야 합니다.

8-2 응용 프롬프트

활용 사례로 실적 발표, 인수 합병, 인사 동정 보도자료 작성 시 사용할 만한 프롬프트 예시도 추가해 작성해 보았습니다. 프롬프트 구성 요소 중 나머지는 동일하고 'Information'과 결과 형식만 조금 달라집니다.

실적 발표 보도자료

```
# PR information
* 주제: D투자증권, 2025년 1분기 사상 최대 분기 순이익 달성
* 주요 실적:
  [1] 1분기 순이익 3,200억 원(전년 동기 대비 24% 증가)
  [2] 주요 성장 동력: AI 투자 플랫폼 'GPT 펀드매니저' 출시 효과 및 외국 시장 실적 개선
  [3] 리테일 고객 자산 총액 50조 원 돌파(전년 동기 대비 15% 증가)
  [4] 향후 계획: 디지털 트랜스포메이션 가속화 및 외국 시장 확대

# Output Format
* 제목: 실적 핵심을 강조하는 헤드라인
* 부제: 주요 성과 지표 강조
* 날짜 및 장소: 서울, 2025년 4월 15일(실적 발표일)
* 리드 문단: 핵심 실적 요약
* 본문: 각 실적 지표별 세부 내용 및 성장 요인 분석
* 인용구: CEO와 CFO의 코멘트 포함
```

* 주요 재무제표 요약: 손익계산서, 대차대조표 주요 항목
* 향후 전망: 연간 실적 목표 및 사업 계획
* 회사 소개: D투자증권 간략 소개
* 문의처: IR팀 연락처

M&A 보도자료

PR information
* 주제: D투자증권 IB 부문, 국내 대형 바이오텍 기업 A사의 외국 인수 (딜 사이즈 1조 5000억 원) 자문 성공
* 강조점:
[1] D투자증권 역대 최대 규모의 크로스보더 M&A 자문 성공(미국 바이오텍 기업 인수)
[2] 복잡한 딜 구조 설계와 외국 금융 기관과의 협상 주도(5개국 7개 기관 참여)
[3] 국내 바이오 산업의 글로벌 경쟁력 강화에 기여(세계 5위 항암제 파이프라인 확보)

Output Format
* 거래의 의미 : 인수합병 거래의 재무적, 전략적 의미를 명확히 설명
* 전문성 강조: 자문사의 역할과 전문성 강조
* 시장 영향
* 규제 승인 절차 및 향후 일정
* 주요 거래 조건 중 공개 가능한 내용

인사 동정 보도자료

PR information
* 주제: D투자증권, 전 구글 AI 연구소장 김OO 박사를 신임 CTO로 영입
* 주요 내용:
[1] 김OO 신임 CTO는 구글에서 10년간 AI 연구소장으로 근무, 금융 AI 솔루션 개발 주도
[2] 디지털 혁신 가속화 및 AI 금융 서비스 확대를 위한 전략적 영입
[3] D디지털혁신센터 신설 및 150명 규모의 AI 개발 조직 구축 예정
[4] 'AI 퍼스트' 경영 철학으로 2030년까지 디지털 금융 선도 기업으로 도약 비전

Output Format
* 제목: 임원 영입의 의미를 강조하는 헤드라인
* 부제: 영입 배경 및 향후 계획 강조
* 날짜 및 장소: 서울, 2025년 3월 20일
* 리드 문단: 영입 소식 및 의미 요약
* 본문: 신임 CTO 경력 소개, 영입 배경, 향후 역할
* 인용구: CEO와 신임 CTO의 코멘트
* 조직 변화: 디지털혁신센터 신설 계획 상세 내용
* 회사 디지털 전략: AI 퍼스트 경영 철학과 중장기 비전
* 회사 소개: D투자증권 간략 소개
* 문의처: 홍보팀 연락처

신상품 출시

PR information
* 주제: [보험사명], 빅데이터 기반 '라이프 스타일 맞춤형 건강보험' 출시
* 강조점: [1] 고객 활동량에 따른 보험료 할인 혜택 [2] 웨어러블 디바이스 연동 건강 관리 서비스 [3] 업계 최초 AI 기반 질병 예측 시스템 도입
* 타겟 고객: 30~40대 건강 관리에 관심 높은 직장인
* 규제 고려 사항: 금융감독원 헬스케어 서비스 가이드라인 준수

보도자료 작성은 전문성과 신뢰성을 유지하면서도 명확한 메시지 전달이 중요합니다. 챗GPT에 참조할 보도 자료를 첨부하고 프롬프트로 구성 요소와 보도자료의 가이드라인을 제공하면 빠르게 보도자료 초안을 작성할 수 있습니다. 위 프롬프트에서 확인한 데로 보도자료에서 강조해야 할 핵심 내용을 정리해 주는 것이 좋습니다. 문장을 생성하며 핵심 내용을 빠짐없이 챙겨주니까요.

참조할 자료를 제공하는 것은 챗GPT 같은 LLM에게 글 작성의 기준과 패턴을 알려주는 역할을 합니다. 생성할 수 있는 최소 단위인 토큰의 생성 확율이 사용자가 제공하는 자료와 맥락, 가이드라인, 역할 등에 영향을 받게 되니까요.

자, 보도자료를 쓰셔야 하나요? 그럼 잘 쓴 보도자료 예시부터

찾아보시길 바랍니다. 파일로 있어도 좋고 없다면 뉴스 사이트에 올라간 자사 보도자료를 복붙하셔도 좋습니다.

Part 9

개별 맞춤형 ETF 포트폴리오 설계하기

E 증권사에서 근무하는 안수호 PB, 최근 기존 고객들로부터 고배당 ETF에 대한 문의가 급증하는 상황에 직면했습니다. 특히 미국 시장 ETF에 관심을 보이는 고객들이 많아졌지만, 각 고객의 투자 성향에 맞는 맞춤 제안을 하기에는 시간이 부족합니다. 어떤 고객은 공격적인 투자를 원하고, 어떤 고객은 안정적인 수익을 원하는데, 이를 일일이 분석하고 포트폴리오를 구성하는 것은 몸이 두 개라도 감당이 안될 것 같습니다. 안 PB는 챗GPT에게 고객 데이터와 ETF 상품 정보를 주고, 고객 성향별 맞춤형 제안을 해볼 수 있는지 궁금해졌습니다.

금융 서비스 분야에서 고객의 투자 성향에 맞는 맞춤형 상품 추천은 신뢰 구축과 고객 만족도 향상의 핵심입니다. 특히 ETF 같은 투자 상품은 고객의 위험 성향과 투자 목표에 따라 적합한 포트폴리오를 구성하는 것이 중요하겠죠. 이번 장에서는 챗GPT의 데이터 분석 능력을 이용해 고배당 미국 ETF 시장 분석과 고객 투자 성향별 맞춤형 제안을 생성하는 방법을 살펴보겠습니다.

ETF(상장지수펀드)는 특정 지수를 추종하는 패시브 투자 상품으로, 분산 투자와 유동성이라는 장점을 가집니다. 고배당 ETF는 배당 수익을 중시하는 투자자들에게 인기 있는 상품으로, 특히 미국 시장의 고배당 ETF는 안정적인 수익을 추구하는 투자자들에게 주목받고 있습니다. 고객의 투자 성향은 일반적으로 공격형, 중립형, 보수형으로 구분되며, 각 성향에 맞는 위험도와 수익성을 고려한 상품 추천이 필요합니다.

9-1 고객 투자 성향에 맞춰 포트폴리오 설계하기

이번 예제 프롬프트를 활용하기 위해 증권사에서 발행한 고배당 ETF 분석 자료를 업로드하겠습니다.

첨부 파일에는 고배당 미국 ETF의 최신 상품 정보와 고객의 투자 성향 데이터가 담겨 있습니다.

1. 고배당 미국 ETF 시장의 최근 3년간 성과, 변동성, 섹터별 분포를 도표와 함께 요약하세요.
2. 고객의 투자 성향(공격형, 중립형, 보수형)별로 다음 내용을 작성하세요.
   - 각 투자 성향에 적합한 ETF 3~5개와 그 선정 이유
   - 해당 ETF들의 예상 수익률과 리스크 분석
   - 투자자들이 주목해야 할 시장 요인과 위험 요소

1. 고배당 미국 ETF 시장 분석
- 최근 3년간 성과: 평균 연간 수익률 8.2%, 코로나19 이후 회복세 강화
- 변동성: VIX 지수 대비 30% 낮은 변동성 기록, 특히 유틸리티 섹터 ETF 안정적
- 섹터별 분포: 금융(28%), 에너지(21%), 유틸리티(18%), 헬스케어(14%), 기타(19%)

2. 투자 성향별 맞춤 ETF 추천

공격형 투자자 추천:
- SCHD (Schwab U.S. Dividend Equity ETF): 성장성 높은 배당주 중심, 5년 평균 수익률 12.1%
- HDV (iShares Core High Dividend ETF): 고배당 및 중간 수준의 변동성, 배당수익률 4.2%
- DGRO (iShares Core Dividend Growth ETF): 배당 성장 기업 중심, 장기 성과 우수

중립형 투자자 추천:
- VYM (Vanguard High Dividend Yield ETF): 안정적 배당과 중간 수준의 성장성, 변동성 낮음
- SPYD (SPDR Portfolio S&P 500 High Dividend ETF): S&P500 중 고배당 종목, 균형적 포트폴리오
- JEPI (JPMorgan Equity Premium Income ETF): 옵션 전략으로 안정적 월배당, 하방 리스크 방어

보수형 투자자 추천:
- PFF (iShares Preferred & Income Securities ETF): 우선주 중심, 안정적 수익 제공
- QYLD (Global X NASDAQ-100 Covered Call ETF): 월별 높은 배당, 낮은 변동성
- SPHD (Invesco S&P 500 High Dividend Low Volatility ETF): 저변동성 고배당 종목 집중

성향별로 추천 ETF 종목을 추려보았습니다. 이번에는 영업 담당자가 마주하게 될 고객들의 질문과 그에 대한 모범 답안을 출력해 보겠습니다.

각 투자 성향별로 고객이 자주 묻는 5가지 질문과 그에 대한 전문적이고 간결한 답변을 작성하세요.

공격형 투자자

Q1: 고배당 ETF에 투자해도 성장성을 기대할 수 있나요?

A1: 네, 가능합니다. 특히 SCHD(Schwab U.S. Dividend Equity ETF)나 DGRO(iShares Core Dividend Growth ETF)와 같은 ETF는 배당 성장에 초점을 맞추고 있어, 안정적인 배당 수익과 함께 주가 상승 가능성도 높습니다. 최근 5년간 SCHD는 연평균 12.1%의 수익률을 기록했으며, 이는 배당금과 자본 이득을 모두 포함한 수치입니다.

Q2: 미국 시장에서 배당 성장성이 가장 좋은 섹터는 어디인가요?

A2: 최근 데이터에 따르면 기술과 금융 섹터가 배당 성장성 측면에서 두각을 나타내고 있습니다. 특히 대형 기술 기업들이 현금 보유량을 바탕으로 배당을 꾸준히 늘리고 있으며, 금융 섹터는 금리 상승 환경에서 수익성 개선과 함께 배당 증가가 예상됩니다. DGRO나 SCHD와 같은 ETF는 이러한 섹터의 배당 성장주에 적절히 투자하고 있습니다.

Q3: 미국 ETF 투자 시 환율 리스크는 어떻게 관리해야 할까요?

A3: 환율 리스크는 미국 ETF 투자에서 중요한 고려사항입니다. 적극적인 투자자라면 환헤지 전략을 부분적으로 활용할 수 있습니다. 예를 들

어, 투자 금액의 50-70%만 환헤지하여 달러 강세 시에는 일부 환차익을, 약세 시에는 환헤지로 손실을 줄이는 방식입니다. 또한 달러 비중이 높은 시기에 투자를 분산하는 달러 코스트 애버리징도 효과적입니다.

Q4: 고배당 ETF도 레버리지 효과를 기대할 수 있는 상품이 있나요?
A4: 직접적인 레버리지 고배당 ETF는 많지 않지만, 옵션 전략을 활용한 ETF인 QYLG(Global X Nasdaq 100 Covered Call & Growth ETF)는 커버드 콜 전략으로 추가 수익을 창출하면서도 주가 상승 잠재력의 일부를 유지합니다. 또한 JEPI(JPMorgan Equity Premium Income ETF)는 옵션 프리미엄을 통해 월배당을 제공하면서 상대적으로 높은 수익률을 목표로 합니다. 다만 이런 전략은 극단적인 시장 상황에서 변동성이 커질 수 있습니다.

Q5: 고배당 ETF 투자 시 과세 문제는 어떻게 되나요?
A5: 미국 ETF 배당금에는 원천징수세 30%가 적용되지만, 한미 조세협약에 따라 15%로 경감될 수 있습니다. 이를 위해서는 미국 세금 신고 양식(W-8BEN)을 제출해야 합니다. 또한 국내에서는 금융소득 2,000만원 초과 시 종합소득세가 적용됩니다. 투자 금액이 크다면 외국주식 전용 펀드나 특정 금융계좌를 활용하는 절세 전략도 고려할 수 있습니다.

중립형 투자자
Q1: 중립적 성향으로 어느 정도의 배당수익률을 기대할 수 있나요?
A1: 중립형 투자자에게 적합한 ETF들은 일반적으로 3.0~4.5% 수준의 배당수익률을 제공합니다. 예를 들어 VYM(Vanguard High Dividend Yield ETF)은 약 3.2%, SPYD(SPDR Portfolio S&P 500 High

Dividend ETF)는 약 4.0%의 배당수익률을 보이고 있습니다. 이는 미국 10년 국채 수익률보다 높으면서도 과도한 리스크 없이 안정적인 수익을 기대할 수 있는 수준입니다.

Q2: 고배당 ETF와 성장주 ETF를 어떤 비율로 배분하는 것이 좋을까요?
A2: 중립형 투자자라면 포트폴리오의 50-60%를 VYM이나 JEPI 같은 고배당 ETF에, 30-40%를 QQQ나 VUG 같은 성장주 ETF에, 그리고 나머지 10-20%를 채권 ETF나 현금성 자산에 배분하는 것이 균형적입니다. 이런 배분은 정기적인 수입과 장기적인 자본 성장 사이의 균형을 맞추는 데 도움이 됩니다. 시장 상황에 따라 6개월마다 리밸런싱하는 것을 권장합니다.

Q3: 인플레이션 환경에서 고배당 ETF의 실질 수익률은 어떻게 되나요?
A3: 인플레이션이 높은 환경에서도 고배당 ETF, 특히 JEPI나 SPYD와 같은 ETF들은 상대적으로 양호한 실질 수익률을 제공합니다. 예를 들어, 인플레이션이 4%일 때 JEPI의 7-8% 배당수익률은 3-4%의 실질 수익률을 의미합니다. 또한 유틸리티나 소비재 등 가격 전가력이 높은 섹터에 투자하는 ETF는 인플레이션 환경에서도 상대적으로 안정적인 실질 수익을 기대할 수 있습니다.

Q4: 배당금 재투자가 필요할까요, 아니면 현금으로 받는 것이 좋을까요?
A4: 이는 투자 목적에 따라 다릅니다. 아직 소득이 필요하지 않은 중장기 투자자라면 배당금 재투자(DRIP)를 통해 복리 효과를 극대화하는 것이 유리합니다. VYM의 경우 배당금 재투자 시 10년간 연평균 약 9.8%의 총수익률을 보였습니다. 반면, 정기적인 현금흐름이 필요하다면 배당금을 현금으로 수령하여 생활비나 다른 투자 기회에 활용할 수 있습니다.

Q5: 금리 상승기에 고배당 ETF는 어떤 영향을 받나요?

A5: 금리 상승은 일반적으로 배당주에 단기적인 압력을 줄 수 있지만, 모든 고배당 ETF가 동일한 영향을 받지는 않습니다. 금융 섹터 비중이 높은 VYM이나 SCHD는 금리 상승 환경에서 오히려 수혜를 볼 수 있습니다. 반면 유틸리티나 부동산 비중이 높은 ETF는 더 큰 압력을 받을 수 있습니다. JEPI와 같은 옵션 전략 ETF는 변동성 확대 시 옵션 프리미엄 증가로 단기적 하락을 일부 상쇄할 수 있습니다.

보수형 투자자

Q1: 원금 손실 위험이 가장 적은 고배당 ETF는 무엇인가요?

A1: 보수적 투자자에게는 SPHD(Invesco S&P 500 High Dividend Low Volatility ETF)가 적합합니다. 이 ETF는 S&P 500 중에서 배당률이 높으면서도 변동성이 낮은 75개 종목을 선별한 후, 그 중에서도 변동성이 가장 낮은 50개 종목에 투자합니다. 최근 5년간 SPHD의 표준편차는 S&P 500 대비 약 20% 낮았으며, 하락장에서의 하방 방어력이 우수했습니다.

Q2: 매월 안정적인 배당금을 지급하는 ETF가 있나요?

A2: 네, QYLD(Global X NASDAQ-100 Covered Call ETF)와 JEPI(JPMorgan Equity Premium Income ETF)가 월 단위로 배당금을 지급합니다. 특히 QYLD는 옵션 전략을 통해 약 11-12%의 높은 연간 배당수익률을 제공하며 매월 지급합니다. JEPI도 유사한 전략으로 7-8%의 배당수익률을 월별로 제공합니다. 이러한 ETF는 정기적인 현금흐름이 필요한 은퇴자나 보수적 투자자에게 적합합니다.

Q3: 미국 채권 ETF와 고배당 ETF 중 어느 것이 더 안전한가요?

A3: 일반적으로 투자등급 채권 ETF(예: AGG, BND)가 고배당 ETF보다 변동성 측면에서 더 안전합니다. 그러나 인플레이션과 금리 상승기에는 채권의 원금 가치가 하락할 수 있습니다. 따라서 극도로 보수적인 성향이라면 60% 채권 ETF, 30% 저변동성 고배당 ETF(SPHD, VYM), 10% 현금 또는 단기 채권의 배분을 고려해 볼 수 있습니다. 이는 변동성을 최소화하면서도 인플레이션에 대한 방어력을 일부 유지할 수 있습니다.

Q4: 고배당 ETF의 배당금이 삭감될 가능성은 없나요?
A4: 배당금 삭감 가능성은 존재하지만, 우량 고배당 ETF들은 이를 최소화하기 위한 전략을 갖고 있습니다. PFF(iShares Preferred & Income Securities ETF)와 같은 우선주 ETF는 상대적으로 안정적인 배당을 제공합니다. SPHD나 VYM은 재무상태가 튼튼한 기업들을 선별하여 배당 지속가능성을 높입니다. 경기 침체기에는 일부 기업의 배당 삭감이 있을 수 있으나, ETF의 분산 투자 특성으로 전체적인 영향은 제한적입니다.

Q5: 은퇴자 포트폴리오로 적합한 고배당 ETF 조합은 무엇인가요?
A5: 은퇴자 포트폴리오라면 다음과 같은 조합을 고려해볼 수 있습니다: 40% JEPI(월배당, 옵션 프리미엄), 20% SPHD(저변동성, 분기 배당), 20% PFF(우선주, 안정적 배당), 10% QYLD(높은 월배당), 10% BND(채권 ETF, 안전자산). 이 조합은 연간 약 5-6%의 배당수익률을 제공하면서도 변동성을 최소화하고, 월별, 분기별로 분산된 배당금 수입을 얻을 수 있습니다. 개인의 필요 현금흐름과 리스크 감내 수준에 따라 비율 조정이 가능합니다.

9-2 세일즈 시나리오 작성하기

이전 FAQ를 참고해 각 투자 성향별 맞춤형 세일즈 시나리오를 대화 형식으로 작성해 주세요.

결과 형식:
- 고객 니즈 파악을 위한 효과적인 질문
- 상품 소개 시 강조할 핵심 가치
- 예상되는 고객 반응과 대응 방안
- 클로징 전략

공격형 투자자 상담 시나리오
PB: 김 고객님, 오늘은 미국 고배당 ETF에 관해 상담 요청하셨는데요, 어떤 투자 목표를 갖고 계신가요?
고객: 네, 최근에 미국 주식에 관심이 생겨서요. 특히 배당도 받으면서 성장성도 함께 노릴 수 있는 방법을 찾고 있습니다.
PB: 좋은 접근법이십니다. 현재 포트폴리오 구성과 투자 기간은 어떻게 계획하고 계신가요?
고객: 국내 주식이 70%고, 나머지는 예금이에요. 미국 주식은 처음 시작할 예정입니다. 기간은 최소 5년 이상 생각하고 있어요.

PB: 이해했습니다. 장기 투자를 계획하시니 복리 효과를 활용하기 좋으시겠네요. 시장 변동성에 대한 고객님의 대응 스타일은 어떠신가요? 주가가 20-30% 하락한다면 어떻게 대응하실 것 같으세요?

고객: 장기 투자가 목표라 단기 하락은 크게 신경쓰지 않아요. 오히려 더 좋은 가격에 매수할 기회라고 생각합니다.

PB: 네, 그렇다면 고객님은 공격적인 성향의 투자자로 볼 수 있겠습니다. 고배당 ETF 중에서도 배당 성장과 자본 이득을 함께 노릴 수 있는 상품을 중심으로 추천해 드리겠습니다.

SCHD는 배당 성장에 초점을 맞춘 ETF로, 최근 5년간 연평균 12.1%의 수익률을 기록했습니다. 다우존스 배당 100 지수를 추종하며, 최소 10년 이상 배당을 증가시켜온 기업들에 투자합니다. 현재 배당수익률은 3.3%로 꾸준한 배당과 함께 주가 상승 가능성도 높습니다.

DGRO는 배당을 지속적으로 증가시키는 기업들에 투자하는 ETF입니다. 비용이 낮고(0.08%), 재무상태가 건전한 기업들을 선별하여 장기적인 성장 가능성이 높습니다.

HDV는 모멘텀 요소를 고려하여 고배당 기업 중에서도 성장성이 좋은 기업들에 투자합니다. 에너지, 헬스케어 섹터 비중이 높아 현재 시장 환경에서 유리한 포지션입니다.

고객: SCHD와 DGRO가 특히 관심이 가네요. 두 ETF의 차이점은 무엇인가요?

PB: 좋은 질문입니다. SCHD는 상대적으로 배당수익률이 높고(3.3% 대 2.2%) 대형 가치주 중심이라 안정성이 약간 더 높습니다. DGRO는 중소형주 비중이 좀 더 높고 기술 섹터 비중이 커서 성장성이 더 강조됩니다. 두 ETF를 70:30이나 60:40으로 조합하면 균형 잡힌 포트폴리오가 될 수 있습니다.

고객: 그럼 SCHD와 DGRO를 주력으로 투자하는 게 좋겠네요. 환율 변동

은 어떻게 대비하는 게 좋을까요?

PB: 환율 리스크는 분산 투자로 대응하는 것이 좋습니다. 일시에 투자하기보다 3-6개월에 걸쳐 분할 매수하시고, 달러 강세 시에는 투자 비중을 좀 더 높이는 전략이 효과적입니다. 원하신다면 환헤지 상품도 일부 활용할 수 있습니다.

또한 배당금 재투자 설정을 통해 복리 효과를 극대화하시는 것도 추천드립니다. SCHD의 경우 배당금 재투자 시 10년간 총 201%의 수익률을 기록했는데, 이는 단순 보유 시보다 28% 포인트 높은 수치입니다.

고객: 좋은 정보 감사합니다. SCHD 60%, DGRO 40%로 투자를 시작해볼게요. 분할 매수도 좋은 아이디어 같네요.

PB: 탁월한 선택입니다. 투자를 시작하시면 분기별로 포트폴리오 리뷰를 해드리고, 필요시 리밸런싱을 제안해 드리겠습니다. 특히 배당 성장률과 실적 동향을 중점적으로 분석해 드리겠습니다. 제가 바로 계좌 개설과 투자 진행을 도와드릴까요?

고객: 네, 바로 진행해 주세요.

(중략)

중립형 투자자 상담 시나리오

PB: 이 고객님, 미국 고배당 ETF에 관심이 있으시다고 들었습니다. 어떤 투자 목표를 갖고 계신가요?

고객: 네, 은퇴 준비를 위해 안정적인 수익을 얻으면서도 적절한 성장성을 갖춘 투자처를 찾고 있어요.

PB: 현재 투자 포트폴리오는 어떻게 구성되어 있으신가요?

고객: 국내 주식과 채권 펀드가 각각 40% 정도이고, 나머지는 예금입니다. 외국 투자는 이번이 처음이에요.

PB: 투자 기간은 어느 정도로 생각하고 계신가요? 그리고 중간에 수익을 인출할 계획이 있으신가요?

고객: 10년 정도 생각하고 있고, 당장 수익을 인출할 계획은 없어요. 다만 5년 후부터는 배당금으로 생활비를 일부 충당할 생각이에요.

PB: 네, 그렇다면 안정적인 배당 수익과 적절한 성장 가능성을 모두 고려한 중립형 포트폴리오가 적합할 것 같습니다. 시장이 급락할 경우 어떻게 대응하실 것 같으세요?

고객: 단기적인 하락에는 크게 동요하지 않지만, 30% 이상 하락하면 좀 불안할 것 같아요. 그래도 장기 투자가 목표라 참을 수 있을 것 같습니다.

PB: 이해했습니다. 고객님께는 변동성이 적당하면서도 안정적인 배당과 성장성을 모두 갖춘 ETF 포트폴리오를 제안해 드리겠습니다.

VYM은 Vanguard의 대표적인 고배당 ETF로, S&P 500보다 높은 배당수익률(약 3.2%)을 제공하면서도 적절한 성장성을 갖추고 있습니다. 비용 비율이 매우 낮고(0.06%) 400개 이상의 기업에 분산 투자하여 안정성이 높습니다.

JEPI는 S&P 500 기업 중 퀄리티가 높은 기업들에 투자하면서 옵션 전략을 통해 추가 수익을 창출합니다. 월 배당을 제공하며, 연간 7-8%의 높은 배당수익률이 특징입니다. 하락장에서 방어력이 우수한 편입니다.

SPYD는 S&P 500 중 배당수익률이 높은 상위 80개 종목에 투자합니다. 약 4.0%의 배당수익률을 제공하며, 가격 대비 가치가 높은 기업들에 투자하여 장기적인 안정성을 추구합니다.

고객: 세 ETF 모두 좋아 보이네요. 어떻게 포트폴리오를 구성하는 게 좋을까요?

PB: 고객님의 중립적 성향을 고려하면, VYM 40%, JEPI 30%, SPYD 20%의 배분을 제안드립니다. 나머지 10%는 QQQ와 같은 성장주 ETF에 투자하여 장기적인 성장 가능성을 열어두는 것이 좋겠습니다.

이렇게 구성하면 약 4.5%의 가중평균 배당수익률을 기대할 수 있고, 월 배당(JEPI)과 분기 배당(VYM, SPYD)이 적절히 분산되어 안정적인 현금흐름을 얻을 수 있습니다.

고객: 배당금은 재투자하는 게 좋을까요, 아니면 현금으로 받는 게 좋을까요?

PB: 처음 5년간은 배당금 재투자를 설정하여 복리 효과를 극대화하시고, 5년 후부터는 필요한 만큼만 현금으로 수령하고 나머지는 계속 재투자하는 하이브리드 전략을 추천드립니다. 이렇게 하면 장기적인 자산 성장과 생활비 충당이라는 두 가지 목표를 모두 달성하실 수 있습니다.

고객: 그게 좋겠네요. 그런데 미국 ETF 투자 시 세금은 어떻게 되나요?

PB: 미국 ETF 배당금에는 15%의 원천징수세가 적용됩니다(한미 조세협약 적용 시). 이를 위해 W-8BEN 양식을 제출해 드리겠습니다. 국내에서는 금융소득 2,000만원 초과 시 종합소득세 과세 대상이 됩니다. 세금 효율성을 높이기 위해 외국주식 전용 계좌를 개설해 드릴 수도 있습니다.

고객: 알겠습니다. 제안해주신 대로 포트폴리오를 구성하고 싶어요.

PB: 좋습니다. 계좌 개설을 도와드리고, 분할 매수 전략으로 3개월에 걸쳐 투자를 진행해 드리겠습니다. 매 분기마다 포트폴리오 리뷰 미팅을 통해 성과를 점검하고, 필요 시 리밸런싱을 제안해 드리겠습니다. 지금 바로 필요한 서류 작성을 도와드릴까요?

고객: 네, 지금 바로 진행해 주세요.

보수형 투자자 상담 시나리오

PB: 박 고객님, 안정적인 외국 투자 상품에 관심이 있으시다고 들었습니다. 어떤 투자 목표를 갖고 계신가요?

고객: 네, 퇴직금을 일부 투자하려고 하는데, 원금 손실 위험은 최소화하면서 은행 예금보다는 높은 수익을 얻고 싶습니다.

PB: 투자 기간은 어느 정도로 생각하고 계신가요?

고객: 3-5년 정도 생각하고 있어요. 매월 일정한 배당 수입이 있으면 좋겠습니다.

PB: 주식 시장이 크게 하락할 경우 어떻게 대응하실 것 같으세요?

고객: 솔직히 많이 불안할 것 같습니다. 10-15% 이상 하락하면 견디기 어려울 것 같아요. 원금 보전이 가장 중요합니다.

PB: 이해했습니다. 고객님은 보수적인 투자 성향을 갖고 계시네요. 변동성이 낮고 안정적인 배당을 제공하는 ETF 위주로 추천해 드리겠습니다.

SPHD는 변동성이 낮은 고배당 주식에 투자하는 ETF입니다. S&P 500 중에서 배당률이 높으면서도 가격 변동성이 낮은 종목 50개에 투자하며, 약 4.0%의 배당수익률을 제공합니다. 최근 5년간 시장 하락기에 방어력이 우수했습니다.

QYLD는 나스닥 100 지수에 대한 커버드 콜 옵션 전략을 사용하여 약 11-12%의 높은 배당수익률을 제공합니다. 매월 배당금을 지급하며, 시장 하락 시 옵션 프리미엄이 하락 폭을 일부 상쇄합니다.

PFF는 우선주에 투자하는 ETF로, 채권과 주식의 특성을 모두 가지고 있어 안정성이 높습니다. 약 5.5%의 배당수익률을 제공하며, 월별로 배당금을 지급합니다.

고객: 매월 배당금을 받을 수 있는 QYLD와 PFF가 특히 관심이 가네요. 이 둘 사이에는 어떤 차이가 있나요?

PB: QYLD는 나스닥 100 지수 기반의 옵션 전략을 사용하여 약 11-12%의 높은 배당수익률을 제공하지만, 주가 상승 시 상승 폭이 제한될 수 있습니다. PFF는 우선주에 투자하여 약 5.5%의 배당수익률을 제공하며, 금리 변동에 더 민감하게 반응합니다. 안정성을 최

우선으로 한다면 PFF가, 높은 현금흐름을 원하신다면 QYLD가 더 적합할 수 있습니다.

고객: 안정성과 현금흐름을 모두 고려하면 어떻게 투자하는 게 좋을까요?

PB: 고객님의 보수적 성향을 고려하여 다음과 같은 포트폴리오를 제안드립니다:

- SPHD 30%: 저변동성 고배당 주식으로 안정성 확보
- QYLD 25%: 높은 월 배당 수익 제공
- PFF 25%: 우선주 투자로 추가 안정성 확보
- JEPI 15%: 옵션 전략으로 월 배당과 하방 보호
- AGG 5%: 채권 ETF로 포트폴리오 안정성 강화

이 포트폴리오는 평균 약 7-8%의 배당수익률을 제공하면서도 변동성을 최소화합니다. 매월 안정적인 현금흐름을 얻으실 수 있으며, 시장 하락 시에도 상대적으로 방어력이 우수합니다.

고객: 이 정도 수익률이면 충분할 것 같아요. 원금 손실 위험은 어느 정도 있을까요?

PB: 이 포트폴리오는 극단적인 시장 상황을 제외하면 원금 손실 위험이 상대적으로 낮습니다. 예를 들어, 2022년 시장 급락 시에도 이 구성의 포트폴리오는 약 -7% 정도의 손실을 기록했는데, 이는 S&P 500의 -19% 대비 훨씬 양호한 수준이었습니다.

더욱 안전을 원하신다면, 처음에는 총 투자금의 60-70%만 투자하고 나머지는 단기 예금으로 유지하다가 시장 조정기에 추가 매수하는 전략도 고려해볼 수 있습니다.

고객: 그게 좋겠네요. 처음에는 70%만 투자하고 나머지는 기회가 있을

때 추가 투자할게요. 배당금은 어떻게 받게 되나요?

PB: 배당금은 매월 계좌에 현금으로 입금됩니다. QYLD, JEPI, PFF는 매월, SPHD는 분기별로 배당금을 지급합니다. 원하신다면 배당금 자동 인출 서비스를 설정하여 매월 일정 금액을 본인 계좌로 자동 이체되도록 할 수도 있습니다.

현재 기준으로 5,000만원 투자 시 약 월 30-35만원의 배당금 수입을 예상할 수 있습니다. 물론 배당금은 시장 상황에 따라 다소 변동될 수 있습니다.

고객: 그 정도면 충분합니다. 만약 중간에 급하게 자금이 필요하면 어떻게 되나요?

PB: ETF는 주식처럼 매일 거래되므로, 언제든지 매도가 가능합니다. 매도 후 정산일(T+2일)에 자금을 인출하실 수 있습니다. 다만, 단기 투자 목적으로는 적합하지 않기 때문에, 긴급 자금은 별도로 마련해 두시는 것이 좋습니다.

또한 필요하실 경우, 보유 ETF를 담보로 저금리 대출을 이용하실 수도 있습니다. 이 방법은 투자를 유지하면서도 일시적인 자금 needs를 충족할 수 있는 방법입니다.

고객: 이제 이해가 많이 됐습니다. 제안해주신 포트폴리오로 투자를 시작하고 싶어요.

PB: 좋습니다. 국내 증권사 계좌를 통해 미국 ETF에 직접 투자하는 방식으로 진행해 드리겠습니다. 분할 매수 전략으로 4개월에 걸쳐 매월 포트폴리오의 25%씩 투자해 드리고, 3개월마다 정기적인 포트폴리오 리뷰를 통해 안정성을 점검해 드리겠습니다.

지금 바로 계좌 개설과 W-8BEN 양식 제출을 도와드릴까요?

고객: 네, 감사합니다. 지금 바로 진행해 주세요.

어떠신가요? 프로라면 프롬프트 작성 시 다음 사항들을 추가로 고려해 보시는 것도 좋습니다.

- **선택적인 데이터 활용**: 첨부 파일의 데이터를 적확하게 활용하기 위해 프롬프트에 "첨부한 파일 중 ETF 티커, 수익률, 배당률, 변동성 데이터만 인용하며 분석해 주세요"와 같은 구체적 지시를 추가할 수 있습니다. 세일즈 담당자의 관점과 전문성을 반영하는 프롬프트입니다.
- **시각화 요청**: "결과를 표, 차트 형태로 시각화해 주세요"라고 명시하면 고객이 한눈에 보고 더 이해하기 쉽게 직관적인 자료를 만들 수 있습니다.
- **피드백 루프 활용**: 첫 결과물에서 "공격형 투자자 추천 부분을 더 상세히 설명해 주세요"와 같이 결과물 중에 상세하지 않거나 구체적이지 않은 정보를 하나씩 보강해 나가는 것이 효과적입니다.

다음은 앞서 소개한 프롬프트와 결합해 사용할 수 있는 응용 프롬프트입니다.

1. **특정 시장 상황에 대응한 전략 수립**
   첨부한 ETF 데이터를 활용해, 현재의 달러원 환율이 급등하는 환경에서 각 투자 성향별 최적의 ETF 포트폴리오를 구성하고, 각 포트폴리오의 예상 성과와 위험 요소를 분석해 주세요. 또한 이 달러원 환율이 6개월 내 완화/악화될 경우의 대응 전략도 제시해 주세요.

2. 고객 세그먼트별 맞춤형 전략(고객 데이터 첨부)

첨부한 고객 데이터를 연령대별(20~30대, 40~50대, 60대 이상)로 분류하고, 각 연령대와 투자 성향(공격/중립/보수)을 교차 분석하여 총 9개 고객 세그먼트에 대한 맞춤형 ETF 포트폴리오와 상담 전략을 수립해 주세요.

3. 경쟁사 상품 비교 분석(경쟁사 상품 파일 첨부)

첨부한 ETF 데이터를 바탕으로, 주요 경쟁사(블랙록, 뱅가드, 슈왑)의 유사 상품과의 비교 분석표를 작성하고, 각 투자 성향별 고객에게 우리 상품의 강점을 어필할 수 있는 세일즈 포인트를 정리해 주세요.

4. 경제 전망 데이터와 결합(경제 전망 보고서 첨부)

첨부한 ETF 및 고객 데이터와 함께 최신 경제 전망 보고서를 분석하여, 향후 1년간의 시장 전망과 연계한 투자 성향별 ETF 추천 전략을 수립해 주세요. 특히 인플레이션, 금리, 유가 변동에 따른 시나리오별 대응 방안을 포함해 주세요.

5. 고객 행동 패턴 분석과 결합(고객 과거 투자 패턴 데이터 첨부)

첨부한 데이터와 함께 고객의 과거 투자 패턴 데이터를 분석하여, 각 투자 성향별 고객이 ETF 투자 결정 시 자주 보이는 행동 패턴과 결정적 구매 요인을 도출해 주세요. 이를 바탕으로 효과적인 세일즈 커뮤니케이션 전략을 수립해 주세요.

금융업 세일즈 담당자들에게 도움이 될만한 챗GPT 활용 사례를 정리해 보았습니다. 금융업 특히 증권업은 다른 어떤 업종보다 시의성이 중요한 문서를 이용한 사례가 많습니다. 작년에 나온 시황 보고서는 오늘은 쓸모가 없으니까요. 따라서 세일즈 대상을 이해하고 파악하는 것만큼 중요한 것이 최신 데이터를 확보하는 것입니다. 급변하는 금융 환경에서 고객 맞춤형, 시장 맞춤형 결과물을 원한다면 급변하는 데이터를 빠르게 확보해 생성형 AI에게 제공할 수 있어야 합니다.

Part 10

애널리스트
보고서 분석 프롬프트
8가지

증권사 실무진을 대상으로 강의하다 보면 공통의 고민거리를 마주하게 됩니다. 실시간으로 쏟아져 들어오는 국문, 외국어 리포트들을 챗GPT를 이용해 빠르고 정확하게 핵심만 요약해 보고 싶다는 것입니다.

이러한 필요를 해결하기 위해 증권사 실무자들이 자주 보는 8개 문서 유형별로 프롬프트를 준비했습니다. 여러 번의 테스트를 마친 후 정리해 전달드립니다. 결과물을 보면 획일적인 요약이 아닌 기업 분석부터 산업 및 시황 리포트 분석까지 맞춤형 결과물이 생성됨을 확인하실 수 있을 겁니다.

각 프롬프트는 크게 두 가지 부분에서 차이가 있습니다.

1. **출력 형식** : 실제 업무에서 활용되는 보고서의 논리 구조를 반영한 '출력 형식'을 제시해 실용성을 높였습니다.
2. **전문가 역할 부여** : GPT에게 '시니어 애널리스트', '이코노미스트' 등 보고서별로 명확한 역할을 부여했습니다.

우선 제가 만든 프롬프트로 테스트해 보고 여러분의 업무 특성과 개인의 선호에 맞게 프롬프트를 수정해 사용하시기 바랍니다.

연습을 위해 필요한 PDF는 각 프롬프트 하단의 링크를 이용하시면 됩니다. 일부 PDF 링크는 삭제되거나 URL이 변경될 수 있습니다. 그럴 경우에는 네이버 증권의 리포트 페이지에서 쉽게 다운로드하실 수 있습니다. (네이버 증권 리서치: https://finance.naver.com/research/)

10-1 기업 분석 리포트 요약봇

개별 기업 종목 분석 전문 GPT
역할
[기업 분석 및 주식 밸류에이션] 전문 시니어 애널리스트

과제
업로드된 기업 분석 리포트를 읽고 투자자들의 종목 투자 결정을 위해 아래 형식으로 요약, 정리

어조
전문적, 객관적, 간결한

출력 형식
- 투자 의견 및 목표 주가
  - Buy/Hold/Sell 의견 및 근거
  - 목표 주가 및 상승 여력
- 기업 개요 및 사업모델
  - 주요 사업 영역 및 매출 구조
  - 경쟁 우위 및 차별화 요소
- 재무 분석 및 실적 전망

- ○ 과거 실적 트렌드 및 향후 전망
- ○ 주요 재무지표 분석
- 밸류에이션 분석
  - ○ 적용된 밸류에이션 방법론
  - ○ 동종 업계 대비 밸류에이션 수준
- 핵심 투자포인트
  - ○ 상승 촉매 요인
  - ○ 주요 리스크 요인
- 애널리스트 전망
  - ○ 단기/중장기 주가 전망
  - ○ 주요 모니터링 지표

자료 다운로드
NH투자증권 비올 기업 분석 리포트:
https://stock.mk.co.kr/uploads/20241112/1731365592_e835ec6110f58cc8f900.pdf

10-2 산업 분석 리포트 요약봇

섹터/업종 분석 전문 GPT
역할
[산업 분석 및 섹터 리서치] 전문 시니어 애널리스트

과제
업로드된 산업 분석 리포트를 읽고 섹터 투자자들의 전략 수립을 위해

아래 형식으로 요약, 정리

어조
전문적, 거시적, 통찰력 있는

출력 형식
- 산업 현황 및 전망
  - 산업 성장률 및 시장 규모
  - 주요 성장 동력 및 트렌드
- 업계 구조 및 경쟁 환경
  - 주요 플레이어 및 시장 점유율
  - 경쟁 구도 변화 및 진입 장벽
- 섹터 투자 관점
  - 섹터 선호도 및 비중 조절 방향
  - 추천 하위 섹터 및 테마
- 주요 이슈 및 변화요인
  - 정책/규제 변화 영향
  - 기술혁신 및 사업 모델 변화
- 대표 종목 분석
  - 섹터 내 선호 종목 및 근거
  - 종목별 투자 포인트
- 리스크 및 모니터링 요소
  - 섹터 리스크 요인
  - 주요 선행지표 및 체크 포인트

자료 다운로드
네이버 금융 산업 분석 리포트:

https://finance.naver.com/research/industry_list.naver

10-3 투자 전략 리포트 요약봇

시장 투자 전략 분석 전문 GPT
역할
[투자 전략 및 포트폴리오 구성] 전문 전략 애널리스트

과제
업로드된 투자 전략 리포트를 읽고 기관 투자자 및 개인 투자자들의 포트폴리오 전략 수립을 위해 아래 형식으로 요약, 정리

어조
전략적, 실무적, 액션 지향적

출력 형식
- 시장 전망 및 투자 방향
  - 시장 시나리오 및 확률
  - 전체 포트폴리오 방향성
- 자산배분 전략
  - 주식/채권/대안 투자 비중
  - 국내/국외 자산 배분
- 섹터 및 스타일 전략
  - 선호 섹터 및 비중
  - 성장주/가치주 등 스타일 선택

- 추천 종목 및 테마
  - TOP PICK 종목 및 근거
  - 주요 투자 테마
- 리스크 관리 방안
  - 주요 리스크 시나리오
  - 헷지 및 방어 전략
- 전략 실행 방안
  - 단계별 실행 계획
  - 전략 수정 시점 및 조건

자료 다운로드
한화투자증권 2025년 연간 전망:
https://m.hanwhawm.com:9090/M/main/research/main/view.cmd?depth3_id=rpt_m1&seq=62861

10-4 경제 동향 리포트 요약봇

거시경제 및 매크로 분석 전문 GPT
역할
[거시 경제 및 정책 분석] 전문 이코노미스트

과제
업로드된 경제 분석 리포트를 읽고 투자자들의 매크로 투자 판단을 위해 아래 형식으로 요약, 정리

어조
학술적, 분석적, 근거 기반

출력 형식
- 경제 현황 및 전망
- GDP, 인플레이션, 고용 등 주요 지표
  - 경제 성장률 및 전망 시나리오
- 통화 정책 및 재정 정책
  - 중앙은행 정책 방향 및 금리 전망
  - 정부 재정 정책 및 영향
- 글로벌 경제 환경
  - 주요국 경제 동향
  - 환율 및 원자재 가격 전망
- 시장에 미치는 영향
  - 주식/채권/환율 시장 영향
  - 섹터별 수혜/피해 분석
- 주요 리스크 요인
  - 지정학적 리스크
  - 경제 정책 불확실성
- 투자 시사점
  - 매크로 기반 투자 방향
  - 주요 모니터링 지표

자료 다운로드
자본시장연구원 2025년 거시 경제 주요 이슈:
https://www.kcmi.re.kr/kcmifile/CapitalMarketFocus/1832/webzinepdf_1832.pdf

10-5 시황 정보 리포트 요약봇

시장 동향 및 단기 시황 분석 전문 GPT

역할
[시장 시황 및 단기 동향 분석] 전문 마켓 스트래티지스트

과제
업로드된 시황 정보 리포트를 읽고 트레이더 및 단기 투자자들의 시장 대응을 위해 아래 형식으로 요약, 정리

어조
신속한, 실시간성, 액션 중심

출력 형식
- 시장 동향 요약
    - 주요 지수 움직임 및 특징
    - 거래량 및 시장 참여도
- 섹터 및 종목 동향
    - 강세/약세 섹터 및 원인
    - 주목받는 개별 종목
- 외국 시장 영향
    - 미국/중국 등 주요국 시장 동향
    - 글로벌 이슈의 국내 파급 효과
- 주요 이슈 및 뉴스
    - 시장 이동 요인이 된 주요 뉴스
    - 정책 발표 및 기업 공시 영향

- 기술적 분석
  - ○ 주요 지수 기술적 지지/저항선
  - ○ 차트 패턴 및 기술적 신호
- 단기 전망 및 전략
  - ○ 향후 1~2주 시장 전망
  - ○ 단기 대응 전략 및 주의사항

자료 다운로드
KB증권 마감 코멘트:
https://file.alphasquare.co.kr/media/pdfs/market-report/KB%EB%A6%AC%EC%84%9C%EC%B9%9820250401KB%EC%A6%9D%EA%B6%8C

10-6 테마 분석 리포트 요약봇

테마 및 이슈 분석 전문 GPT
역할
[테마 발굴 및 이슈 분석] 전문 테마 애널리스트

과제
업로드된 테마 분석 리포트를 읽고 테마 투자자들의 테마 선별 및 종목 발굴을 위해 아래 형식으로 요약, 정리

어조
트렌드 중심, 혁신적, 미래지향적

출력 형식

- 테마 개요 및 배경
    - 테마 등장 배경 및 의미
    - 관련 산업 및 기술 동향
- 시장 규모 및 성장성
    - 테마 시장 규모 및 성장 전망
    - 글로벌 vs 국내 시장 현황
- 관련 기업 및 밸류체인
    - 테마 수혜 기업 분류
    - 밸류 체인별 수혜도 분석
- 투자 포인트 및 단계
    - 테마 투자의 핵심 논리
    - 테마 발전 단계별 투자 전략
- 대표 종목 분석
    - 테마 대장주 및 후발주
    - 종목별 테마 순수성 및 수혜도
- 리스크 및 지속가능성
    - 테마 투자 리스크 요인
    - 테마 지속가능성 평가

자료 다운로드

하나증권 China Weekly:
https://www.hanaw.com/download/research/FileServer/WEB/strategy/market/2024/10/04/chinamacro_241007.pdf

10-7 채권 분석 리포트 요약봇

채권 및 금리 분석 전문 GPT

 # 역할
[채권 및 크레딧 분석] 전문 채권 애널리스트

 # 과제
업로드된 채권 분석 리포트를 읽고 채권 투자자들의 듀레이션 및 크레딧 전략 수립을 위해 아래 형식으로 요약, 정리

 # 어조
보수적, 안정성 중심, 정밀한

 # 출력 형식
- 금리 환경 및 전망
  - 기준 금리 및 시장 금리 동향
  - 수익률 곡선 변화 및 전망
- 채권 시장 현황
  - 국채/회사채/신용 등급별 동향
  - 채권 발행 및 수급 상황
- 듀레이션 전략
  - 금리 변동성 대응 전략
  - 장단기 채권 배분 방향
- 크레딧 분석
  - 신용 등급별 스프레드 동향
  - 부도 위험 및 신용 품질 평가

- 섹터별 채권 분석
  - 금융/건설/에너지 등 섹터별 크레딧
  - 업종별 신용 리스크 평가
- 투자 전략 및 추천
  - 채권 포트폴리오 구성 방향
  - 추천 채권 및 회피 채권

#자료 다운로드
한국신용평가 NH투자증권 신용 분석:
https://m.kisrating.com/fileDown.do?menuCd=R8&gubun=2&fileName=rs20250411-3.pdf

10-8 퀀트 분석 리포트 요약봇

계량 분석 및 데이터 기반 투자 전략 전문 GPT
역할
[계량 분석 및 시스테매틱 투자] 전문 퀀트 애널리스트

과제
업로드된 퀀트 분석 리포트를 읽고 데이터 기반 투자자들의 시스테매틱 전략 구축을 위해 아래 형식으로 요약, 정리

어조
객관적, 데이터 중심, 논리적

출력 형식

- 분석 방법론 및 모델
    - 사용된 계량 모델 및 변수
    - 백테스팅 기간 및 성과
- 팩터 분석 결과
    - Value/Growth/Quality/Momentum 등 팩터 성과
    - 팩터별 유효성 및 지속성
- 종목 스크리닝 결과
    - 퀀트 모델 기반 추천 종목
    - 종목별 스코어 및 순위
- 포트폴리오 구성
    - 최적 포트폴리오 비중
    - 리스크 조정 수익률 분석
- 시장 이상 현상 분석
    - 발견된 시장 비효율성
    - 차익 거래 기회 및 전략
- 성과 분석 및 개선점
    - 전략 성과 평가
    - 모델 한계점 및 개선 방향

자료 다운로드

하나증권 2025년 퀀트 전략:
https://www.hanaw.com/download/research/FileServer/WEB/strategy/market/2024/10/30/EDIT_Quant_Annual_20241031.pdf

Part 11

영업 전문가들을 위한 10가지 실습

챗GPT 같은 생성형 AI는 한국 증권회사 영업 담당자들에게 개인화된 고객 커뮤니케이션, 효율적인 정보 처리, 창의적인 콘텐츠 생성 등 다양한 측면에서 상당한 이점을 제공할 수 있습니다. 이번 장에서는 증권 영업 전문가들이 챗GPT 프롬프트 활용 능력을 실질적으로 향상시킬 수 있도록 10가지 주제별 실습 방안을 제시합니다. 이러한 실습을 통해 영업 담당자들은 잠재 고객 발굴부터 고객 관계 강화, 투자 보고서 작성에 이르기까지 업무 전반에 걸쳐 챗GPT를 효과적으로 활용하여 고객 확보, 관계 증진, 궁극적으로는 영업 성과 향상에 기여할 수 있을 것입니다.

이번 장에서는 증권사 영업 담당자들이 바로 쓸 수 있는 프롬프트 예시를 10가지 소개드립니다. 영업의 다양한 상황에서 이 10가지 프롬프트를 활용할 수 있도록 주제별로 수정할 내용은 [ ]으로 처리했습니다. 더 나은 결과를 얻기 위해서는 가능한 많은 맥락 정보(컨텍스트)를 제공하는 것이 좋습니다. 프롬프트를 사용한 출력 결과는 포함하지 않았습니다. 직접 프롬프트를 수정 입력해 결과를 받아보시기 바랍니다.

챗GPT 프롬프트 활용 연습 주제 개요

	주제	주요 활용 분야
1	잠재 고객 발굴을 위한 맞춤형 메시지 생성	신규 고객 확보
2	고객의 투자 성향 분석 및 맞춤형 포트폴리오 제안	고객 맞춤형 투자 제안
3	시장 분석 보고서 요약 및 고객 맞춤형 설명	고객 커뮤니케이션
4	투자 상품 관련 FAQ 및 답변 생성	고객 서비스
5	고객 불만 처리 및 공감대 형성 메시지 작성	고객 관계 관리
6	경쟁사 분석 및 자사 상품 차별화 전략 도출	상품 전략 및 마케팅
7	투자 관련 최신 뉴스 요약 및 고객 영향 분석	고객 커뮤니케이션
8	잠재 고객 대상 투자 세미나/상담회 홍보 문구 작성	마케팅 및 홍보
9	투자 보고서 작성 초안 생성(단계별 프롬프트)	보고서 작성
10	고객과의 관계 강화를 위한 맞춤형 감사 메시지 작성	고객 관계 강화

11-1 잠재 고객 발굴을 위한 맞춤형 메시지 생성

- 프롬프트

다음 고객 [고객 이름]에게 보낼 투자 유치 메시지를 작성해 주세요. 고

> 객은 [고객 나이]세이며, [고객의 투자 목표]에 관심이 있습니다. 최근 [최근 시장 상황]에 대한 고객의 우려를 반영하여 안전성을 강조하는 내용으로 작성해 주세요.

- 응용 프롬프트:

> 위의 메시지를 [고객의 투자 경험] 수준에 맞춰 어투를 조정하고, [추가적인 고객 정보]를 활용하여 고객의 관심을 끌 만한 구체적인 투자 상품을 2가지 제안해 주세요.

- 프로 팁:
  고객의 소셜 미디어 프로필이나 과거 상담 기록을 참고하여 더욱 개인화된 메시지를 작성해 보세요.
- 자료 예시:
  고객의 과거 투자 상담 요약 문서.

잠재 고객에게 처음으로 연락을 시도하는 단계는 고객 관계 구축의 중요한 첫걸음입니다. 이때 개인화된 메시지는 일반적인 메시지에 비해 고객의 관심을 끌고 긍정적인 첫인상을 심어주는 데 훨씬 효과적입니다. 제시한 프롬프트는 고객의 나이, 투자 목표, 현재 시장 상황에 대한 우려 같은 구체적인 정보를 활용하여 고객의 니즈와 상황에 맞춘 메시지를 생성하도록 유도합니다. 이는 획일적인 접근 방식에서 벗어나 고객 한 명 한 명에게 집중하는 맞춤형 소통의 중요성을 강조합니다. 고객의 특정 관심사를 언급하고 현재 시장의 불안감을 해소하는 내용은 고객에게 깊은 공감을 불러일으키고, 이는 곧 대화의 시작으로 이어질 가능성을 높입니다.

응용 프롬프트는 여기서 한 단계 더 나아가 고객의 투자 경험 수준에 따라 어투를 조정하고, 추가적인 고객 정보를 활용하여 고객의 관심을 끌 만한 구체적인 투자 상품을 제안하도록 합니다. 이는 단순히 개인화된 메시지를 넘어, 고객의 투자 지식 수준과 잠재적인 선호도까지 고려한 섬세한 접근 방식입니다. 투자 경험이 많은 고객에게는 전문적인 용어를 사용하여 깊이 있는 정보를 제공할 수 있으며, 투자 경험이 적은 고객에게는 쉬운 용어를 사용하여 친절하게 설명할 수 있습니다. 또한 추가적인 고객 정보를 통해 파악된 고객의 특정 관심사에 부합하는 투자 상품을 제안함으로써, 고객은 자신의 니즈를 정확히 이해하고 있다는 인상을 받을 수 있습니다.

고객의 소셜 미디어 프로필이나 과거 상담 기록을 참고하라는 팁은 더욱 심층적인 개인화의 중요성을 강조합니다. 이러한 정보는 고객의 관심사, 선호도, 과거 투자 경험 등을 파악하는 데 유용한 자료가 됩니다. 예를 들어 고객의 소셜 미디어에서 특정 산업이나 기술에 대한 관심사를 발견했다면, 이를 투자 유치 메시지에 언급하거나 관련 투자 상품을 제안할 수 있습니다. 과거 상담 기록을 통해 고객이 특정 유형의 투자 상품에 관심을 보였거나 특정 위험 수준을 선호한다는 사실을 알 수 있다면, 이를 바탕으로 더 잘 맞는 투자 제안을 할 수 있습니다. 과거 투자 상담 요약 문서는 이러한 개인화된 접근 방식을 위한 중요한 참고 자료가 될 수 있습니다.

11-2 고객의 투자 성향 분석 및 맞춤형 포트폴리오 제안

- 프롬프트

> 다음 고객의 투자 성향을 분석하고, 그에 맞는 균형 잡힌 포트폴리오를 제안해 주세요. 고객은 [고객의 투자 경험]이 있으며, [고객의 위험 감수 수준]은 [상/중/하]입니다. 투자 목표는 [고객의 투자 목표]이며, 투자 기간은 [투자 기간]입니다.

- 응용 프롬프트

> 제안된 포트폴리오의 각 자산군별 비중을 [특정 자산군] 중심으로 조정하고, 그 이유를 설명해 주세요. 또한 현재 시장 상황 [최근 시장 상황]을 고려하여 포트폴리오에 대한 추가적인 조언을 제공해 주세요.

- 프로 팁

  다양한 시나리오별 예상 수익률과 위험도를 함께 제시하여 고객의 이해를 돕는 것이 중요합니다.

- **첨부 자료 예시**
  고객의 투자 성향 설문 조사 결과 데이터.

고객에게 적합한 투자 포트폴리오를 제안하는 것은 증권 영업 담당자의 핵심 역량 중 하나입니다. 이를 위해서는 고객의 투자 경험, 위험 감수 수준, 투자 목표, 투자 기간 등 다양한 요소를 종합적으로 고려한 심층적인 분석이 필요합니다. 제시한 프롬프트는 이러한 필수적인 정보들을 챗GPT에 제공하여 고객의 투자 성향에 맞는 균형 잡힌 포트폴리오를 제안하도록 설계했습니다. 단순히 위험 감수 수준만을 고려하는 것이 아니라 투자 경험과 목표, 투자 기간을 함께 고려함으로써 더욱 정교하고 개인화된 포트폴리오 제안이 가능해집니다. 예를 들어 위험 감수 수준이 높은 고객이라 할지라도 투자 경험이 부족하거나 단기적인 투자 목표를 가지고 있다면, 보다 신중한 포트폴리오 구성이 필요할 수 있습니다.

응용 프롬프트는 챗GPT가 제안한 포트폴리오를 특정 자산군 중심으로 조정하고 그 이유를 설명하도록 요구합니다. 이는 고객의 특정 선호도나 시장 전망에 따라 포트폴리오를 유연하게 조정하는 데 도움이 됩니다. 또한 현재 시장 상황을 고려하여 포트폴리오에 대한 추가적인 조언을 제공하도록 함으로써, 시장 변화에 대한 민감성을 높이고 고객에게 시의적절한 투자 전략을 제시할 수 있도록 합니다. 예를 들어 특정 산업의 성장 가능성이 높게 예측되는 시기에는 해당 산업 관련 자산의 비중을 늘리는 것을 고려해 볼 수 있으며, 시장 변동성이 커지는 시기에는 위험 관리 방안을 함께 제시하여 고객의 불안감을 해소할 수 있습니다.

다양한 시나리오별 예상 수익률과 위험도를 함께 제시하는 것은 고객의 이해를 돕고 투자 결정에 대한 확신을 심어주는 데 매우 중요합니다. 투자에는 항상 불확실성이 따르기 때문에, 긍정적인 시나리오뿐만 아니라 부정적인 시나리오까지 제시하여 고객이 잠재적인 위험을 인지하고 투자 결정을 내릴 수 있도록 도와야 합니다. 또한 각 시나리오별 예상 수익률을 제시함으로써 고객은 투자에 대한 기대 수익률을 합리적으로 설정하고, 자신의 위험 감수 수준에 맞는 투자를 선택할 수 있습니다. 고객의 투자 성향 설문 조사 결과 데이터는 이러한 분석과 포트폴리오 제안의 기초 자료로 활용할 수 있습니다. 설문 결과를 통해 고객의 위험 선호도, 투자 경험, 투자 목표 등을 객관적으로 파악하고, 이를 바탕으로 더욱 과학적이고 신뢰성 있는 포트폴리오를 구성해 보세요.

11-3 시장 분석 보고서 요약 및 고객 맞춤형 설명

- 프롬프트

> 첨부된 시장 분석 보고서 [보고서 제목]의 주요 내용을 3가지로 요약하고, 이를 고객 [고객 이름]에게 설명하는 간결하고 쉬운 문장을 만들어 주세요. 고객은 [고객의 금융 지식 수준]입니다.

- 응용 프롬프트

> 요약된 내용을 바탕으로 고객의 투자 관심 분야 [고객의 관심 분야]와 관련된 구체적인 투자 아이디어를 2가지 제시하고, 각 아이디어의 장단점을 설명해 주세요.

- 프로 팁

  전문 용어 사용을 최소화하고, 고객의 눈높이에 맞춰 설명하는 것이 중요합니다.

- 첨부 자료 예시

  최근 증권사 발행 시장 분석 보고서(PDF).

증권 영업 담당자는 복잡하고 전문적인 시장 분석 보고서의 내용을 고객에게 쉽고 명확하게 전달할 수 있어야 합니다. 고객의 금융 지식 수준은 매우 다양하기 때문에, 보고서의 핵심 내용을 간결하게 요약하고 고객의 이해 수준에 맞춰 설명하는 능력이 필수적입니다. 제시한 프롬프트는 첨부된 시장 분석 보고서의 주요 내용을 3가지로 요약하고, 특정 고객의 금융 지식 수준을 고려하여 쉬운 문장으로 설명하도록 챗GPT를 활용합니다. 이는 고객이 전문적인 금융 지식 없이도 시장 상황을 이해하고 투자 결정을 내릴 수 있도록 돕습니다.

응용 프롬프트는 요약된 시장 분석 내용을 바탕으로 고객의 투자 관심 분야와 관련된 구체적인 투자 아이디어를 제시하고, 각 아이디어의 장단점을 설명하도록 합니다. 이는 단순히 정보를 전달하는 것을 넘어 고객의 특정 관심사에 맞춰 투자 방향을 제시하고, 각 투자 아이디어에 대한 균형 잡힌 시각을 제공함으로써 고객의 투자 판단을 돕는 데 목적이 있습니다. 예를 들어 고객이 친환경 에너지 분야에 관심이 있다면 시장 분석 보고서의 긍정적인 전망을 바탕으로 해당 분야의 투자 아이디어를 제시하고, 잠재적인 수익과 위험 요인을 함께 설명할 수 있습니다.

전문 용어 사용을 최소화하고 고객의 눈높이에 맞춰 설명하는 것은 고객과의 신뢰를 구축하고 효과적인 소통을 이루는 데 매우 중요합니다. 금융 시장은 복잡한 전문 용어로 가득 차 있지만, 이러한 용어들은 일반 고객에게는 생소하고 어렵게 느껴질 수 있습니다. 따라서 영업 담당자는 고객과의 대화에서 가능한 한 쉬운 용어를 사용하고, 불가피하게 전문 용어를 사용해야 할 경우에는 그 의미를 명확하게 설명해야 합니다. 최근 증권사에서 발행하는 시장 분석 보고서는 영업 담당자가 고객에게 최신 시장 동향을 설명하고 투자 아이디어를 제공하는 데 중요한 자료가 됩니다. 이러한 보고서를 효과적으로 활용하여 고객에게 맞춤형 정보를 제공하는 것은 고객 만족도를 높이고 장기적인 관계를 구축하는 데 기여할 것입니다.

11-4 투자 상품 관련 FAQ 및 답변 생성

- 프롬프트

다음 투자 상품 [상품 이름]에 대한 고객들의 예상 질문 5가지와 그에 대한 답변을 생성해 주세요. 상품의 주요 특징은 [상품의 주요 특징]입니다.

- 응용 프롬프트

생성된 FAQ 외에 고객들이 추가적으로 궁금해할 만한 질문 2가지와 답변을 더 만들고, 각 답변에 대한 추가적인 설명 자료 링크를 제시해 주세요.

- **프로 팁**

  실제 고객들의 문의 사례를 참고하여 질문을 구성하는 것이 효과적입니다.
- **첨부 자료 예시**

  투자 상품 설명서(PDF).

새로운 투자 상품이 출시되거나 기존 상품에 대한 고객 문의가 증가할 때, 예상되는 질문과 답변을 미리 준비해 두는 것은 고객 응대 효율성을 높이고 고객 만족도를 향상시키는 데 매우 효과적이죠. 제시한 프롬프트는 특정 투자 상품의 주요 특징을 바탕으로 고객들이 궁금해할 만한 질문 5가지와 그에 대한 답변을 생성하도록 챗GPT를 활용합니다. 이는 영업 담당자가 고객 문의에 신속하고 정확하게 대응할 수 있도록 돕고, 자주 묻는 질문에 대한 답변을 미리 준비함으로써 상담 시간을 단축시키는 효과를 가져올 수 있습니다.

응용 프롬프트는 생성된 FAQ 외에 고객들이 추가적으로 궁금해할 만한 질문 2가지와 답변을 더 만들고, 각 답변에 대한 추가적인 설명 자료 링크를 제시하도록 합니다. 이는 예상되는 모든 질문에 대해 철저하게 대비하고, 고객이 더 깊이 있는 정보를 원할 경우 관련 자료를 쉽게 찾아볼 수 있도록 지원하는 것을 목표로 합니다. 추가적인 설명 자료 링크는 고객이 스스로 궁금증을 해결하고 상품에 대한 이해도를 높이는 데 도움이 될 수 있으며, 이는 고객 만족도 향상으로 이어질 수 있습니다.

실제 고객들의 문의 사례를 참고하여 질문을 구성하는 것은 생성된 FAQ의 실용성을 높이는 중요한 방법입니다. 과거 고객들이 특정 투자 상품에 대해 어떤 점을 궁금해했는지 분석하고, 이러한 질문들을 바탕으로 FAQ를 구성하면 실제 상담 상황에서 더욱 유용하게 활용할 수 있습니다. 투자 상품 설명서는 해당 상품에 대한 가장 정확하고 상세한 정보를 담은 자료이므로, FAQ 및 답변을 생성할 때 필수적으로 참고해야 합니다. 설명서에 명시된 상품의 특징, 위험 요소, 수수료 등에 대한 정보를 바탕으로 고객들의 질문을 예측하고, 정확하고 이해하기 쉬운 답변을 준비하는 것이 중요합니다.

11-5 고객 불만 처리 및 공감대 형성 메시지 작성

- 프롬프트

> 다음 고객 불만 사항 [불만 내용]에 대해 고객에게 보낼 답변 메시지를 작성해 주세요. 고객의 감정을 이해하고 공감하는 표현을 포함하여 정중하고 신속하게 문제를 해결하려는 의지를 보여주세요.

- **응용 프롬프트**

> 위의 답변 메시지에 더하여, 고객에게 제공할 수 있는 구체적인 해결책 또는 보상 방안을 2가지 제시하고, 고객의 의견을 묻는 문장을 추가해 주세요.

- **프로 팁**

  고객의 입장에서 생각하고 진정성 있는 태도를 보이는 것이 중요합니다.

- **첨부 자료 예시**

  고객 불만 접수 내용(텍스트 파일).

고객 불만은 불가피하게 발생할 수 있지만, 이를 어떻게 처리하느냐에 따라 고객과의 관계를 더욱 강화하거나 악화시킬 수 있습니다. 고객 불만을 효과적으로 처리하기 위해서는 신속하고 정중한 대응뿐만 아니라, 고객의 감정을 이해하고 공감하는 태도가 중요합니다. 제시한 프롬프트는 고객의 불만 사항에 대해 고객의 감정을 이해하고 공감하는 표현을 포함하여 정중하고 신속하게 문제를 해결하려는 의지를 보여주는 답변 메시지를 작성하도록 요구합니다. 이는 고객에게 회사가 자신의 불만을 진지하게 받아들이고 있으며, 문제 해결을 위해 최선을 다하고 있다는 인상을 심어주는 데 도움이 됩니다.

응용 프롬프트는 답변 메시지에 더하여 고객에게 제공할 수 있는 구체적인 해결책 또는 보상 방안을 2가지 제시하고, 고객의 의견을 묻는 문장을 추가하도록 합니다. 이는 단순히 불만을 접수하고 공감하는 데 그치지 않고, 실질적인 해결책을 제시함으로써 고객 만족도를 높이고 긍정적인 방향으로 상황을 전환시키려는 적극적인 노력의 일환입니다. 고객에게 해결책에 대한 의견을 묻는 것은 고객을 존중하고 고객 중심적인 태도를 보여주는 것이며, 이는 고객과의 신뢰를 더욱 돈독하게 만들어 줄 수 있습니다.

고객 입장에서 생각하고 진정성 있는 태도를 보이는 것은 고객 불만 처리의 핵심입니다. 형식적인 답변이나 피상적인 공감보다는 고객의 불만 사항을 주의 깊게 경청하고, 고객의 감정을 진심으로 이해하려고 노력하는 자세가 중요합니다. 고객 불만 접수 내용은 고객의 불만 사항을 정확히 파악하고, 고객의 감정을 이해하는 데 필요한 중요한 정보를 제공합니다. 이러한 정보를 바탕으로 작성한 답변은 고객에게 진심 어린 메시지를 전달할 수 있으며, 이는 고객과의 관계 회복 및 강화에 긍정적인 영향을 미칠 것입니다.

11-6 경쟁사 분석 및 자사 상품 차별화 전략 도출

- 프롬프트

> "경쟁사 [경쟁사 이름]의 주요 투자 상품 [경쟁사 상품 이름]의 특징과 장단점을 분석하고, 우리 회사의 유사 상품 [자사 상품 이름]과 비교하여 차별화할 수 있는 3가지 포인트를 제시해 주세요.

- 응용 프롬프트

> 도출된 차별화 포인트를 바탕으로 고객에게 우리 회사 상품의 강점을 효과적으로 어필할 수 있는 간결한 문구를 5가지 작성해 주세요.

- 프로 팁

  객관적인 데이터를 기반으로 분석하고, 고객에게 실질적인 이점을 제시하는 것이 중요합니다.

- 첨부 자료 예시

  경쟁사 상품 설명 자료(웹페이지 링크 또는 PDF).

경쟁사 상품에 대한 정확한 이해는 자사 상품의 강점을 부각하고 고객에게 더 나은 가치를 제공하기 위해 필수적인 과정입니다. 제시한 프롬프트는 특정 경쟁사의 주요 투자 상품의 특징과 장단점을 분석하고, 자사의 유사 상품과 비교하여 차별화할 수 있는 포인트를 3가지 제시하도록 합니다. 이는 영업 담당자가 경쟁 환경을 정확히 파악하고, 자사 상품만의 고유한 장점을 고객에게 효과적으로 전달하기 위한 전략을 수립하는 데 도움이 될 것입니다. 경쟁사 상품에 대한 깊이 있는 분석은 고객에게 자사 상품을 선택해야 하는 명확한 이유를 제시하는 데 중요한 기반이 될 테니까요.

응용 프롬프트는 도출된 차별화 포인트를 바탕으로 고객에게 자사 상품의 강점을 효과적으로 어필할 수 있는 간결한 5가지 문구를 작성하도록 합니다. 이는 분석 결과를 실제 영업 현장에서 활용할 수 있도록 구체적인 메시지를 생성하는 연습입니다. 고객의 입장에서 매력적으로 느껴질 수 있는 간결하고 명확한 문구를 통해 자사 상품의 가치를 효과적으로 전달할 수 있고, 이는 고객의 구매 결정에 긍정적인 영향을 미칠 수 있습니다.

경쟁사 분석은 객관적인 데이터를 기반으로 해야 하며, 도출된 차별화 포인트는 고객에게 실질적인 이점을 제공해야 합니다. 단순히 상품의 특징을 나열하는 것이 아니라 그 특징이 고객에게 어떤 가치를 제공하는지를 명확하게 설명해야 합니다. 예를 들어 자사 상품의 수수료가 경쟁사보다 낮다면, 이는 고객에게 비용 절감이라는 실질적인 이점을 제공하는 차별화 포인트가 될 수 있습니다. 경쟁사 상품 설명 자료는 경쟁사 상품의 특징, 장단점, 가격 정책 등을 파악하는 데 중요한 자료가 됩니다. 이러한 자료를 분석하여 자사 상품과의 차이점을 명확히 하고, 고객에게 어필할 수 있는 강점을 도출하는 것이 중요합니다.

11-7 투자 관련 최신 뉴스 요약 및 고객 영향 분석

- **프롬프트**

> 최근 투자 관련 뉴스 기사 [기사 제목]의 주요 내용을 요약하고, 이것이 고객 [고객 이름]의 투자 포트폴리오에 미칠 수 있는 영향과 그에 대한 대응 방안을 간략하게 설명해 주세요.

- **응용 프롬프트**

> 위의 분석을 바탕으로 고객에게 보낼 맞춤형 투자 전략 업데이트 메시지를 작성하고, 필요한 경우 포트폴리오 조정에 대한 고객의 의견을 묻는 질문을 포함해 주세요.

- **프로 팁**

    신뢰할 수 있는 출처의 최신 정보를 활용하고, 고객의 투자 목표와 상황을 고려하여 분석하는 것이 중요합니다.

- **첨부 자료 예시**

    최근 금융 뉴스 기사(URL 또는 텍스트).

금융 시장은 끊임없이 변합니다. 새로운 경제 지표 발표, 기업 실적, 정치적 사건 등 다양한 요인들이 투자 시장에 영향을 미칩니다. 증권 영업 담당자는 이러한 최신 투자 관련 뉴스를 신속하게 파악하고, 이것이 고객의 투자 포트폴리오에 어떤 영향을 미칠 수 있는지 분석하여 고객에게 적절한 대응 방안을 제시할 수 있어야 합니다. 제시한 프롬프트는 특정 뉴스 기사의 주요 내용을 요약하고, 특정 고객의 투자 포트폴리오에 미칠 수 있는 영향과 그에 대한 대응 방안을 간략하게 설명하게 합니다. 이는 영업 담당자가 빠르게 변화하는 시장 상황에 효과적으로 대응하고, 고객에게 시의적절한 정보를 제공함으로써 신뢰를 구축하는 데 도움이 될 것입니다.

응용 프롬프트는 위에서 분석한 내용을 바탕으로 고객에게 보낼 맞춤형 투자 전략 업데이트 메시지를 작성하고, 필요한 경우 포트폴리오 조정에 대한 고객의 의견을 묻는 질문을 포함하게 합니다. 이는 단순히 뉴스를 전달하는 것을 넘어, 고객의 개별적인 투자 상황과 목표를 고려하여 맞춤형 전략을 제시하고, 고객과의 소통을 통해 투자 결정을 함께 내리려는 적극적인 자세를 보여주는 것입니다.

투자 관련 뉴스를 분석하고 고객에게 미치는 영향을 평가할 때는 신뢰할 수 있는 출처의 최신 정보를 활용하는 것이 중요합니다. 또한 모든 고객에게 동일한 분석 결과를 적용하는 것이 아니라 각 고객의 투자 목표, 위험 감수 수준, 투자 기간 등을 고려하여 맞춤형으로 분석해야 합니다. 최근 금융 뉴스 기사는 시장 상황 변화를 파악하고 고객에게 필요한 정보를 제공하는 데 중요한 자료가 됩니다. 이러한 뉴스를 꾸준히 확인하고 분석하여 고객에게 유용한 정보를 제공하는 것은 고객과의 장기적인 관계를 유지하고 강화하는 데 필수적입니다.

11-8 잠재 고객 대상 투자 세미나/상담회 홍보 문구 작성

- 프롬프트

> 다음과 같은 주제의 투자 세미나 [세미나 주제]를 홍보하기 위한 매력적인 문구를 3가지 작성해 주세요. 대상 고객은 [대상 고객 특징]이며, 세미나의 주요 내용은 [세미나 주요 내용]입니다.

- 응용 프롬프트

> 작성된 홍보 문구를 활용하여 이메일 발송, 소셜 미디어 게시, 문자 메시지 발송 등 다양한 채널에 적합한 홍보 문구를 각각 2가지씩 추가로 작성해 주세요.

- 프로 팁

  고객의 관심을 끌 수 있는 핵심 키워드를 포함하고, 참여 혜택을 명확하게 강조하는 것이 효과적입니다.
- **첨부 자료 예시**

  투자 세미나 발표 자료 개요(워드 문서)

    잠재 고객을 대상으로 하는 투자 세미나 상담회를 성공적으로 개최하기 위해서는 매력적인 홍보 문구를 작성하여 고객의 참여를 유도하는 것이 중요합니다. 제시한 프롬프트는 특정 주제의 투자 세미나를 홍보하기 위한 매력적인 문구를 3가지 작성해 달라고 요구합니다. 이때 대상 고객의 특징과 세미나의 주요 내용을 함께 제시함으로써, 홍보 문구가 타겟 고객의 니즈와 관심사에 부합하도록 유도하죠. 효과적인 홍보 문구는 잠재 고객의 호기심을 자극하고, 세미나 상담회에 대한 기대감을 높여 참여율을 높이는 데 중요한 역할을 합니다.

    응용 프롬프트는 작성된 홍보 문구를 활용하여 이메일, 소셜 미디어, 문자 메시지 등 다양한 채널에 적합한 홍보 문구를 추가로 작성하도록 합니다. 각 채널의 특성에 맞춰 문구의 길이, 어투, 강조점 등을 조정함으로써 홍보 효과를 극대화할 수 있습니다. 예를 들어 이메일 홍보 문구는 비교적 긴 형식으로 세미나의 내용을 상세하게 설명할 수 있지만, 소셜 미디어 게시물이나 문자 메시지는 짧고 간결하게 핵심 내용을 전달해야 합니다.

    고객의 관심을 끌 수 있는 핵심 키워드를 포함하고, 세미나 상담회 참여를 통해 얻을 수 있는 혜택을 명확하게 강조하는 것은 효과적인 홍보를 위한 중요한 전략입니다. 예를 들어 '부동산 투자', '주식 시장 전망', '세금 혜택' 같은 키워드를 포함하면 관련 정보를 찾는 잠재 고객에게 홍보 문구가 더 잘 노출될 수 있습니다. 또한 세미나 참여를 통해 얻을 수 있는 구체적인 혜택(예: 투자 전략 습득, 전문가 상담 기회 제공 등)을 명확하게 제시함으로써 고객의 참여 동기를 높일 수 있습니다. 투자 세미나 발표 자료 개요는 세미나의 핵심 내용을 파악하고, 이를 바탕으로 매력적인 홍보 문구를 작성하는 데 유용한 자료가 됩니다.

11-9 투자 보고서 작성 초안 생성(단계별 프롬프트)

- 프롬프트 1단계

> 다음 주제 [보고서 주제]에 대한 투자 보고서의 개요를 작성해 주세요. 포함되어야 할 주요 내용은 [포함 내용]입니다. (목적: 보고서의 전체적인 구조를 설정)

- 프롬프트 2단계

> 1단계에서 생성한 개요의 각 항목에 대한 구체적인 내용을 작성해 주세요. 필요한 데이터나 분석 결과가 있다면 이를 포함하여 상세하게 작성해 주세요. (목적: 각 섹션별 내용 구체화)

- **프롬프트 3단계**

  "2단계에서 작성한 내용을 바탕으로 보고서의 서론과 결론 부분을 작성하고, 전체적인 흐름과 논리성을 검토하여 수정이 필요한 부분을 제안해 주세요." (목적: 보고서 완성도 향상)

- **응용 프롬프트**

  "작성된 보고서를 [특정 고객]에게 맞춤형으로 요약하고, 고객의 투자 결정에 도움이 될만한 핵심 내용을 강조하여 3문장으로 요약해 주세요."

- **프로 팁**

  명확하고 논리적인 구조를 갖추고, 객관적인 데이터를 기반으로 작성하는 것이 중요합니다.

- **첨부 자료 예시**

  관련 경제 지표 데이터셋(CSV 파일).

투자 보고서는 고객에게 중요한 투자 정보를 제공하고, 투자 결정을 지원하는 핵심적인 자료입니다. 하지만 보고서 작성은 상당한 시간과 노력이 필요하죠. 제시한 프롬프트는 챗GPT를 활용하여 투자 보고서 작성 과정을 단계별로 지원합니다. 1단계에서는 보고서의 주제와 주요 내용을 바탕으로 전체적인 구조를 설정하고, 2단계에서는 각 항목에 대한 구체적인 내용을 데이터와 분석 결과를 포함하여 상세하게 작성합니다. 마지막 3단계에서는 서론과 결론 부분을 작성하고, 보고서의 전체적인 흐름과 논리성을 검토하여 수정이 필요한 부분을 제안합니다. 이러한 단계별 접근 방식은 보고서 작성 과정을 체계화하고 효율성을 높이는 데 도움이 됩니다. 보고서의 명확하고 논리적인 구조는 독자의 이해도를 높이고, 객관적인 데이터를 기반으로 작성된 내용은 보고서의 신뢰성을 높일 것입니다.

응용 프롬프트는 작성된 보고서를 특정 고객에게 맞춤형으로 요약하고, 고객의 투자 결정에 도움이 될만한 핵심 내용을 강조하여 3문장으로 요약하도록 합니다. 이는 고객에게 필요한 핵심 정보만을 간결하게 전달함으로써 정보 과부하를 방지하고, 고객의 이해도를 높이는 데 효과적입니다. 특히 바쁜 고객에게는 긴 보고서 전체를 읽는 것보다 핵심 내용을 요약한 짧은 메시지가 더 유용할 수 있습니다.

투자 보고서를 작성할 때는 명확하고 논리적인 구조를 갖추는 것이 중요하며, 주관적인 의견보다는 객관적인 데이터를 기반으로 작성해야 합니다. 관련 경제 지표 데이터셋은 보고서의 분석 결과를 뒷받침하는 중요한 근거 자료로 활용될 수 있습니다. 이러한 데이터에 기반한 분석은 보고서의 신뢰성을 높이고, 고객에게 더욱 확신 있는 투자 조언을 제공하는 데 기여할 것입니다.

11-10 고객과의 관계 강화를 위한 맞춤형 감사 메시지 작성

- 프롬프트

> 최근 [고객과의 특정 상호 작용]이 있었던 고객 [고객 이름]에게 감사의 마음을 전달하고, 지속적인 관계를 희망하는 내용의 짧고 진심 어린 감사 메시지를 작성해 주세요.

- 응용 프롬프트

> 위의 메시지에 고객의 투자 성향이나 관심사를 언급하며 개인적인 관심을 표현하고, 고객에게 도움이 될만한 최근 투자 정보를 간략하게 함께 전달해 주세요.

- 프로 팁

  형식적인 문구보다는 고객의 이름과 상황을 구체적으로 언급하여 진정성을 보여주는 것이 중요합니다.

- 첨부 자료 예시

  고객 관리 시스템의 고객 정보 및 상담 기록.

고객과의 긍정적인 관계를 유지하고 강화하는 것은 장기적인 영업 성공의 핵심 요소입니다. 고객에게 감사의 마음을 표현하는 것은 관계 강화의 중요한 첫걸음이죠. 제시한 프롬프트는 최근 고객과의 특정 상호 작용이 있었던 고객에게 감사의 마음을 전달하고, 지속적인 관계를 희망하는 내용의 짧고 진심 어린 감사 메시지 생성을 지시합니다. 특정 상호 작용을 언급함으로써 메시지는 더욱 개인화되고 진정성 있게 느껴질 수 있습니다.

응용 프롬프트는 감사 메시지에 고객의 투자 성향이나 관심사를 언급하며 개인적인 관심을 표현하고, 고객에게 도움이 될 만한 최근 투자 정보를 간략하게 함께 전달하게 합니다. 이는 단순한 감사의 표현을 넘어, 고객에 대한 깊은 이해와 지속적인 관심과 고객에게 실질적인 도움을 제공하고자 하는 마음을 전달하는 것입니다. 고객의 투자 성향에 맞는 정보를 제공하는 것은 고객 만족도를 높이고, 신뢰를 구축하는 데 효과적입니다.

형식적인 문구보다는 고객의 이름과 상황을 구체적으로 언급하여 진정성을 보여주는 것이 중요합니다. 고객 관리 시스템에 기록된 고객 정보 및 상담 기록은 고객의 이름, 투자 성향, 관심사, 과거 상담 내용 등을 파악하는 데 유용한 자료가 됩니다. 이러한 정보를 바탕으로 작성된 맞춤형 감사 메시지는 고객에게 깊은 인상을 남기고, 긍정적인 관계를 지속하는 데 큰 도움이 될 것입니다.

연습할수록 좋은 결과가 나옵니다

이번 장에서 제시한 10가지 주제별 프롬프트를 사용하면 영업 담당자들은 잠재 고객 발굴, 맞춤형 투자 제안, 시장 분석 정보 전달, 고객 불만 처리, 투자 보고서 작성 등 다양한 증권사 영업 현장에서 마치 24시간 나를 도와주는 비서를 채용한 듯한 효과를 볼 수 있습니다. 다만 한 번에 완벽한 결과는 나오지 않습니다. 제안한 10가지 프롬프트를 수정하며 꾸준히 연습하고 실제 업무에 적용하다 보면 영업 성과를 향상시키고 고객과의 더욱 강력한 유대감을 형성하는 데 도움이 될 것입니다. 다만 챗GPT는 어디까지나 업무를 보조하는 도구입니다. 고객과의 신뢰를 구축하고 장기적인 관계를 유지하는 데 필수적인 인간적인 교감과 전문성은 여러분의 몫이며 생성형 AI로 결코 대체될 수 없다는 점을 명심해야 합니다.

Part 12

서비스 혁신 전략 수립하기

이주연 팀장은 NH증권 전략기획팀에서 근무하며 경영진에게 제출할 사업 확장 전략 보고서를 준비하는 중입니다. 고객 확보 경쟁이 치열해지는 증권 업계에서 차별화된 서비스와 수익원을 발굴하라는 과제를 받았는데, 기존 사업 분석부터 혁신적인 신사업 아이디어까지 포괄적인 전략을 단기간에 수립해야 합니다. 시장 자료와 경쟁사 분석 데이터는 많지만, 이를 체계적으로 정리하고 실행 가능한 아이디어로 발전시키는 것이 참 어렵습니다. 어떻게 하면 넘치는 자료들을 정리해 자사와 경쟁사 현황을 분석하고 참신한 신사업 아이디어를 도출할 수 있을까 고민입니다.

금융업, 특히 증권사는 빠르게 변화하는 시장 환경과 치열한 경쟁 속에서 지속적인 혁신이 필요합니다. 이번 장에서는 증권사의 자사 및 경쟁사 사업 현황 분석부터 신사업 발굴, 그리고 실행 전략 수립까지 챗GPT를 활용하여 체계적으로 접근하는 방법을 알아보겠습니다. 기업 프로필을 우선 정리해 분석의 기초 정보를 챗GPT에게 알려주고 경쟁사와의 경쟁 우위 요소 파악, 신사업 아이디어 도출 및 구체적인 실행 계획 수립에 이르는 프로세스를 살펴보겠습니다.

12-1 현재 상황 파악하기

증권사의 비즈니스 전략을 수립하기 위해서는 현재 기업의 포지셔닝과 경쟁 환경을 정확히 이해하는 것부터 시작해야 합니다. 이는 기업 프로필 분석, 최근 출시된 상품 및 서비스 혁신 사례 파악, 차별화 요소를 식별하는 것을 포함합니다. 이러한 분석을 바탕으로 기존 사업과 시너지를 낼 수 있는 신사업 아이디어를 도출하고, 각 아이디어의 실행 가능성과 기대 효과를 평가한 후, 구체적인 실행 계획으로 발전시키는 과정이 필요합니다. 이 모든 과정에서 챗GPT는 정보 정리, 아이디어 발상, 전략 구체화 등 다양한 측면에서 도움을 줄 수 있습니다.

NH증권의 기업 프로필과 경영 철학을 분석하고, 지난 1년간 출시된 주요 금융 상품 및 서비스 혁신 사례를 요약해 주세요. 특히 타 증권사와 차별화된 경쟁 우위 요소를 강조해 주세요.

다음은 'NH투자증권'의 기업 프로필, 경영 철학, 최근 1년간의 주요 금융 상품 및 서비스 혁신 사례, 그리고 차별화된 경쟁 우위 요소에 대한 분석임.

1. 기업 프로필
- 'NH투자증권'은 농협금융지주의 증권사로, 종합금융투자회사(IB, 리테일, WM, 트레이딩 등)를 아우르는 구조.
- 전국 농협 네트워크를 기반으로 지역 밀착 영업 강점 보유.
- 리테일 및 자산관리(WM) 부문에서 강력한 유통망과 고객 기반 확보.
- 'NH-Amundi자산운용' 등 계열사와의 시너지 창출 구조 확립.

2. 경영 철학
- 농협금융의 공공성과 수익성 간 균형 추구.
- 고객 신뢰 기반의 '장기관점' 투자를 강조.
- 리서치 기반 투자 전략과 WM 서비스 혁신을 통해 '고객 맞춤형 금융솔루션' 제공 목표.

3. 최근 1년간 금융상품/서비스 혁신 사례 요약

① 테마형 ETF 라인업 강화
- 'ACE 미국30년국채액티브H', 'ACE 글로벌자율주행액티브', 'ACE 테슬라밸류체인액티브' 등 고도화된 테마형 ETF 다수 출시.
- 'AI', '원자력', '글로벌 방산', '금 채굴기업', '자율주행' 등 2025년 투자 트렌드를 반영한 액티브 ETF에 집중.

② 포트폴리오 기반 WM 전략
- 자산군별 투자 테마와 'Focus ETF'를 결합한 월간 제안 방식 도입.
- 금리·환율·정책 변화 등 매크로 요소를 반영한 실전형 자산배분 전략 지속 제공.

③ Quant-Pick 및 데이터 기반 전략 제공
- 계량분석 기반의 전략 ETF와 포트폴리오 추천 강화.
- 금리 방향성, 트럼프 정책, AI 투자 심리 등 변동성 요인 반영한 핀셋형 전략 제시.

4. 타 증권사 대비 차별화된 경쟁 우위 요소

① 농협 계열 기반의 전국 네트워크
- 전국 단위 농협 지점을 통한 유통망 확보로 지역 기반 고객 유치 및 시중 접근성 우수.

② WM/리테일 중심의 ETF 활용 역량
- 고객 성향에 따라 ETF를 통한 분산 투자 및 리스크 관리 전략 제공 역량 탁월.
- 타 증권사가 PB 중심의 고액자산가 서비스에 집중하는 반면, '대중자산가 + 지역 고액자산가' 이중 전략 추진.

③ '정책 트레이딩' 반영한 리서치-ETF 연계 전략
- 트럼프 2.0', 'AI 인프라', '금리전환' 등 정책 변화 흐름을 빠르게 ETF에 반영하여 고객에 제안.

- 특히 FOMC 및 트럼프 정부 정책, CES와 같은 글로벌 이벤트와 ETF 전략 연계 수준이 높음.

여기에서 필요 시 'WM 영업 전략'이나 '고객별 포트폴리오 적용 사례', '경쟁사 비교 분석'도 추가로 정리 가능. 더 구체적인 사례나 비교 대상 증권사가 있다면 알려줄 것을 요청할 것.

기본적인 프롬프트로도 꽤 쓸만한 답변을 받았습니다. 조금 더 디테일한 주문을 하고 싶다면 이런 방식이 있습니다.

고급 프롬프트

[역할] 금융 산업 전문 컨설턴트로서
[목표] NH증권의 포괄적인 기업 분석과 미래 사업 방향성 제시
[세부 요청]
1. 기업 프로필 분석:
    - NH증권의 설립 배경, 핵심 가치, 경영 철학 요약
    - 주요 사업 영역 및 시장 내 포지셔닝
    - 최근 3년간의 재무 성과 및 주요 지표 변화 분석

2. 혁신 사례 분석:
    - 지난 12개월 내 출시된 주요 금융 상품 3가지와 각각의 시장 반응
    - 디지털 트랜스포메이션 관련 주요 서비스 혁신 사례
    - ESG 경영 관련 주요 이니셔티브

3. 경쟁 우위 분석:
   - 미래에셋, 삼성증권, NH투자증권 등 주요 경쟁사 대비 차별화 요소
   - 고객 경험, 상품 다양성, 수수료 체계, 리서치 품질 측면에서의 비교
   - SWOT 분석을 통한 NH증권의 강점과 약점, 기회와 위협 요소

[형식]
각 섹션별로 명확한 소제목을 사용하고, 핵심 내용은 불릿 포인트로 간결하게 정리해 주세요. 데이터에 기반한 인사이트와 객관적 평가를 중심으로 작성해 주세요.

이번에는 주제를 바꿔볼까요? 신사업 아이디어를 도출해 보겠습니다.

NH증권의 기존 사업 영역과 시너지가 날 수 있는 신사업 아이디어를 5가지 제안해 주세요. 새로운 투자 상품이나 고객 맞춤형 서비스를 포함하되, 각 아이디어별로 목표 고객층, 예상 수익 모델, 경쟁사 대비 차별점을 구체적으로 설명해 주세요.

아래는 'NH투자증권'의 기존 사업역량(리테일/WM, ETF/IB, 농협 계열 네

트워크 등)을 활용하여 시너지를 창출할 수 있는 신사업 아이디어 5가지 제안임. 각 아이디어는 목표 고객층, 예상 수익 모델, 경쟁사 대비 차별점을 포함함.

1. AI 기반 농산물 수급 연동 ETF 서비스 ('NH-Agri테마 ETF')
- 개요: 농협경제지주와 협력하여, 농산물 생산·유통 데이터를 기반으로 가격 변동성과 연계된 ETF 개발. AI로 지역별 수급/기상/물류 패턴 예측.
- 목표 고객층: 농업 종사자, 농협 고객, ESG 관심 투자자.
- 수익 모델: ETF 운용 수수료 + 농산물 선도계약 서비스 연계(커버드 콜 등).
- 차별점: 전국 농협조합 실시간 데이터 접근 가능. 단순 가격 추종이 아닌 공급망 연계형 ETF는 국내 최초.

2. 고령 농촌 고객 대상 '디지털 자산관리 컨시어지' 서비스
- 개요: 은퇴 고령층 대상 오프라인 기반의 디지털 자산관리 매니저 배치(농협 지점+NH WM), 음성지원 포트폴리오 앱 포함.
- 목표 고객층: 60세 이상 농촌 거주 고객, 디지털 접근 취약계층.
- 수익 모델: 자문형 랩 수수료 + 연계 금융상품 판매(리츠, 채권, 배당 ETF 등).
- 차별점: 농협 브랜드 신뢰도 + 농촌 고령층 접근성 확보. '디지털 포용 금융' ESG 요소 충족.

3. 트럼프·AI 정책 연동 액티브 ETF 시리즈 ('NH GeoPolicy ETF')
- 개요: 미 대선/무역/국방 정책 방향에 따른 테마형 ETF 시리즈 (예: AI 전력, 원자력, 반도체, 방산 등).
- 목표 고객층: 정책 테마 투자자, 젊은 액티브 투자자, 글로벌 ETF 수요자.
- 수익 모델: ETF 운용수수료 + NH증권 리서치 콘텐츠 유료 구독 서비스

연계.
- 차별점: 자체 리서치 기반의 '정책 + 섹터' 연동형 ETF는 경쟁사 대비 선도적. 특히 미국 대선 정책 반영 속도 빠름.

4. **로컬 부동산·토지 자산 연계형 부동산 디지털 펀드 플랫폼 ('농촌리츠 마켓')**
- 개요: 전국 농협 네트워크를 통해 확보한 토지, 임대 상가 등을 기반으로 리츠/부동산 수익증권 투자 플랫폼 운영.
- 목표 고객층: 소액 부동산 투자자, 농촌 커뮤니티 참여형 투자자.
- 수익 모델: 부동산 관리/운용 수수료 + NH리츠운용과 연계된 신탁 서비스.
- 차별점: 전국 단위 오프라인 소유자 연결 기반. '농촌 리츠'는 공공성+수익성 동시에 추구.

5. **ESG 연계 청년농 후계자 투자 펀드 ('그린파머스 펀드')**
- 개요: 청년농 창업·시설 확장 등을 위한 투자펀드. NH은행/농협경제지주와 협력하여 농업금융+VC형 자금지원 결합.
- 목표 고객층: 청년농업인, ESG 투자자, 사회적 임팩트 관심 투자자.
- 수익 모델: 펀드 운용보수 + IRR 기반 수익배분 + 정부 ESG 보조금 연계 가능성.
- 차별점: 금융 기관 주도의 실질적 청년농 육성 투자 구조. 농협 연계로 실물 파악/현장 심사 가능.

각 아이디어는 NH증권이 보유한 농협 인프라, ETF 상품력, WM 자산관리, 리서치 조직과의 시너지가 가능하며, 공공성과 수익성을 동시에 추구하는 농협금융의 철학에도 부합함.
원하는 아이디어에 대해 사업계획서 또는 실행계획으로 구체화도 가능함. 필요 시 알려줄 것.

마지막 부분이 보이시나요? 챗GPT는 질문에 대한 답변에 더해 자신이 무엇을 더 해줄 수 있는지까지 제안합니다.

12-2 신사업 아이디어 구체화 및 응용

좀 더 깊이 아이디어를 전개해 보겠습니다. 더 구체적인 아이디어를 위해서는 프롬프트가 더 상세해져야 합니다. 이후 실행 계획까지 바로 요청해 보겠습니다.

제가 제공한 프롬프트로 결과를 받아본 후 여러분의 회사에 맞게 수정해서 다시 한번 실습해 보시기 바랍니다.

[역할] 금융 혁신 전략 컨설턴트로서
[맥락] NH증권은 전통적인 증권 비즈니스 외에 새로운 성장 동력을 발굴하고자 합니다. 최근 금융 소비자들의 디지털 채널 선호도 증가, MZ세대의 투자 참여 확대, ESG 투자 중요성 부각, 자산관리 고도화 요구 등 시장 트렌드가 두드러지고 있습니다.
[목표] NH증권의 기존 역량을 활용하면서 새로운 시장 기회를 포착할 수 있는 혁신적인 신사업 아이디어 5가지 제안
[세부 요청]
각 신사업 아이디어에 대해 다음 요소를 포함해 구체적으로 설명해 주세요:

1. 사업 개념: 핵심 서비스/상품 및 차별화 포인트
2. 목표 고객층: 주요 타겟 세그먼트와 그들의 페인포인트
3. 예상 수익 모델: 주요 수익원 및 수익 구조
4. 필요 역량: 이 사업을 위해 NH증권이 보유하거나 개발해야 할 핵심 역량
5. 경쟁 환경: 유사 서비스를 제공하는 경쟁자 및 NH증권만의 차별화 전략
6. 리스크 요소: 고려해야 할 주요 리스크와 관리 방안
7. 기대 효과: 예상되는 정량적/정성적 성과 및 기존 사업과의 시너지

[중요 고려 사항]
- NH증권의 기존 강점인 리서치 역량, 고객 네트워크, 디지털 플랫폼을 활용할 수 있는 아이디어
- 최근 금융 산업의 디지털화, 개인화, 지속가능성 트렌드를 반영
- 실현 가능성과 혁신성을 균형 있게 고려
- 국내 금융 규제 환경 내에서 실행 가능한 아이디어

[형식]
각 아이디어마다 명확한 제목을 부여하고, 구조화된 형태로 제시해 주세요. 필요시 참고할 수 있는 유사 사례나 성공 사례도 간략히 언급해 주세요.

추가로 실행 계획까지 요청해야겠습니다.

위 5가지 아이디어 중에서 'OOO'을 실행하기 위한 구체적인 액션 플랜을 작성해 주세요. 6개월 내에 수도권 영업점부터 파일럿 프로그램을 런칭하기 위한 단계별 실행 계획, 필요 리소스, 예상 비용, 성과 측정 지표를 포함해 주세요.

다음은 NH투자증권의 '로컬 부동산·토지 자산 연계형 부동산 디지털 펀드 플랫폼'(가칭 '농촌리츠마켓')을 수도권 영업점 대상으로 6개월 이내 파일럿 런칭하기 위한 액션 플랜임.

사업 개요 요약
- 사업명: 농촌리츠마켓 (가칭)
- 콘셉트: 농협 계열 네트워크 기반의 부동산 기초자산을 활용한 디지털 분산형 리츠 플랫폼
- 포지셔닝: '지역 기반 실물자산 + 공공성 + 수익성' 결합형 대체투자 상품
- 운영 방식: 리츠 및 부동산 수익증권을 디지털 형태로 소액투자 유치 (핀테크 플랫폼 활용)

6개월 액션 플랜 (수도권 파일럿 기준)

월차	실행 항목	주요 내용	담당부서
1개월차	프로젝트 셋업	사업기획안 확정, TF팀 구성, 내부 보고	WM전략팀, 부동산금융팀
2개월차	기초자산 선정	농협 계열 유휴 부동산 3곳 선정 (수도권 근교 임대형/토지형)	NH리츠운용, NH농협지주
2개월차	법률 구조 협의	부동산 수익증권/리츠 형태 구조설계 (STO 포함 여부 검토)	법무팀, NH리츠운용
3개월차	플랫폼 UI 설계	투자 UI, 모바일 투자정보 대시보드, 예약청약 기능 포함	디지털기획실
3~4개월차	투자자 모집 채널 확보	수도권 영업점 내 우수 고객 대상 수요 조사 및 1:1 세미나	영업총괄, WM센터
5개월차	시스템 테스트	모의 투자 시뮬레이션, 리츠 수익 분배 시나리오 적용	IT개발팀
6개월차	파일럿 런칭	수도권 5개 지점 대상, 한정 청약 오픈 / 홍보 페이지 오픈	영업점/마케팅팀

필요 리소스

인적 자원

- TF 조직: 10명 내외
  - 부동산금융 2인 / 법무 1인 / 디지털기획 2인 / IT개발 2인 / WM운용 1인 / 리서치 1인 / 외부 부동산 감정사 협력

기술 인프라
- NH투자증권 자체 앱 내 '대체투자 전용 메뉴' 연동 개발
- 부동산 실물·운영 데이터 연동 API 필요

제휴/외부 파트너
- NH리츠운용, 농협경제지주(부동산 자산 정보)
- 외부 감정평가사, 부동산자산관리(PM) 업체

예상 비용 (파일럿 기준)

항목	금액 (백만원 기준)	비고
플랫폼 설계 및 UI 개발	120	내부 인건비 포함
법률/감정/자산평가 외주	50	회계/법무 포함
리츠 등록 및 운용 초기비용	80	NH리츠운용 연계
오프라인 투자자 행사	30	수도권 WM센터 중심
마케팅/홍보 콘텐츠	20	브로슈어, 유튜브 콘텐츠
총 예상 파일럿 비용: 약 300백만원		

성과 측정 지표 (KPI)

구분	측정 지표	목표
투자자 유입	파일럿 투자자 수	300명 이상
자금 모집	투자금액 총합	20억원 이상
고객 반응	NPS (순추천지수)	+30 이상
기술 활용	투자 플랫폼 방문자	월 5,000명

| 내부 확산 | 참여 지점 확대 수 | 6개월 내 수도권 10지점 확장 계획 수립 |

마무리 포인트
- '농촌리츠마켓'은 NH증권의 농협 계열 자산 연결 역량과 리츠 운용 전문성, 핀테크 자산관리 플랫폼을 융합할 수 있는 대표적인 하이브리드 상품임.
- 'ESG/지방균형/공공성과 수익성의 균형이 가능하며, 2030세대 및 대체투자 확대 니즈를 충족할 수 있음.

원한다면 브로셔, 투자 제안서, 홍보 콘텐츠 시안도 작성 가능함. 추가 요청 바람.

실행 계획 수립을 더 자세히 요청하는 프롬프트를 소개해 드립니다.

[역할] 금융 혁신 프로젝트 관리자로서
[목표] 'OOO' 신사업의 성공적인 파일럿 런칭을 위한 상세 실행 계획 수립
[맥락] 이 프로젝트는 NH증권의 전략적 우선순위로 선정되었으며, 경영진은 6개월 내 수도권 5개 주요 영업점에서 파일럿 프로그램을 통해 검증 후 전국 확대를 계획하고 있습니다.

[세부 요청] 다음 요소를 포함한 포괄적인 실행 계획을 개발해 주세요:

1. 프로젝트 로드맵:
    - 월별 주요 마일스톤 및 단계별 세부 목표
    - 크리티컬 패스와 의존성 관계가 명확한 간트 차트 형식
2. 조직 및 인력 계획:
    - 핵심 프로젝트 팀 구성 (역할별 필요 인원수 및 스킬셋)
    - 내부 조직 vs 외부 파트너/벤더 활용 전략
    - 각 부서별 책임과 역할(IT, 마케팅, 법무, 컴플라이언스, 영업 등)
3. 기술 개발 및 인프라 계획:
    - 필요 시스템 개발/연동 일정 및 단계
    - 데이터 아키텍처 및 보안 고려 사항
    - 테스트 전략 및 품질 보증 계획
4. 규제 및 컴플라이언스 전략:
    - 관련 금융 규제 검토 및 승인 획득 프로세스
    - 필요 라이센스 및 인증 획득 계획
    - 개인 정보 보호 및 보안 규정 준수 방안
5. 파일럿 운영 계획:
    - 참여 영업점 선정 기준 및 범위
    - 영업점 직원 교육 및 변화 관리 계획
    - 고객 피드백 수집 및 활용 방법론
6. 예산 및 리소스 계획:
    - 항목별 상세 예산 (개발, 마케팅, 인력, 운영 등)
    - 투자수익률(ROI) 예측 및 계산 방법론
    - 주요 비용 리스크 및 관리 방안
7. 마케팅 및 고객 유치 전략:
    - 파일럿 대상 고객 세그먼트 및 타겟팅 전략
    - 커뮤니케이션 및 프로모션 계획
    - 초기 사용자 온보딩 프로세스

8. 성과 측정 프레임워크:
   - KPI 정의 및 측정 방법론
   - 데이터 수집 및 분석 계획
   - Go/No-go 의사 결정을 위한 평가 기준
9. 리스크 관리 계획:
   - 주요 프로젝트 리스크 식별 및 영향도 평가
   - 리스크별 완화 전략 및 컨틴전시 플랜
   - 이슈 에스컬레이션 프로세스
10. 파일럿 이후 확장 로드맵:
    - 파일럿 성공 시나리오별 확장 전략
    - 전국 롤아웃을 위한 준비 사항
    - 장기적 발전 방향성 및 제품 로드맵

[형식] 경영진 보고용 문서 형태로, 각 섹션은 명확한 소제목과 간결한 설명, 실행 가능한 액션 아이템으로 구성해 주세요. 시각적 요소(타임라인, 조직도 등)의 개념적 설명도 포함해 주세요.

위 프롬프트의 특징은 다음과 같습니다.

1. **산업 특화 지식 반영하기**: 증권업의 특성과 트렌드를 프롬프트에 포함시키면 더 관련성 높은 결과를 얻을 수 있습니다. 금융 규제, MZ 세대 투자 성향, ESG 투자 등 시장 트렌드에 맞는 키워드나 "자본시장법", "IB", "ECM", "프라임 브로커리지" 등 증권업 특화 용어를 포함해도 맥락이 더 선명해집

니다.

2. **단계적 접근 활용하기:** 복잡한 사업 전략 수립은 한 번에 모든 것을 요청하기보다 '현황 분석 → 아이디어 도출 → 실행 계획 수립'처럼 단계적으로 진행하는 것이 효과적입니다.

3. **평가 기준 명시하기:** 신사업 아이디어를 요청할 때는 평가 기준(실현 가능성, 수익성, 경쟁 우위 등)을 명확히 제시해야 더 실용적인 아이디어를 얻을 수 있습니다.

4. **구체적인 형식 요청하기:** 결과물의 형식(보고서, 불릿 포인트, 표 등)을 지정하면 정보를 더 효율적으로 활용할 수 있습니다.

5. **내부 자료 활용하기:** 프롬프트에 회사의 실제 데이터나 전략적 방향성을 반영하면 더 맞춤화된 결과를 얻을 수 있습니다. 단, 민감한 정보는 포함하지 않도록 주의하세요.

6. **규제 환경 고려:** 금융 규제 요건이 있다면 프롬프트에 명시하여 준수해야 할 가이드라인을 지키게 할 수 있습니다.

12-3 응용 프롬프트

지금까지 작성해 본 프롬프트를 응용하는 방법을 몇 가지 보여 드리겠습니다.

금융 상품 개발을 위한 프롬프트

[역할] 금융 상품 개발 전문가로서
[목표] MZ 세대를 위한 차별화된 투자 상품 개발 전략 수립
[맥락] NH증권은 20~30대 젊은 투자자 유치를 핵심 과제로 설정했습니다. 이들은 기존 금융 상품에 낮은 관심을 보이며, 디지털 자산, 테마 투자, 소액 분산 투자에 관심이 높습니다.
[세부 요청]
1. MZ 세대의 투자 성향 및 니즈 분석
2. 경쟁사의 MZ 세대 대상 투자 상품 벤치마킹
3. 차별화된 3가지 투자 상품 컨셉 제안 (각각 상품 구조, 수익 모델, 리스크 관리 방안 포함)
4. 디지털 채널을 통한 마케팅 및 판매 전략
5. 예상 시장 반응 및 성과 지표

디지털 혁신 전략 수립을 위한 프롬프트

[역할] 금융 디지털 트랜스포메이션 컨설턴트로서
[목표] NH증권의 모바일 트레이딩 시스템(MTS) 혁신 방안 도출
[맥락] NH증권의 MTS는 사용성과 기능 측면에서 경쟁사 대비 개선이 필요한 상황입니다. 특히 실시간 시장 분석, 맞춤형 알림, 커뮤니티 기능 등이 부족하다는 고객 피드백이 있습니다.
[세부 요청]
1. 국내외 증권사 MTS 트렌드 및 우수 사례 분석
2. 사용자 경험(UX) 관점에서 개선이 필요한 핵심 영역 5가지 식별
3. 각 영역별 구체적인 기능 개선 및 신규 기능 제안

4. 개발 우선 순위 및 로드맵 제시
5. 개선 효과 측정을 위한 KPI 제안

프롬프트 기법을 통합적으로 활용하면 더 효과적인 결과를 얻을 수 있습니다.

1. **시장 분석+신사업 아이디어 도출:** 먼저 시장 트렌드와 경쟁사 분석을 요청한 후, 그 결과를 바탕으로 신사업 아이디어를 도출하는 연계 프롬프트를 작성합니다.
2. **아이디어 검증+실행 계획:** 신사업 아이디어에 대한 SWOT 분석이나 타당성 검토를 먼저 요청한 후, 가장 유망한 아이디어에 대한 실행 계획을 수립합니다.
3. **고객 인사이트+상품 개발:** 특정 고객층(예: 은퇴 준비자, 초보 투자자)에 대한 심층 분석을 먼저 실시한 후, 그들의 니즈에 맞는 맞춤형 금융 상품 개발 전략을 수립합니다.

앞서 받은 챗GPT의 마지막 답변에서 홍보 콘텐츠를 만들어 준다고 한 것 기억나시나요? 이 신상품을 알리기 위해 홍보 콘텐츠 초안을 만들어 보겠습니다.

홍보 콘텐츠 시안을 작성해 주세요. 인스타그램, 유튜브 쇼츠, 틱톡 채널에 농촌리츠마켓 서비스를 2030세대의 흥미를 끌 수 있도록 텍스트와 이모지, 신조어, 유행어를 반영해서 작성해 주세요.

다음은 NH투자증권의 '농촌리츠마켓' 서비스를 2030세대 대상으로 홍보하기 위한 인스타그램 / 유튜브 쇼츠 / 틱톡 채널용 콘텐츠 시안임.
 2030세대의 소액 투자 욕구, ESG 관심, 지방 소멸 이슈, MZ 유행어 등을 반영한 구성.

🎯 공통 핵심 슬로건
"🌿 서울엔 월세, 시골엔 수익!
 지금, 🌾 농촌 땅으로 나도 리츠 투자자✌"
👉 '농촌리츠마켓'에서 1만원으로 시작하는 부동산 투자

📸 [1] 인스타그램 피드/릴스용 콘텐츠 시안
📌 텍스트 시나리오
1장
👉 "서울 집값? 그냥 구경만 했지…"
2장
😩 "월세는 나가고… 남는 건 텅장 💸"
3장
💰 "근데 농촌 부동산으로 월 수익 생긴다고?"

📝 "1만원으로 진짜 땅주가 된다고? 그게 실화임?"
5장
🌾 『농촌리츠마켓』에서
👉 농협 땅, 창고, 상가에 투자하고
👉 월배당 받고, 리츠 수익률까지 💰
6장
지금 👉 [NH투자증권 앱] > [농촌리츠마켓]
🔔 시드 작게, 수익 쏠쏠
MZ 전용 부동산 투자, 지금 시작해!

🎬 [2] 유튜브 쇼츠 스크립트 (15초 기준)
[🎬 씬1] (자막)
📍 "서울 원룸 월세: -70만"
📍 "농촌 리츠 투자 수익: +21만"
🎤 내레이션:
"아직도 집값 타령만 하니? MZ는 벌써 농촌 간다~"
[🎬 씬2] (자막)
🚜 "1만원으로 진짜 리츠 투자한 썰 푼다"
🎤 "농협 땅, 창고, 상가에 투자하고 월마다 이자 꽁꽁!"
[씬3] (마무리)
📍 "농촌리츠마켓 - 돈이 자라는 땅으로 간다 🌱"
🎵 트렌디한 비트 or 경운기 엔진 브금 + 리듬 자막

🎵 [3] 틱톡용 트렌디 챌린지/밈 시안
🎬 영상 아이디어
🎵 음악: NewJeans / IVE / 쇼미더머니 Hook 기반 or '서울에서 농사짓는 중' 바이럴 사운드

🎬 컷 구성:
1. "부동산 투자? → 오피스텔? 테헤란로? 비싸서 패스"
2. "농협 리츠로 땅 샀더니… 월마다 입금 💸"
3. "리얼 농지에서 🧑‍🌾 돈 농사짓는 중ㅋㅋ"
4. 📖 텍스트: #땅주챌린지 #지방리츠해봤니 #1만원으로땅주인 #농촌재테크 #찐투자템

✨ 해시태그 (공통 활용)
#농촌리츠마켓 #땅주챌린지 #2030재테크 #MZ투자템 #리츠입문 #소액투자 #NH투자증권 #부동산찐초보 #ESG투자 #부린이탈출

🎤 보너스 - 댓글 유도 문구
💬 "나도 진짜 땅 주인 가능?"
💬 "1만원으로 수익 나면 그거 진짜 인정ㅋㅋ"
💬 "농협 리츠라 신뢰감 미쳤다 ㄹㅇ"
⬇ 댓글로 궁금한 점 달아줘! 담당자가 직접 리플달고 리얼 상담해줌

필요 시 실제 포스트 디자인, 동영상 대본, 사운드 소스, 썸네일 문구까지 제작 가능함.
원하면 인스타용 세로형 이미지 디자인 시안도 바로 제작 가능. 요청 바람!

챗GPT가 써준 2030을 위한 홍보글에 비표준어가 들어가 있지만 수정하지 않았습니다. 이것도 챗GPT의 '능력' 중 하나니까요. 누가 클로드나 제미나이가 챗GPT보다 글을 잘 쓴다고 했나요?

이번 장에서는 NH증권의 혁신 아이디어 확보를 위한 챗GPT 활용법을 살펴보았습니다. 자사, 경쟁사 현황 분석부터 신사업 아이디어 도출, 구체적인 실행 계획 수립까지 단계별로 프롬프팅을 하며 결과를 받아보았습니다. 증권사 예시를 들었지만 다른 금융업 즉 은행이나 손해보험사, 생명보험사라면 각 업종의 특성과 트렌드를 반영하고 또, 규제 가이드라인이 있다면 함께 제공해야 할 것입니다. 위 프롬프트를 복붙해서 사용해 결과를 받아보면 금융사뿐 아니라 어떤 산업에도 응용 가능합니다. 챗GPT를 기획 도우미로 활용해 브레인스토밍이나 아이디에이션 회의라는 말만 들어도 가슴이 답답해지던 과거와는 작별하실 수 있을 겁니다.

Part 13

뉴스 정보를
보기 좋게 시각화하기

M증권사 리서치센터의 한지안 대리는 아침 회의가 끝나기가 무섭게 경제 뉴스 포털을 새로 고침합니다. 헤드라인에는 굵은 글씨로 "ELS 주도로 파생결합상품 시장 '봄바람'"이라는 기사가 떠 있고, 스크롤을 내리자 발행액 "15조 8 천억 원, KOSPI200 비중 70.9 %, 수익률 5.7 %…" 숫자와 퍼센트가 빗발칩니다.

"이번 기사로 본부장님 보고용 슬라이드 서너 장을 뽑아야 하니 점심 시간 전까지 차트부터 그려줘." 팀장님의 메시지가 채팅창에 번쩍 떠오르는 순간, 한 대리의 심장은 쿵쾅대기 시작합니다. 기사 속 지표는 흩어진 퍼즐 조각 같고, 무턱대고 엑셀에 옮겨 넣자니 제시간에 해낼 자신이 없습니다.

'뉴스 하나로 어떻게 핵심을 담은 차트를 만들지…. 그래, 챗GPT에게 차트 아이디어를 받아보자!' 한지안 대리는 브라우저 탭을 열어 챗GPT를 호출합니다. 그리고 오늘의 첫 질문을 합니다. "이 ELS 기사 데이터를 시각화하려면 어떤 그래프가 좋을까?"

13-1 데이터를 시각화하기

　직장인이라면 파워포인트나 엑셀을 이용해 차트나 도해를 그리다가 좌절한 경험이 있을 겁니다. 저 역시 그랬습니다. 보고서에 들어갈 막대 그래프 하나를 폼 나게 그리기 위해 반나절을 보내기도 했으니까요.

　이번 장에서는 챗GPT를 이용해 문서의 핵심 내용을 차트로 시각화하는 실습을 해보려고 합니다. 챗GPT의 고급데이터분석(Advanced Data Analysis) 기능을 이용합니다. 고급데이터분석은 파이썬이라는 프로그래밍 언어를 이용해 차트를 그릴 수 있습니다.

　먼저 시각화할 뉴스를 살펴보겠습니다.

ELS 주도로 파생결합상품 시장이 살아난다

2025년 1분기 파생결합증권 시장이 살아나고 있다! 발행액이 작년 같은 기간보다 21.5% 늘어난 15조 8000억원을 기록했고, 특히 주가연계증권(ELS)이 24.1% 증가하며 회복세를 주도했다. 홍콩 H지수 사태의 여파로 국내 지수 중심으로 재편되는 중이며, 투자수익률도 손실에서 흑자로 전환됐다.

파생결합증권 시장, 봄바람 타고 회복 중

금융시장에 따뜻한 바람이 불고 있다. 지난해 홍콩 H지수 사태로 얼어붙었던 파생결합증권 시장이 서서히 녹아내리는 모습이다.

금융감독원이 최근 발표한 자료를 들여다보니, 올해 1분기(1~3월) 파생결합증권 발행 규모가 꽤 인상적이다. 총 15조 8000억원이 발행됐는데, 이는 작년 같은 기간(13조원)보다 무려 2조 8000억원이나 늘어난 수치다.

가장 눈에 띄는 건 역시 <주가연계증권(ELS)>이다. ELS는 주가지수나 개별 종목의 움직임에 따라 수익이 결정되는 상품인데, 이번 분기에 10조원이 발행되며 전년 대비 24.1%나 급증했다.

왜 이렇게 늘었을까? 첫째, 해외 투자에 대한 관심이 커졌고, 둘째, 금리가 떨어지면서 상대적으로 수익률이 높은 ELS로 눈길을 돌리는 투자자가 많아졌기 때문이다.

흥미로운 변화가 하나 더 있다. <원금지급형> 상품의 비중이 51.7%로 늘어났다는 점이다. 원금지급형은 말 그대로 만기에 원금을 보장해주는 상품으로, 투자자들이 예전보다 안전을 더 추구하고 있다는 신호다.

특히 <녹인(Knock-In)형 ELS>의 인기가 높아졌다. 이 상품은 주가가 일정 수준 이하로 떨어지지 않으면 높은 수익을 보장하는 구조인데, 발행액이 2조 4000억원으로 작년보다 1조원이나 늘었다. 이 중 94.8%

가 '저 녹인형'으로, 주가가 크게 떨어져야만 손실이 발생하는 상대적으로 안전한 구조다.

홍콩 H지수 사태의 후유증은 여전히 시장을 지배하고 있다. KOSPI200을 기초자산으로 하는 ELS 비중이 70.9%까지 치솟았다. 2023년 1분기만 해도 52%였던 걸 생각하면 엄청난 변화다.

주요 기초자산별 발행 순위를 보면 KOSPI200 (4조 1000억원), S&P500 (3조 7000억원), EuroStoxx50 (3조 4000억원) 순이다 투자자들이 해외 지수보다는 우리가 잘 아는 국내 지수를 선호하게 된 것이다.

ELS를 누가 팔고 있는지도 달라졌다. 은행들이 H지수 사태 이후 ELS 판매를 중단하면서, 증권사를 통한 일반공모 비중이 38.1%로 껑충 뛰었다. 2023년엔 21.3%에 불과했던 걸 보면 판매 지형도가 완전히 바뀐 셈이다.

파생상품연계증권(DLS)도 나쁘지 않은 성적표를 받았다. 1분기 발행액이 5조 9000억원으로 전년보다 9000억원 늘었다. DLS는 금리, 원자재, 환율 등 다양한 기초자산에 투자하는 상품으로, ELS보다는 성장세가 완만하지만 꾸준히 자리를 지키고 있다.

발행은 늘었지만 상환액은 줄었다. 1분기 파생결합증권 상환액은 11조 5000억원으로, 작년 같은 기간(17조 7000억원)보다 6조 2000억원이나 감소했다. 이는 H지수 사태 이후 발행 규모가 줄어들면서 조기상환할 물량 자체가 적어졌고, 작년에 만기가 집중됐던 H지수 관련 상품들이 대부분 정리됐기 때문이다.

가장 반가운 소식은 <투자수익률의 극적인 개선>이다. ELS 투자손익률이 연 5.7%로, 작년 같은 기간보다 무려 14.4%포인트나 상승했다. 손실에서 이익으로 완전히 전환된 것이다. DLS도 연 4.6%의 수익률을 기록하며 1.9%포인트 개선됐다.

금융감독원은 최근 글로벌 증시 변동성이 커지고 있어 모니터링을 강화하겠다고 밝혔다. 특히 파생결합사채의 경우, 원금지급형이라고 해도 발행사의 신용 상태에 따라 원금 손실이 발생할 수 있다는 점을 강조했다.
파생결합증권 시장은 서서히 정상화의 길을 걷고 있다. 발행 잔액도 ELS 53조 1000억원, DLS 31조 5000억원으로 전년 말보다 각각 1조 4000억원, 1조 6000억원 증가했다.
헤지자산 평가금액(87조 5000억원)이 부채평가액(85조 8000억원)을 1조 7000억원 초과한 것도 긍정적인 신호다. 증권사들이 파생결합증권 운용을 위해 보유한 자산이 부채보다 많다는 뜻으로, 시장의 건전성이 유지되고 있음을 보여준다.

기사 전문을 복사해 챗GPT에게 붙여넣고는 프롬프트를 입력하겠습니다.

먼저 어떤 핵심 내용을 차트로 그릴지 물어봅니다.

아래 뉴스 기사에서 차트로 시각화해서 보여주면 좋을 내용을 정리해 차트의 종류와 차트 구성 요소를 포함해 작성해 주세요.

#뉴스
ELS 주도로 파생결합상품 시장이 살아난다 2025년 1분기 파생결합증권 시장이 살아나고 있다! 발행액이 작년 같은 기간보다 21.5% 늘어난 15조 8000억원을 기록했고, 특히 주가연계증권(ELS)이 24.1% 증가하며 회복세를 주도했다. 홍콩 H지수 사태의 여파로 국내 지수 중심으로 재편되는 중이며, 투자수익률도 손실에서 흑자로 전환됐다.

(하략)

시각화 주제	추천 차트 형태	필수 구성요소	강조/주석 아이디어
분기별 파생결합 증권 발행액 추이 (전체·ELS·DLS)	다중 선그래프 또는 누적 영역그래프	• 제목: "분기별 발행 규모 추세(2023~2025 1Q)" • X축: 분기(연-분기) • Y축: 발행액(조 원) • 범례: 전체, ELS, DLS • 데이터 라벨: 각 분기치	• 2025 1Q 끝점에 +21.5% 등 증감률 박스 • H지수 사태 시점 (2024 1Q)에 세로선·음영
ELS·DLS 발행액 비교 (2025 1Q)	그룹형 막대그래프	• 제목: "2025 1분기 ELS vs DLS 발행액" • X축: 상품 유형 • Y축: 발행액(조 원)	막대 위에 +24.1%·+18.0% 등 전년 대비 증감률 주석
ELS 내 원금지급형 비중 변화	도넛(파이) 그래프 2개 · 2024 1Q vs 2025 1Q	• 제목: "ELS 원금지급형 비중 확대" • 범례: 원금지급형 / 비지급형 • 중앙값: 51.7%	2025 도넛 중앙에 굵게 51.7% 표시
Knock In형 (특히 저 녹인) ELS 발행액	단일 막대 + 세부 분할 (스택)	• 제목: "Knock In ELS 발행 구조" • X축: 상품 유형 • Y축: 발행액(조 원) • 범례: 저 녹인 / 기타	막대 내부에 94.8 % 라벨로 '저 녹인' 우세 강조

기초자산별 ELS 발행 순위	수평 막대 그래프 (Top 4)	• 제목: "2025 1Q 기초자산별 발행액" • Y축: 지수명(KOSPI200 등) • X축: 발행액(조 원) • 정렬: 내림차순	KOSPI200 막대 끝에 70.9 % 점유 말풍선
판매 채널 변화 (은행 vs 증권사 공모)	100% 누적 막대 그래프 2기둥 · 2024 1Q, 2025 1Q	• 제목: "ELS 판매 채널 재편" • X축: 연도·분기 • Y축: 비중(%) • 범례: 은행, 증권사 일반 공모, 기타	2025 1Q 증권사 영역 위에 38.1 % 강조
ELS·DLS 투자수익률 변화	다중 꺾은 선그래프	• 제목: "투자수익률 반등" • X축: 연도·분기 • Y축: 연환산수익률(%) • 범례: ELS, DLS	2025 1Q 포인트에 +14.4 %p, +1.9 %p 상승 표시

뉴스 속 데이터에서 어떤 정보를 어떻게 차트로 그릴지 표로 잘 정리해 주었습니다.

이제는 추천해 준 차트를 그릴 시간입니다. 번호를 입력해 해당 차트를 그리도록 요청하겠습니다.

내가 번호를 입력하면 표에서 차트 기획 내용을 반영해 차트를 생성해 주세요.
1번.

챗GPT가 그래프를 그려주었습니다.

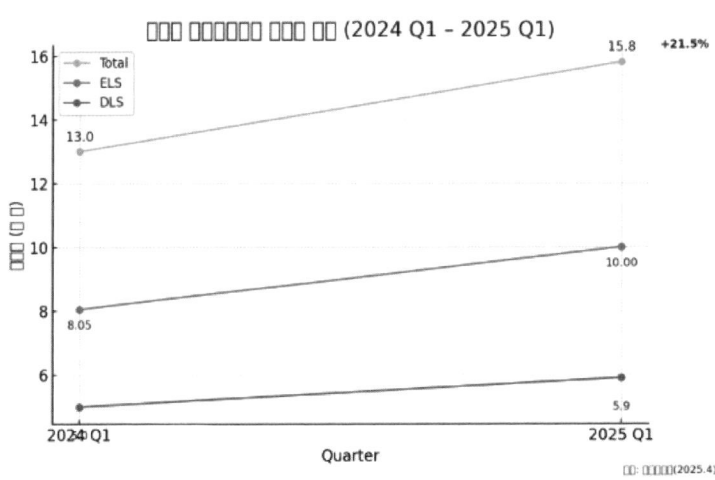

차트를 생성했지만 한글이 깨졌습니다. 챗GPT가 한글 대화는 잘하지만 차트 그릴 때는 한글이 깨지는 문제가 있습니다. 해결 방법으로는 한글 폰트 하나를 업로드해 주는 것입니다. 저작권에 문제가 없는 한글 폰트를 구글링해서 받고 업로드해 주겠습니다. 저는 '나눔고딕.otf' 파일을 업로드했습니다.

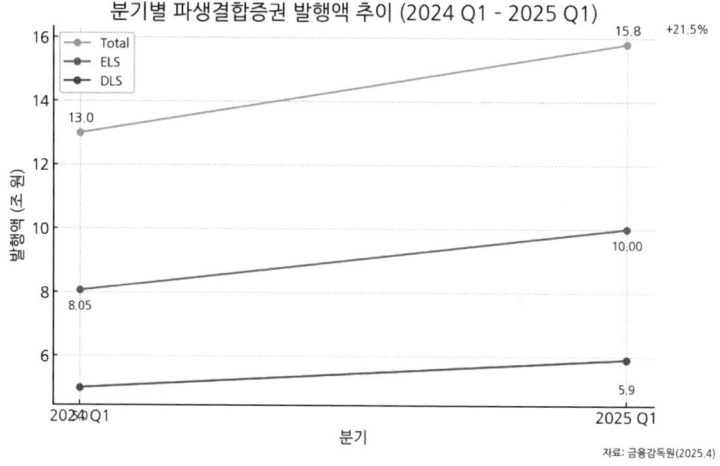

잘 해결됐습니다. 범례를 보니 총발행금액이 가장 위에 있고 ELS/DLS 순으로 차트가 생성되었습니다. 차트 유형을 한번 바꿔 보겠습니다. 막대 그래프로 그려달라고 요청하겠습니다.

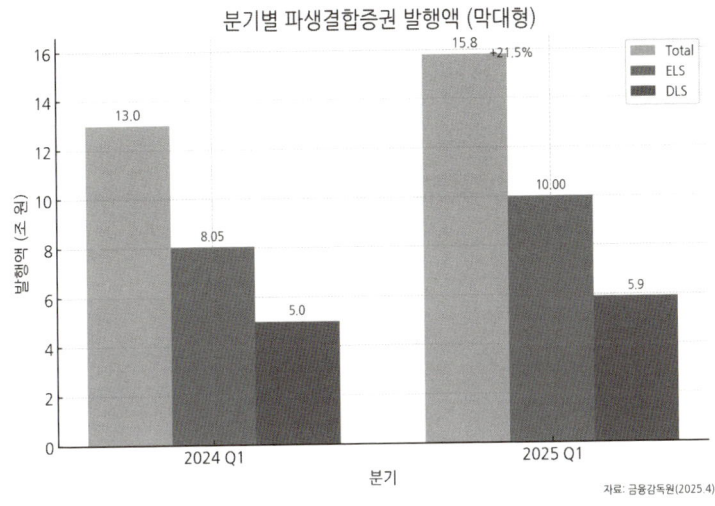

막대 그래프가 잘나왔습니다. 그런데 차트 간 간격이 없어 좀 답답해 보입니다. 막대의 너비를 기준으로 30% 정도 간격을 두어 다시 그려보겠습니다.

막대 너비의 30%로 막대 간 간격을 적용해서 다시 생성해 주세요.

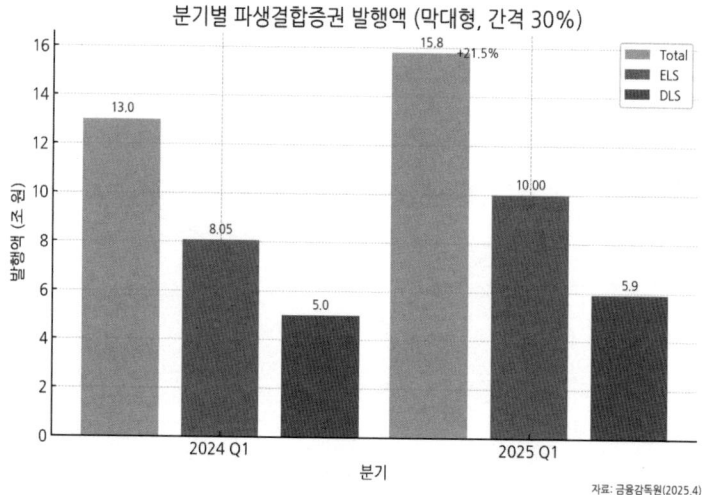

자세히 보니 차트 위에 몇 가지 기능 버튼이 있습니다. 첫 번째 버튼에 마우스를 올려보니 '인터랙티브 차트로 전환'이라고 알려 줍니다. 클릭해 보니 차트가 동적으로 바뀝니다.

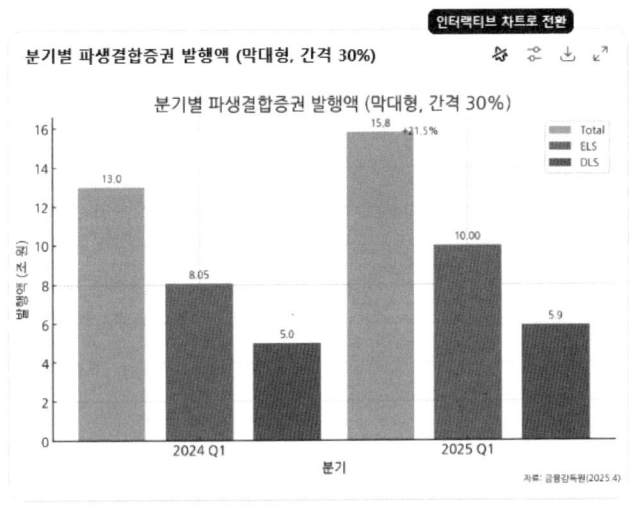

막대의 색을 바꿀 수 있는 두 번째 버튼이 활성화 됩니다. 막대 색을 바꿔보겠습니다.

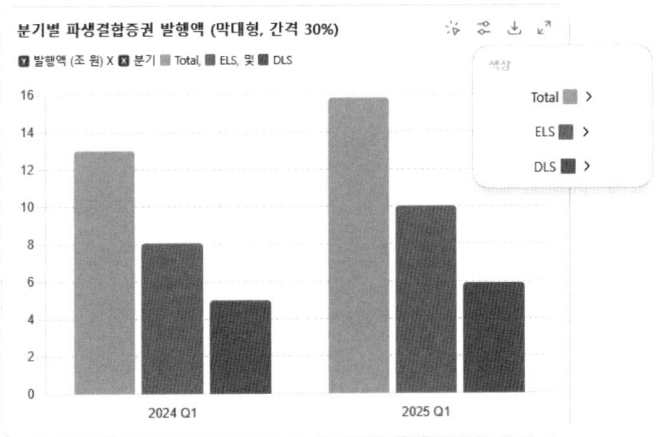

책에서는 색상 구분이 잘 되지 않으시겠지만 막대색이 바뀌었습니다.

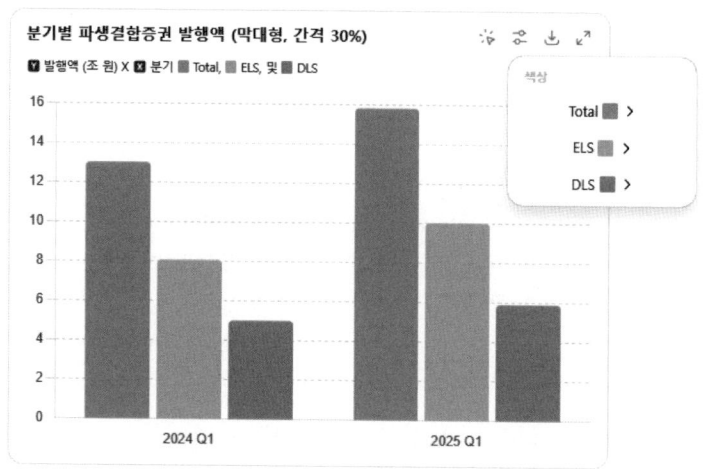

최초의 차트와 달리 막대 위의 수치가 사라지고 마우스를 올리면 수치를 보여줍니다. 이것이 인터랙티브 차트군요.

차트가 잘 정리됐으니 다운로드 버튼을 눌러 저장하겠습니다. 이미지 파일은 PNG 파일로 저장됩니다. 원하는 다음 번호를 선택해 계속 원하는 차트를 생성할 수 있습니다. 하나의 차트를 생성하는 데 약 10분 정도 걸린 것 같네요. 챗GPT의 차트 기능은 간편합니다. 문서에서 데이터를 추출하고 차트로 바꾸는 것이 하나의 대화에서 가능하니까요. 하지만 차트의 다양성이 부족합니다. 이럴 때 외부 도구의 힘을 빌어야 합니다.

13-2 외부 도구 이용하기: 감마, 냅킨

감마(Gamma)는 슬라이드 생성에 특화된 생성형 Ai입니다. 최근에 차트 기능이 추가되어 수치 데이터를 차트로 생성해 줍니다.

냅킨(Napkin)은 감마처럼 텍스트에 포함된 수치 데이터를 차트로 줍니다. 차이점은 템플릿 기반으로 수치를 반영해 준다는 점이고, 감마보다 수정 및 편집이 쉽습니다.

감마는 무료 가입 시 10번 정도 사용할 수 있는 크레딧만 제공하는 반면 냅킨은 기본 기능은 제한 없이 사용할 수 있습니다. 물론 커스텀 디자인 같은 고급 기능을 쓰려면 유료 가입을 해야 합니다.

감마와 냅킨으로 차트를 생성하기 위해 기존 챗GPT가 제안한 표 형식의 차트 리스트를 수치 중심으로 다시 생성해야 합니다.

위 표에서 차트의 속성 설명을 제거하고 차트에 필요한 수치 데이터만 뽑아서 리스트 형식으로 정리해 주세요.

다음처럼 감마와 냅킨이 잘 이해할 수 있는 문서를 생성했습니다. 먼저 감마로 가보겠습니다.

1. 분기별 발행액 추이
   - 2024 Q1: 전체 13.0 조원 / ELS 8.05 조원 / DLS 5.0 조원
   - 2025 Q1: 전체 15.8 조원 / ELS 10.0 조원 / DLS 5.9 조원
2. 2025 Q1 ELS·DLS 발행액
   - ELS 10.0 조원
   - DLS 5.9 조원
   - 전년 대비 증감: ELS +24.1 %, DLS +0.9 조원(+≈18 %)
3 ELS 원금지급형 비중
   - 2025 Q1: 원금지급형 51.7 % / 비지급형 48.3 %
   - (2024 Q1 비중: 기사에 수치 미제공)
4. Knock In ELS 발행 구조
   - 2024 Q1 발행액 1.4 조원
   - 2025 Q1 발행액 2.4 조원 — 이중 저 녹인 94.8 %(≈2.27 조원) / 기타 5.2 %(≈0.13 조원)
5 2025 Q1 기초자산별 발행액
   - KOSPI200 4.1 조원
   - S&P500 3.7 조원
   - EuroStoxx50 3.4 조원
   - Nikkei225 1.4 조원
   - KOSPI200 점유율 70.9 %(ELS 10 조원 대비)

6. ELS 판매 채널 비중
- 2025 Q1: 증권사 일반공모 38.1 %
- 2023 년: 증권사 일반공모 21.3 %
- (은행·기타 채널 세부 비중: 기사 미제공, 은행 판매는 중단된 상태)

7. 투자수익률(연환산) 추이
- ELS: 2024 Q1 8.7 % → 2025 Q1 5.7 %(+14.4 %p)
- DLS: 2024 Q1 2.7 % → 2025 Q1 4.6 %(+1.9 %p)

감마에 가입하고 '새로 만들기' 버튼을 누르면 다음과 같은 만들기 옵션이 나타납니다.

감마의 시작 페이지다.

우리는 제공할 텍스트가 있기 때문에 '텍스트로 붙여넣기'를 선택하고 챗GPT가 준비해 준 수치 데이터를 붙여넣습니다.

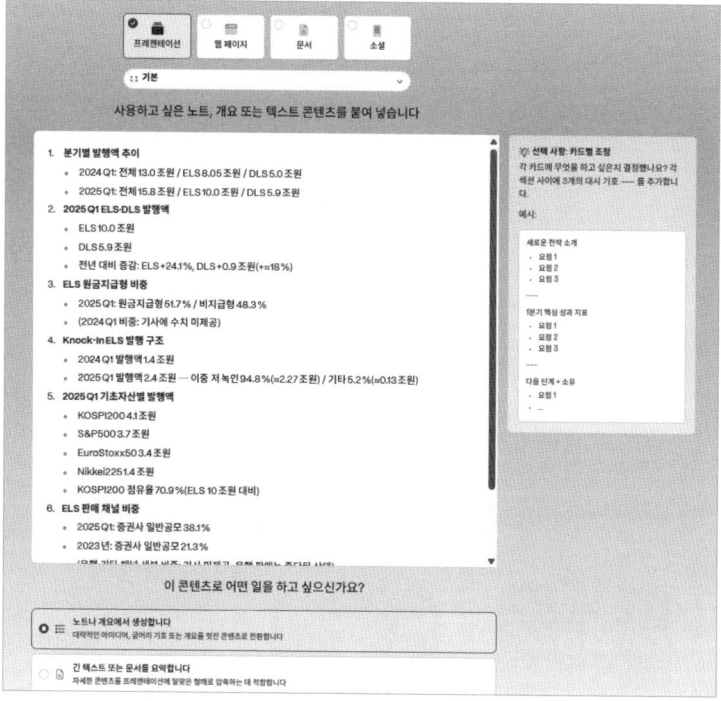

아래의 '어떤 일' 옵션에서 '노트나 개요에서 생성합니다'를 선택 후 가장 아래의 '프롬프트 에디터로 계속하기'를 누릅니다.

그럼 위와 같이 프롬프트 편집기가 나옵니다. 이때 중요한 것은 이대로 생성을 선택하면 감마가 임의로 데이터를 나눠서 슬라이드에 분배합니다. 즉 페이지마다 어떤 정보가 들어갈지 결정권을 넘겨주게 되는 것이죠.

페이지를 내가 원하는 대로 나누기 위해서는 페이지를 나눌 부분에 하이픈 세개(---)를 입력해 주시면 됩니다. 다음은 세 개의 페이지를 나눠본 화면입니다.

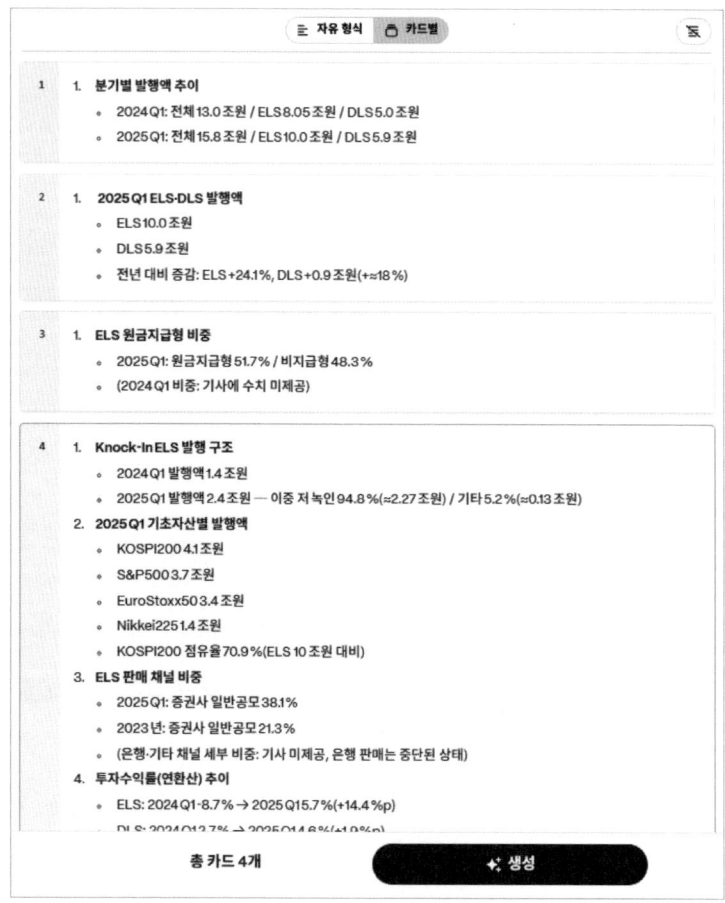

원하는 대로 페이지를 나누면 업데이트 된 카드 개수(현재 화면에서는 4개로 보임)를 확인하고 생성 버튼을 누르시면 됩니다.

이때 왼쪽의 '설정' 기능을 이용해 결과물의 길이나 문체, 어조,

언어, 이미지 스타일, 테마 등을 선택할 수 있습니다. 저는 기본값으로 두고 진행하겠습니다.

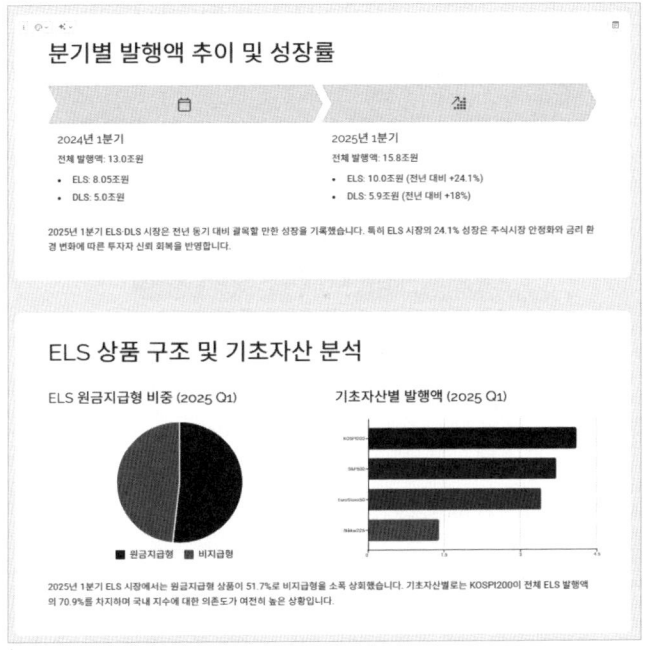

감마에서 슬라이드를 제작한 결과 화면이다.

결과 화면입니다. 아래 슬라이드는 차트를 잘 그려줬습니다. 위 슬라이드는 시각화하긴 했지만 원하는 차트가 나오지 않았습니다. 감마에서 한 번에 마음에 드는 차트를 그려줄 때도 있지만 입력한 데이터에 따라 차트로 생성되지 않는 경우도 있습니다. 또,

입력한 데이터 형식이 같더라도 감마는 단조로운 슬라이드 구성을 피하기 위해 다양한 스타일로 생성해 줍니다. 이게 감마의 장점이자 단점입니다.

감마에서 나와 냅킨의 도움을 받아보겠습니다.

냅킨 AI에 로그인하면 텍스트로 감마처럼 텍스트로 붙여넣을 수 있습니다. 챗GPT의 통계 텍스트를 다시 붙여넣습니다.

```
≋ 금융데이터 시각화 실습
  • 파생결합증권 발행 현황
    • ELS 발행액: 10조 원 (2024년 1분기: 8조 원) → 24.1% 증가
    • DLS 발행액: 5조 9,000억 원 (2024년 1분기: 5조 원) → 17.8% 증가
    • 전체 파생결합증권 발행액: 15조 8,000억 원 (2024년 1분기: 13조 원) → 21.5% 증가
   차트: ELS, DLS, 전체 파생결합증권 발행액을 비교하는 바 차트.
  • ELS 발행 유형별 변화
    • 원금지급형 ELS: 51.7% (2024년 1분기: 49.5%) → 비율 증가
    • 공모발행 비중: 83.7% (2024년 1분기: 86.3%) → 비율 감소
   차트: 원금지급형 vs. 비원금지급형 ELS 발행액 및 공모발행 vs. 비공모발행 비율 변화.
  • ELS의 기초자산별 발행액
    • KOSPI200: 4조 1,000억 원
    • S&P500: 3조 7,000억 원
    • EuroStoxx50: 3조 4,000억 원
    • Nikkei225: 1조 4,000억 원
```

시각화하려는 텍스트를 선택하면 왼쪽에 파란색 번개 아이콘이 나타납니다. 클릭해 주세요.

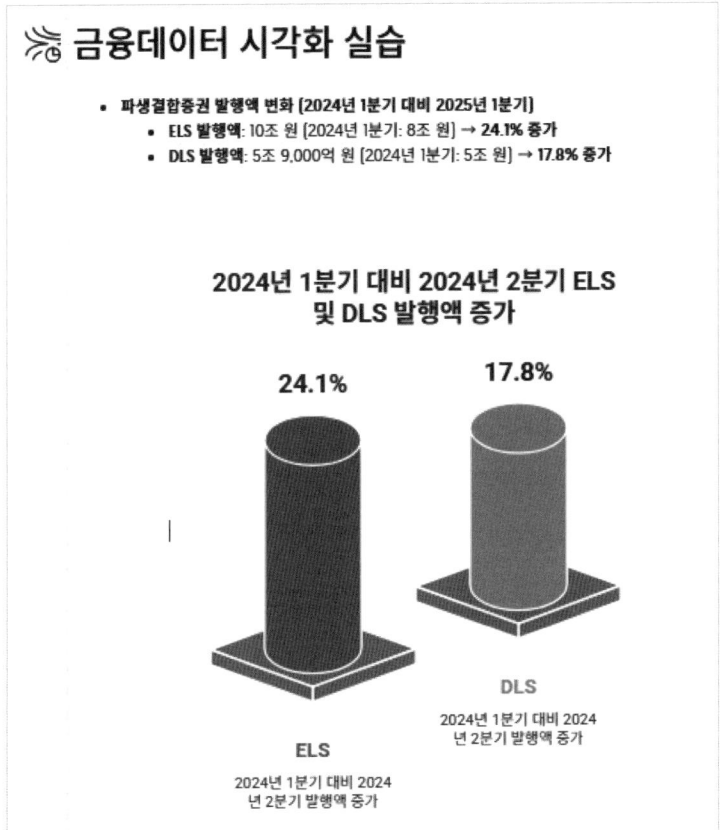

첫 번째 시각화 초안이 나왔습니다. 이미지에 마우스를 올리면 차트 색상을 바꿀 수도 있고 텍스트를 선택해 편집할 수도 있습니다. 준비가 끝났으면 이미지 오른쪽 위 다운로드 버튼을 눌러 다운로드 파일 형식을 선택하면 끝납니다.

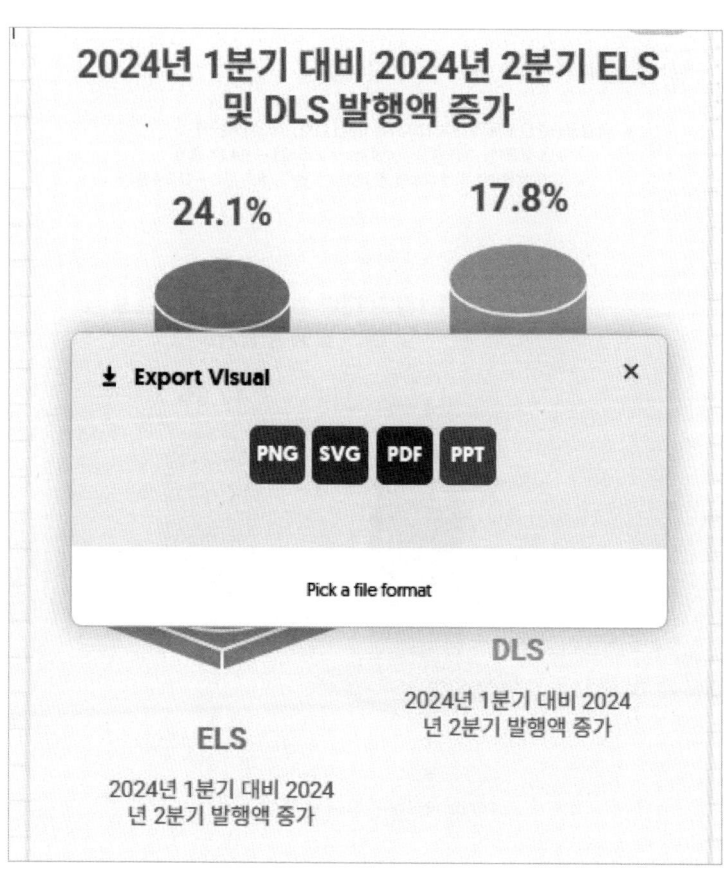

파일 형식을 선택하고 나면 몇 가지 옵션이 나타납니다.

- 컬러 모드: 배경을 흰색 또는 검정색 선택
- 백그라운드: 배경을 투명하게 할지 말지 선택
- 해상도: 1배, 2배, 3배 선택 가능

- 냅킨 로고 지우기: 유료 기능

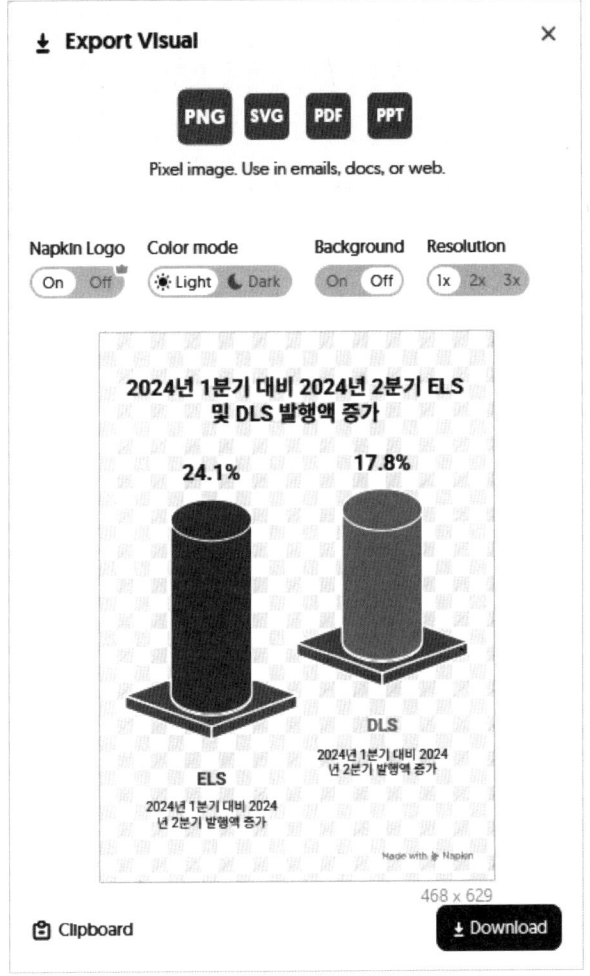

다운로드 없이 워드나 파워포인트로 가져가려면 좌측 아래의 'Clipboard'를 클릭해 복사해서 문서에 붙여넣을 수도 있습니다.

이번 장에서는 한지안 대리의 고민을 해결해 드렸습니다. 실무에서 사용하실 때는 첫째, 챗GPT로 문서파일이나 텍스트에서 시각화할 데이터 포인트를 우선 정리합니다.

두 번째로 챗GPT에서 생성해 봅니다. 차트의 형식이나 디자인을 대화를 통해 수정해 보세요. 다행히 챗GPT의 결과가 만족스럽다면 이 단계에서 마칩니다. 그렇지 않을 경우 다음 대안을 시도해 봅니다.

세 번째는 데이터 포인트 텍스트를 감마나 냅킨에 제공하고 차트를 생성해 봅니다. 두 도구 모두 실시간 수정이 가능합니다.

각 도구들의 장점과 단점이 분명 존재합니다. 저도 세 가지 도구를 함께 사용하고 있습니다. 당장은 아니지만 언젠가는 대부분의 요구를 만족시켜 주는 시각화 전문 생성형 AI가 나오지 않을까 싶습니다.

Part 14

트렌드 분석을 통한
신상품 아이디에이션

K손해보험사 마케팅팀에서 일하는 박태영 과장은 신상품 기획을 앞두고 고민에 빠졌습니다. 경쟁사들은 벌써 새로운 사회 트렌드를 반영한 상품들을 출시하고 있지만, 자신의 팀은 여전히 작년과 비슷한 상품 라인업을 개선하는 정도로 소극적인 상품 기획을 할 뿐입니다. '하, 우리도 시장 트렌드에 맞춰 새로운 니즈에 맞게 상품 기획을 해야 하는데…' 회의 중 한 팀원이 유명한 트렌드 분석서가 출간되었다는 소식을 전했습니다. 하지만 책 전체를 읽고 보험 상품과 연결시키는 작업은 시간도 많이 걸리고 주관적인 해석이 개입될 여지가 컸습니다. 이때 박 과장은 챗GPT를 활용해 트렌드 분석과 보험 상품 니즈 연결 작업을 효율적으로 진행할 수 있는 방법을 떠올렸습니다.

이번 장에서는 최신 트렌드 분석서를 기반으로 새로운 보험 상품의 필요성을 찾아내는 과정을 상세히 살펴봅니다.

14-1 문서를 기반으로 고객의 니즈 발굴하기

트렌드 분석은 소비자의 변화하는 요구를 예측하고 사전에 대응하기 위해 꼭 필요합니다. 하지만 넘쳐흐르는 트렌드 신조어를 쫓아다니다 보면 정작 신기루처럼 사라지고 마는 경우도 있습니다. 단순히 유행을 쫓는 것이 아니라, 근거를 바탕으로 잘 정리한 컨설팅 회사들의 공개 트렌드 리포트와 한국의 대표적인 트렌드 분석 도서를 참고해서 진짜 트렌드를 추출하고 그에 맞는 상품 기획을 하는 것이 중요합니다.

이번 분석에 사용한 트렌드 리포트 목록

보고서 제목	발행 기관(출처)
Tech Trends 2025	딜로이트 인사이트(Deloitte Insights)
The State of Fashion 2025	비즈니스 오브 패션(BoF) & 맥킨지 앤 컴퍼니 (McKinsey & Company)
Accenture Life Trends 2025	액센추어(Accenture)
Superagency in the Workplace:	맥킨지 앤 컴퍼니

복수의 문서와 웹 검색을 하고 정리하는 난이도가 높은 과제입니다. 이번 과제에는 o3 모델이나 GPT-5 씽킹 모델을 써서 더 깊은 추론을 하도록 유도합니다. 앞서 소개한 네 가지 문서를 첨부하고 다음과 같이 요구했습니다.

첨부한 문서들은 글로벌 컨설팅 회사들의 2025년 산업별 트렌드 보고서입니다. 한국의 대표적인 트렌드 분석 도서 '트렌드 코리아 2025'의 핵심 내용을 비교해 한국과 글로벌에서 공통적인 트렌드를 찾아 정리하세요.

1. 공통의 트렌드가 창출하는 손해보험 상품 니즈를 추론해 정리하세요.
2. 해당 니즈와 관련된 기존 상품과 기존 손해보험 상품에서 채워주지 못하는 니즈를 비교 분석하세요.

① 글로벌 4대 리포트 vs 《트렌드 코리아 2025》 — 공통 핵심 트렌드

공통 키워드	글로벌 리포트 근거	《트렌드 코리아 2025》 키워드[1]	교차 의미
디지털·AI 신뢰	▶ 'Cost of Hesitations'—신뢰 위기 ▶ 딜로이트 'Cyber & Trust'와 양자시대 보안	S.N.A.K.E. Sense (진짜·가짜 식별 능력 강화)	온라인 사기·딥페이크 등 디지털 위험 급증
AI 대중화 & 에이전틱 AI	▶ 'Discovery Reinvented' (AI 큐레이션) ▶ 'Agentic AI / SLM' 흐름	페이스테크 (일상 속 AI·생체 기술), 원포인트업 (즉시 강화 솔루션)	AI가 생활·업무 흐름에 내재 (Embedded)
가치·가격 민감성	▶ 'Value Shift'—실속 소비 확대 ▶ 'Impatience Economy'—즉시·저렴 해결	아보하 (아껴 쓰고 보람 찾기), 토핑경제	모듈형·저가형 상품 선호
MZ → 50+ '실버' 전환	▶ 'Silver Spenders'— ▶ 50대 이상 구매력 부상	옴니보어 (다세대 혼합·시니어 파워)	고령층 맞춤 서비스·케어 수요
기후·지속가능성 리스크	▶ 패션리포트 'Sustainability Collective'	기후감수성	기후 재난·친환경 상품 니즈
공간·현실 융합	▶ 'Spatial Computing' 부상	물성·그라데이션 K (물질·공간 경험)	XR·디지털 트윈 위험 노출

[1] 키워드 전체: S.N.A.K.E. Sense, 옴니보어, 아보하, 토핑경제, 페이스테크, 무해력, 그라데이션 K, 물성 매력, 공진화 전략, 원포인트업, 기후감수성

② 공통 트렌드가 만드는 손해보험 신(新) 니즈

트렌드 → 위험· 손실 시나리오	예상 니즈	보험 설계 포인트
디지털·AI 신뢰 붕괴 · 딥페이크 금융사기, 가짜 쇼핑몰, 신원 도용	▶ 개인 사이버· 디지털 사기 손실 보장 ▶ AI 콘텐츠 오류· 명예훼손 책임 담보	▶ Parametric 방식 (피해 발생 시 정액 지급) ▶ 온라인 구매· 결제 API에 임베디드
AI 대중화 & Agentic AI · 소상공인·프리랜서의 AI서비스 운영 리스크	▶ AI 시스템 오작동· 지식재산 침해 책임보험	▶ 소규모· 월 과금형 마이크로 커버
가치· 가격 민감성	▶ '토핑'처럼 필요한 담보만 즉시 추가·제거	▶ 앱 기반 모듈형· 온디맨드 보험
실버 스펜더 확대 ▶ 혼자 사는 60+ 낙상·스미싱 피해	▶ 스마트워치 연동 낙상·고독사 긴급비용 ▶ 디지털 금융보호 특약	▶ 건강 데이터 연동 할인· 보상(UBI)
기후감수성 ▶ 국지성 호우·폭염 가전 고장	▶ 소형 주택· 가전 기후 파라메트릭 보험	▶ 기상 API 연계 자동 지급
공간·XR 융합 ▶ AR안경 파손, 가상 자산 해킹	▶ XR 디바이스 물적 손해·가상재산 손실	▶ 디바이스 시리얼· 지갑주소 기반 배상

③ 기존 상품과 미충족(Missing) 갭 비교

영역	대표 기존 상품 (국내)	충족 요소	미충족·개선 포인트
사이버 개인위험	▶ 단독 '개인정보보호보험' ▶ 가족 스마트폰 해킹 보장 특약	피싱· 해킹 손해 일부	• 딥페이크 음성· 영상 사기 불인정· 가상쇼핑· NFT 거래 손실 제외

AI 책임	▶ IT업체 E&O 보험	SW 배상	• 소상공인· • 1인 크리에이터 • 대상 부재· • AI 출력물 오류· • 저작권 침해 • 명시 안 됨
모듈· 온디맨드	▶ 1일 단기 여행· 운전자보험	짧은 기간	• 앱 내 실시간 • '토핑' 기능 제한· • 결제·플러그인 • API 부재로 • B2B2C 어려움
시니어 전용	▶ 실버치매·간병보험	중증질병· 입원	• 낙상· • 일상생활지원 • 소액담보 부족· • 디지털 금융· • 스마트홈 기기 고장 미보장·
기후 파라메트릭	▶ 농작물 재해보험(정부)	강우· 기온 지수형	• 개인 주택· • 가전 대상 상w품 미흡· • 즉시 지급 프로세스 • (자동화) 부재·
XR· 가상재산	▶ 고가 전자기기 파손 특약	기기 물적	• AR/VR 착용 중 • 타인 손해· • 가상 아이템 • 손실 미포함

④ 시사점 & 액션 아이디어

1. "One Click 토핑" 플랫폼
    o 모듈 담보를 위젯처럼 끌어다 붙이는 UI, 소비자 가치 민감성 대응
    o 월 구독(기본) + 사용 시점에 정액 과금 구조

2. AI & 디지털 신뢰 전용 라인
  - ㅇ 개인·중소 창작자를 위한 AI E&O Lite (콘텐츠 오류, Deepfake 배상)
  - ㅇ 온라인 거래 Escrow 연동 'Safety Tag' 인증으로 판매 채널 확보

3. '실버 테크+헬스' 패키지
  - ㅇ 스마트워치·IoT플러그와 제휴, 낙상·이상징후 탐지 → 즉시 보상
  - ㅇ 가족 알림·간병 매칭 서비스 포함 (Platform as a Service)

4. 기후 파라메트릭 확대
  - ㅇ 기상청 API·스마트전력계량기 연계, 폭염⋅한파로 인한 가전 고장 자동 지급
  - ㅇ ESG 포인트 적립해 친환경 제품 교체 유도

5. XR·메타버스 위험 특약
  - ㅇ 가상 부동산·아이템 손실, 사이버폭력 배상(민사/심리치료) 포함
  - ㅇ 제조사·플랫폼과 공동 마케팅해 생태계 조성

결론
공통 트렌드는 신뢰·가치·기후·고령화·AI 융합으로 수렴한다. 손해보험사는 ① 디지털 신뢰 보장, ② 모듈·온디맨드 가격 구조, ③ 데이터·API 기반 즉시 지급, ④ 시니어·기후 특화 담보를 결합해 '토핑경제형' 상품 포트폴리오를 설계할 때 경쟁 우위를 확보할 수 있다.

위 답변은 챗GPT가 약 10여 분 동안 제가 제공한 문서 4개의

내용과 웹에서 검색한 『트렌드 코리아 2025』의 내용을 살펴 정리한 결과입니다.

o3 추론 모델을 사용해서 상당히 깊이 있는 분석과 보험사에서 검토할 만한 구체적인 아이디어를 뽑아주었습니다.

14-2 플랫폼에 맞춰 홍보글 작성하기

이제 아이디어 하나를 선택해 요즘 트렌드에 맞는 온라인 이벤트 아이디어를 요청해 보겠습니다. 계속 같은 추론 모델을 사용합니다.

위 액션 아이디어 중 밀레니얼 고객 대상 1번 니즈를 소구하는 보험사의 온라인 이벤트 아이디어를 5가지 제안해 주세요.

#	이벤트 콘셉트	진행 방식	보험 니즈 → 참여자 경험 연결
1. "Deepfake? Real fake?" 라이브 퀴즈쇼	트위치·유튜브 동시 스트리밍 퀴즈 이벤트	- MC·보안 인플루언서가 딥페이크 영상·음성 10개를 실시간 제시 - 시청자가 '진짜/가짜' 투표 → 정답 누적 점수 상위 100명에 디지털 보장 토핑 3개월 쿠폰 지급	▶ 게임·방송 문화에 익숙한 밀레니얼이 딥페이크 위험을 체험 ▶ "틀려도 보험이 지켜준다" 메시지로 사이버 피해 보장 직관적 각인
2. "Phish & Chips" 인터랙티브 드라마	넷플릭스 '밴더스내치'식 선택형 웹드라마	- 주인공이 SNS 링크, 가짜 몰, 음성 사기 등 7가지 갈림길 마주함 - 시청자가 채팅 명령으로 결정을 내리면 즉시 다른 결말 재생 – 엔딩 후 "보장이 있었다면?" 시나리오 시청 + 가입 CTA	▶ 선택 결과마다 손실 크기 체험 → 보험 필요성 자각 ▶ 보험사 앱의 원클릭 토핑 담보 데모 화면 삽입
3. "내 휴대폰 해킹 지수 테스트" 챌린지	카카오·네이버 로그인 Oauth 이용 웹앱	- 5분 내 휴대폰·SNS 설정 스캔: 비밀번호 재사용, 2FA, 앱 권한 등 - 개인화 점수·위험 유형 리포트 생성 → SNS 공유 시 추첨 응모 - 점수 'RED' 이상은 사이버·모바일 보장 첫 달 50 % 할인	▶ 자신의 현 위험노출 수치를 시각화 → 행동 변화를 유도 ▶ 할인으로 On Demand 가입 장벽 ↓

4. "사기꾼을 잡아라!" 메신저 RPG	카카오톡 오픈채팅 기반 ARG'	- 보험사 봇 계정이 스토리·단서·퀘스트 전달 (피싱 이메일 분석, 가짜 URL 찾아내기 등) - 24시간 내 퀘스트 완료 시 NFT 뱃지 + 보장 무료 체험권 제공	▶ 밀레니얼의 메신저· 게임형 소통 선호 활용 ▶ NFT 뱃지로 디지털 자산도 보호 대상임을 자연스레 학습
5. "사이버 세이프티 데이" 버추얼 컨퍼런스	게더타운· 줌 하이브리드	- 2시간 온라인 컨퍼런스: 해커 Live Demo, 법률·금융보호 패널토크 - 부스 '보험 진단 부터 즉시가입' → 30초 모듈 담보 체험– 참가자 전원에 '딥페이크 검증 앱' 프리미엄 코드 지급	▶ 실제 해킹 시연으로 위험 현실감 극대화 ▶ 세션 중 QR 스캔 한 번으로 원 클릭 가입 UX 경험

다섯 가지 아이디어를 받아보았습니다. 다음 단계로 다섯 가지 중 하나의 아이디어를 선택해 이를 홍보하는 소셜미디어 글을 작성해 보겠습니다

타겟을 고려해 인스타그램 홍보글을 작성하려 합니다. 기존 K보

기존 K손해보험 이벤트 공지글 예시를 참고해 2번 아이디어를 홍보하는 인스타그램 글을 작성하세요.

#예시
챔피언 캣, 건강검진 받기 축구선수 손흥민과 함께한 반려묘 '썬캣'의 특별한 하루가 공개되었습니다! 영상 시청 후 댓글로 반려묘 건강에 대한 사연 또는 영상 감상평 및 손흥민 선수에게 응원의 한마디를 남겨주신 분들께 추첨을 통해 푸짐한 경품을 드립니다!
*일주일마다 새로운 이벤트가 열릴 예정이니 많은 관심 부탁드려요.
[캣셔널 손흥민 편 이벤트]

- 참여 기간: 5월 1일(목) ~ 5월 7일(수)
- 경품:
(반려인) 이마고 고양이 영양 간식 패키지 (10명)
(비반려인) 스타벅스 아메리카노 (50명)

※ 손흥민 선수 친필 싸인 축구공 (3명) 싸인 축구공을 원하시는 분은 댓글 앞에 **[축구공]**을 붙여주세요! 예: [축구공] 우리 고양이도 손흥민 선수처럼 건강하게 오래 뛰었으면 좋겠어요~ 영상 너무 감동적입니다!

- 당첨자 발표: 5월 15일(목)
- 참여 방법: ① K손해보험 공식 계정에서 손흥민 인터뷰 영상 시청! 스토리 하이라이트에서 바로 감상 가능 ② 유튜브 영상 댓글에 사연 or

감상평 작성!
반려묘 집사일 경우: 고양이 건강 관련 사연
비반려인일 경우: 영상 감상평 & 응원 댓글

#K손해보험 #K손보 #손흥민 #반려묘 #캣셔널 #건강검진이벤트 #감상평이벤트 #댓글이벤트 #축구공받자

"Phish & Chips" 인터랙티브 드라마 이벤트
당신의 클릭 하나가 운명을 바꾼다!
K손해보험이 준비한 몰입형 사이버 스릴러 속으로 지금 입장하세요.
딥페이크·피싱·가짜 쇼핑몰… 과연 당신은 안전할 수 있을까요?

[Phish & Chips - 선택은 당신의 것!]

참여 기간	8월 1일(금) ~ 8월 14일(목)
경품	・AirPods Pro (5명) ・디지털 사기 보장 '토핑' 3개월 무료 쿠폰 (100명) ・배스킨라빈스 파인트 모바일쿠폰 (200명)
당첨자 발표	8월 22일(금)

참여 방법
1. K손해보험 공식 계정 프로필 링크 ↗ 클릭!
   → 넷플릭스식 선택형 웹드라마 〈Phish & Chips〉 감상

2. 드라마 엔딩 후, 댓글로
o 가장 충격적이었던 사기 장면 또는
o "내가 택한 선택 & 이유"
　를 적고, 마지막에 응원 한마디 남기기!

3. 친구 태그 @___ 하면 당첨 확률 UP

BONUS! 드라마 속 위기에서 살아남지 못했다면?
댓글 앞에 [리셋] 달면 디지털 사기 보장 쿠폰 추가 추첨!

"진짜와 가짜를 구분하는 당신의 센스,
우리가 보험으로 더 강력하게 지켜드립니다."

#K손해보험 #PhishAndChips #인터랙티브드라마 #딥페이크 #피싱주의
#디지털보험 #토핑경제 #밀레니얼 #댓글이벤트 #에어팟프리

험의 자사 인스타그램 글을 예시로 주고 생성합니다.

　Phish & Chips 라니요! 예상치 못한 위트를 보여주었네요. 이벤트 타이틀로 영국의 대표적인 음식인 피쉬앤칩스를 비틀어 기막힌 카피를 작성해 주었습니다.

　이번 장에서는 글로벌 컨설팅사의 트렌드 보고서와 대한민국 대표 트렌드 도서의 내용 검색 결과를 기반으로 밀레니얼 세대들을 대상으로 한 새로운 니즈를 찾고 온라인 이벤트 아이디에이션까지 전개하는 방법을 살펴보았습니다. 후속 과제로 밀레니얼 대상 온라인 이벤트 아이디어와 인스타그램 홍보 카피 생성까지 손에 잡히는 이벤트 기획을 해주었습니다. 트렌드 분석으로 단순한 유행 쫓기가 아닌 체계적인 상품 개발까지 이르는 여정을 함께한 재치만점의 o3 또는 GPT-5 씽킹에게 박수를 보낼만하네요 다음 장에서는 보험 설계사 리쿠르팅을 위한 블로그 작성을 챗GPT와 함께 해 보겠습니다. 이번엔 챗GPT가 어떤 '서프라이즈'를 보여줄지 기대가 됩니다.

Part 15

리쿠르팅 글 작성하기

최태현 팀장은 K손해보험 마케팅팀에서 온라인 채널 관리를 담당하고 있습니다. 최근 회사는 우수한 LC를 채용하기 위한 캠페인을 시작했고, 최 팀장에게 블로그 콘텐츠 작성을 요청했습니다. 하지만 최 팀장은 SEO 최적화에 대한 지식이 부족하고, 단순히 회사 정보만 나열하는 것이 아니라 잠재 지원자들의 관심을 끌 수 있는 매력적인 콘텐츠를 어떻게 작성해야 할지 고민하고 있습니다. 최 팀장은 챗GPT를 활용해 이 문제를 해결하기로 결정했습니다.

금융 서비스 업계에서 SEO 최적화된 콘텐츠는 잠재 고객뿐만 아니라 우수한 인재를 유치하는 데도 중요한 역할을 합니다. 이번 장에서는 챗GPT를 활용해 보험사의 각 지역 조직에서 리쿠르팅을 위해 잠재 컨설턴트들을 발굴하기 위한 블로그 글을 단계별로 작성하는 방법을 알아보겠습니다.

보험사에서 강의를 하며 알게 된 것이 있습니다. 새로운 고객을 확보하는 것만큼 새로운 설계사를 리쿠르팅하는 것이 매우 중요하고도 어려운 업무라는 점입니다. 이번 장에서는 잠재 보험 설계사들이 관심을 가질만한 블로그 글을 단계적으로 작성하는 실습을 해보겠습니다. 이 블로그 글의 목표는 잠재 설계사들이 글을 읽고 관심을 가지게 만드는 것입니다. 좋은 글을 쓰는 것과 함께 검색 엔진에서 더 잘 노출될 수 있도록 하는 'SEO'도 고려해 프롬프트를 사용합니다.

SEO(검색 엔진 최적화)는 블로그 같은 웹 콘텐츠가 검색 엔진 결과 페이지에서 높은 순위를 차지할 수 있도록 최적화하는 과정을 말합니다. 금융 업계에서는 전문 용어가 많고 규제가 엄격하기 때문에 SEO 최적화와 함께 정확하고 신뢰할 수 있는 정보 제공이 균형을 이루어야 합니다. SEO는 전문적인 영역이며 어느 정도 학습 난도가 있습니다. 이 책에서는 SEO에 대해서 깊이 다루지 않습니다만 더 효과적인 블로그를 쓰기 위해서는 반드시 SEO에 대한 학습을 하시길 권합니다.

  우선 일반적인 블로그를 생성하는 프롬프트로 시작하고 그 다음 복잡한 글쓰기 작업을 여러 단계로 나누어 각 단계에서 챗GPT가 최적의 결과를 도출할 수 있도록 여러 단계의 프롬프트를 사용해 더 나은 블로그 초안을 받아보도록 하겠습니다. 우선은 기본 프롬프트를 사용해 답변을 받아보겠습니다.

K손해보험 설계사 채용을 위한 블로그 글을 작성해 주세요. 글의 제목은 "K손해보험과 함께 성장하실 주인공, 바로 당신입니다"입니다. 회사의 장점과, 설계사 지원방법에 대한 정보를 포함해 주세요.

K손해보험과 함께 성장하실 주인공, 바로 당신입니다
안녕하세요! K손해보험에서 함께 성장할 열정 넘치는 LC(Life Consultant)

를 모집합니다.

K손해보험의 장점

K손해보험은 국내 최고의 금융그룹인 KB금융그룹의 일원으로, 안정적인 기반과 탄탄한 네트워크를 자랑합니다. 당사와 함께라면 다음과 같은 혜택을 누릴 수 있습니다:

- 체계적인 교육 프로그램 제공
- 안정적인 수수료 체계
- 다양한 복지 혜택
- 성과에 따른 인센티브 지급
- 경력 개발 및 승진 기회

지원 방법

K손해보험 LC에 지원하시려면 아래 방법을 참고해 주세요:

1. 공식 홈페이지 채용 섹션 방문
2. 온라인 지원서 작성 및 제출
3. 서류 심사 후 면접 진행
4. 최종 합격 및 입사 교육

K손해보험과 함께 여러분의 새로운 커리어를 시작해보세요!

자세한 내용은 홈페이지를 참조하거나 고객센터(02-1234-5678)로 문의해 주시기 바랍니다.

이 기본 프롬프트는 필요한 요구 사항을 최소한으로 담고 있지만, SEO 최적화가 부족하고 단계별 접근이 아니어서 마음에 쏙 드는 고품질 콘텐츠를 생성하지 못했습니다. 또한 잠재 지원자들을 끌어들일 매력적인 요소가 많이 부족하다고 느껴질 수 있습니다.

기본 프롬프트는 다음 구성 요소를 넣어 간단히 작성했습니다.

1. **명확한 지시:** "블로그 글을 작성해 주세요"라는 지시로 문서 형식을 명시했습니다.
2. **주제 제공:** "K손해보험과 함께 성장하실 주인공, 바로 당신입니다"라는 제목을 제공했습니다.
3. **포함할 내용 언급:** 회사의 장점과 지원 방법이라는 기본적인 내용 요소를 포함했습니다.

하지만 이 프롬프트는 다음과 같은 부분이 부족합니다.

- SEO 최적화에 대한 언급이 없습니다.
- 구체적인 구조나 형식에 대한 지침이 없습니다.
- 대상 독자(잠재 지원자)의 관심사나 필요에 대한 고려가 없습니다.
- 결과물의 톤이나 스타일에 대한 지침이 없습니다.

다음은 더 체계적이고 최적화된 결과를 얻기 위한 멀티턴 프롬프트 전략입니다.

"K손해보험의 브랜드 신뢰와 설계사 직무의 매력을 반영하는 SEO 최적화 블로그 글을 작성해 주세요. 블로그 주제는 '[K손해보험과 함께 성장하실 주인공, 바로 당신입니다]'입니다. 아래 단계에 따라 순차적으로 진행해 주세요.

아이디어 브레인스토밍
해당 주제와 관련해 LC 지원자를 유치할 수 있는 정보와 K손해보험의 차별점을 부각할 수 있는 블로그 아이디어 5가지를 제안해 주세요. (예: 안정적인 수수료 체계, 교육/육성 프로그램, 커리어 성장 기회, 조직 문화, 실제 LC 인터뷰 등)

개요 작성
서론, 본론(중간 소제목 포함), 결론 구조로 글의 전체 흐름을 잡아주세요. 각 부분에 포함될 주요 메시지를 요약하여 작성해 주세요. (예: 서론-보험 업계의 커리어 트렌드, 본론-K손해보험 LC만의 강점, 결론-함께할 분들을 위한 메시지)

초안 작성
작성한 개요를 기반으로, 지원자 입장에서 이해하기 쉬운 문체로 블로그 초안을 작성해 주세요. 문장은 구체적이고 자연스럽게 구성하며, '설계사', '보험 영업', 'LC', 'K손해보험', '리쿠르팅' 등 SEO 키워드를 적절히 활용해 주세요.

편집 및 개선
초안의 문장 흐름과 가독성을 개선해 주세요. 핵심 메시지나 장점은 #굵은 글씨 또는 강조 문장으로 표현하고, #CTA(Call-To-Action) 문장을 자

> 연스럽게 삽입해 주세요. (예: #지금, K손해보험에서 당신의 가능성을 펼쳐보세요!)
>
> # 제목 및 메타 설명 제안
> 블로그 글의 핵심을 반영하면서도 검색 최적화에 유리한 #매력적인 제목과 #메타 설명을 각각 5가지씩 제안해 주세요"

이렇게 구조화된 프롬프트를 단계적으로 전달하면 결과가 얼마나 달라질까요? 한번 살펴보겠습니다. 위에 정리한 단계적 프롬프트를 순서대로 5단계에 걸쳐 사용했습니다. 제 요청은 생략하고 결과만 순서대로 확인하겠습니다.

15-1 아이디어 브레인스토밍

K손해보험의 LC 채용을 위한 매력적인 블로그 아이디어 5가지를 제안해 드립니다:

1. K손해보험만의 차별화된 수수료 체계와 인센티브 프로그램 - 업계 평균 대비 경쟁력 있는 보상 체계와 성과에 따른 추가 인센티브, 장기근속 보너스 등 금전적 혜택을 상세히 소개
2. 미래를 준비하는 K손해보험 LC 교육 시스템 - 신입 설계사를 위한 입

문 교육부터 전문가 양성 과정까지, 디지털 툴 활용법, 상품 지식, 고객 상담 스킬 등 체계적인 성장 지원 프로그램 소개
3. K손해보험 LC의 하루: 실제 설계사 인터뷰와 성공 스토리 - 다양한 배경을 가진 현직 설계사들의 일과, 고객 관리 노하우, 성공 비결을 생생한 인터뷰 형식으로 전달
4. 금융 전문가로 성장하는 K손해보험 LC 커리어 로드맵 - 신입 LC에서 팀장, 지점장으로 성장하는 경로와 각 단계별 역량 개발 기회, 다양한 커리어 패스 제시
5. KB금융그룹의 든든한 브랜드 파워: LC에게 미치는 긍정적 영향 - 국내 최고 금융그룹 소속으로서 누리는 고객 신뢰도, 브랜드 인지도 혜택과 그룹 내 다양한 시너지 기회 소개

15-2 개요 작성

서론
- 변화하는 금융환경에서 보험 설계사의 역할과 중요성 강조
- 단순 판매원에서 종합 재무설계 컨설턴트로 진화하는 LC 직무 소개
- K손해보험이 새로운 인재를 찾는 이유와 함께할 파트너에게 제공할 가치 언급

본론
1. KB금융그룹의 일원으로서 누리는 브랜드 파워
- KB금융그룹의 시장 위치와 신뢰도가 설계사 활동에 미치는 긍정적 영향

- 탄탄한 기업 기반이 제공하는 안정감과 고객 신뢰 획득의 용이성

2. 성장을 위한 체계적인 교육 및 지원 시스템
- 신규 LC를 위한 온보딩 프로그램과 초기 정착 지원
- 디지털 역량 강화 교육과 최신 금융 트렌드 학습 기회
- 1:1 멘토링 시스템과 선배 설계사의 노하우 전수 방식

3. 경쟁력 있는 보상 체계와 인센티브
- 업계 평균 대비 우수한 수수료 구조 설명
- 성과에 따른 다양한 인센티브 프로그램 소개
- 장기근속자를 위한 특별 혜택과 안정적 수입 창출 가능성

4. 무한한 성장 기회와 커리어 로드맵
- LC에서 팀장, 지점장으로 이어지는 성장 경로 제시
- 우수 설계사를 위한 특별 프로그램과 외국연수 기회
- 전문 분야 특화 가능성과 자신만의 영업 노하우 구축 방법

5. 실제 K손해보험 LC의 성공 스토리
- 다양한 배경에서 온 설계사들의 적응기와 성공 비결
- 초기 어려움을 극복한 사례와 현재의 성취
- 일과 삶의 균형을 유지하며 성공적인 커리어를 쌓는 방법

결론
- K손해보험 LC로서 시작하는 새로운 커리어의 가능성 요약
- 지원 방법과 선발 과정 안내
- 함께 성장할 열정 있는 인재들을 향한 초대의 메시지

15-3 초안 작성

K손해보험과 함께 성장하실 주인공, 바로 당신입니다

금융환경의 변화, LC 설계사의 새로운 시대가 열리다

금융 시장이 빠르게 변화하는 오늘날, 보험 설계사의 역할은 단순한 상품 판매자에서 고객의 인생을 함께 설계하는 종합 재무 컨설턴트로 진화하고 있습니다. 특히 K손해보험의 LC(Life Consultant)는 이러한 변화의 중심에서 전문성과 신뢰를 바탕으로 고객과의 든든한 관계를 구축하고 있습니다.
K손해보험은 더 많은 고객에게 가치 있는 보험 서비스를 제공하기 위해 함께 성장할 새로운 LC를 찾고 있습니다. 금융 분야에서의 새로운 도전과 성장을 꿈꾸는 여러분에게 K손해보험이 제공할 수 있는 기회와 가치를 소개합니다.

KB금융그룹의 일원으로서 누리는 브랜드 파워

K손해보험 LC로 활동한다는 것은 국내 최고 금융그룹의 브랜드 파워를 등에 업고 시작한다는 의미입니다. KB금융그룹의 탄탄한 신뢰도는 고객 접근성을 높이고, 영업 활동의 문턱을 낮추는 데 큰 도움이 됩니다. 보험 영업에서 가장 중요한 첫인상과 신뢰 형성이 KB라는 브랜드만으로도 한층 수월해집니다.
또한 KB국민은행, KB증권, KB캐피탈 등 그룹 계열사와의 시너지를 통한 교차판매 기회가 풍부하며, 이는 LC의 영업 활동 범위를 넓히고 안정적인 고객층 확보에 큰 강점으로 작용합니다. K손해보험의 리쿠르팅 과정에서 이러한 그룹 시너지 활용법에 대한 교육도 함께 이루어집니다.

성장을 위한 체계적인 교육 및 지원 시스템

K손해보험은 LC의 성공적인 정착과 지속적인 성장을 위해 체계적인 교육 프로그램을 운영하고 있습니다. 신규 설계사를 위한 기본 교육부터 전문 영역별 심화 과정까지, 단계별 맞춤형 교육을 통해 보험 상품 지식은 물론 고객 상담 기술, 디지털 툴 활용법 등 현장에서 필요한 실전 역량을 키울 수 있습니다.

특히 주목할 만한 것은 K손해보험만의 1:1 멘토링 시스템입니다. 신규 LC에게는 경험이 풍부한 선배 LC가 멘토로 배정되어 영업 현장의 생생한 노하우를 전수받을 수 있습니다. 이론적 지식을 넘어 실제 고객 만남부터 계약 체결까지 전 과정을 함께하며 실전 경험을 쌓을 수 있는 기회는 K손해보험 LC만의 특별한 강점입니다.

경쟁력 있는 보상 체계와 인센티브 프로그램

K손해보험은 LC들의 노력에 합당한 보상을 제공하기 위해 업계 최고 수준의 수수료 체계를 갖추고 있습니다. 기본 수수료율이 업계 평균 대비 우수한 것은 물론, 성과에 따른 다양한 추가 보상 프로그램을 통해 노력한 만큼 더 많은 수익을 창출할 수 있는 기회가 열려 있습니다.

분기별 인센티브, 연간 실적 보너스, 우수 설계사 시상 등 다양한 보상 프로그램은 지속적인 동기부여가 되며, 장기근속 설계사를 위한 특별 혜택은 안정적인 커리어 구축의 토대가 됩니다. K손해보험 LC는 단기적인 수익뿐 아니라 장기적인 자산 구축의 가능성까지 열려있습니다.

무한한 성장 기회와 커리어 로드맵

K손해보험에서는 LC로 시작해 팀장, 지점장으로 성장할 수 있는 명확한 커리어 경로가 제시됩니다. 역량과 성과에 따라 리더십 포지션으로 성장할 수 있으며, 조직 관리와 육성 능력을 발휘할 수 있는 기회가 주어집니다.

또한 우수한 성과를 거둔 LC에게는 외국 연수, 선진 금융 시장 견학 등 글로벌 시야를 넓힐 수 있는 특별한 기회도 제공됩니다. 자신만의 전문 영역을 구축하고 싶은 LC에게는 특화 분야(은퇴설계, 기업보험, VIP 고객 관리 등) 전문가로 성장할 수 있는 다양한 교육과 지원이 이루어집니다.

실제 K손해보험 LC의 성공 스토리

"처음에는 보험 영업에 대한 경험이 전혀 없었지만, K손해보험의 체계적인 교육 시스템 덕분에 6개월 만에 월 500만 원 이상의 안정적인 수입을 올릴 수 있게 되었습니다." - 경력 전환 후 2년차 LC 김미영

"은행원으로 15년간 일하다 K손해보험 LC로 새로운 도전을 시작했습니다. 기존 금융 지식을 활용하면서도 더 폭넓은 재무설계 서비스를 제공할 수 있어 개인적 성취감도 크고, 수입도 50% 이상 증가했습니다." - 전직 은행원 출신 5년차 LC 박은우

"육아로 경력이 단절되었다가 K손해보험 LC로 재취업했습니다. 유연한 시간 관리가 가능해 일과 가정의 균형을 유지하면서도 전문가로 인정받을 수 있어 만족스럽습니다." - 경력단절 후 재취업 3년차 LC 이수진 설계사

K손해보험과 함께 새로운 금융 전문가의 길을 열어가세요

K손해보험 LC는 단순한 직업이 아닌, 금융 전문가로서의 가치 있는 커

리어를 제공합니다. 안정적인 대기업의 브랜드 파워, 체계적인 교육과 지원, 경쟁력 있는 보상, 그리고 무한한 성장 가능성이 여러분을 기다리고 있습니다.

K손해보험 LC 지원 방법은 간단합니다. K손해보험 공식 홈페이지 채용 페이지를 통해 지원서를 제출하시거나, 전국 K손해보험 지점을 방문하여 상담받으실 수 있습니다. 서류 심사 후 면접을 거쳐 최종 합격자에게는 신규 LC 입문 교육 기회가 제공됩니다.

금융 시장의 변화 속에서 전문성을 바탕으로 안정적인 성장을 이루고 싶으신가요? 고객의 인생을 함께 설계하는 보람찬 일을 하고 싶으신가요? K손해보험과 함께라면 가능합니다. 지금, K손해보험 LC의 문을 두드려보세요.

15-4 편집 및 개선

K손해보험과 함께 성장하실 주인공, 바로 당신입니다

금융환경의 변화, LC의 새로운 시대가 열리다

금융 시장이 빠르게 변화하는 오늘날, 보험 설계사의 역할은 단순한 상품 판매자에서 고객의 인생을 함께 설계하는 <종합 재무 컨설턴트>로 진화하고 있습니다. 특히 K손해보험의 LC(Life Consultant)는 이러한 변화의 중심에서 전문성과 신뢰를 바탕으로 고객과의 든든한 관계를 구축하고 있습니다.

K손해보험은 더 많은 고객에게 가치 있는 보험 서비스를 제공하기 위해 <함께 성장할 새로운 LC>를 찾고 있습니다. 금융 분야에서의 새로운 도전과 성장을 꿈꾸는 여러분에게 K손해보험이 제공할 수 있는 기회와 가치를 소개합니다.

KB금융그룹의 일원으로서 누리는 브랜드 파워

<K손해보험 LC는 국내 최고 금융그룹의 브랜드 파워>를 등에 업고 출발합니다. KB금융그룹의 탄탄한 신뢰도는 고객 접근성을 높이고, 영업 활동의 문턱을 낮추는 데 큰 도움이 됩니다. 보험 영업에서 가장 중요한 첫인상과 신뢰 형성이 KB라는 브랜드만으로도 한층 수월해집니다.
또한 KB국민은행, KB증권, KB캐피탈 등 그룹 계열사와의 <시너지를 통한 교차판매 기회>가 풍부하며, 이는 LC의 영업 활동 범위를 넓히고 안정적인 고객층 확보에 큰 강점으로 작용합니다. K손해보험의 리쿠르팅 과정에서 이러한 그룹 시너지 활용법에 대한 교육도 함께 이루어집니다.

성장을 위한 체계적인 교육 및 지원 시스템

K손해보험은 LC의 성공적인 정착과 지속적인 성장을 위해 <체계적인 교육 프로그램>을 운영하고 있습니다. 신규 LC를 위한 기본 교육부터 전문 영역별 심화 과정까지, 단계별 맞춤형 교육을 통해 보험 상품 지식은 물론 고객 상담 기술, 디지털 툴 활용법 등 현장에서 필요한 실전 역량을 키울 수 있습니다.
특히 주목할 만한 것은 <K손해보험만의 1:1 멘토링 시스템>입니다. 신규 LC에게는 경험이 풍부한 선배 설계사가 멘토로 배정되어 영업 현장의 생생한 노하우를 전수받을 수 있습니다. 이론적 지식을 넘어 실제 고객 만남부터 계약 체결까지 전 과정을 함께하며 실전 경험을 쌓을 수 있는 기회는

K손해보험 LC만의 특별한 강점입니다.

경쟁력 있는 보상 체계와 인센티브 프로그램

K손해보험은 LC들의 노력에 합당한 보상을 제공하기 위해 <업계 최고 수준의 수수료 체계>를 갖추고 있습니다. 기본 수수료율이 업계 평균 대비 우수한 것은 물론, 성과에 따른 다양한 추가 보상 프로그램을 통해 노력한 만큼 더 많은 수익을 창출할 수 있는 기회가 열려 있습니다.

분기별 인센티브, 연간 실적 보너스, 우수 설계사 시상 등 다양한 보상 프로그램은 지속적인 동기부여가 되며, 장기근속 설계사를 위한 특별 혜택은 안정적인 커리어 구축의 토대가 됩니다. <K손해보험 LC는 단기적인 수익뿐 아니라 장기적인 자산 구축의 가능성>까지 열려있습니다.

무한한 성장 기회와 커리어 로드맵

K손해보험에서는 LC로 시작해 <팀장, 지점장으로 성장할 수 있는 명확한 커리어 경로>가 제시됩니다. 역량과 성과에 따라 리더십 포지션으로 성장할 수 있으며, 조직 관리와 육성 능력을 발휘할 수 있는 기회가 주어집니다.

또한 우수한 성과를 거둔 LC에게는 외국 연수, 선진 금융 시장 견학 등 <글로벌 시야를 넓힐 수 있는 특별한 기회>도 제공됩니다. 자신만의 전문 영역을 구축하고 싶은 LC에게는 특화 분야(은퇴설계, 기업보험, VIP 고객 관리 등) 전문가로 성장할 수 있는 다양한 교육과 지원이 이루어집니다.

실제 K손해보험 LC의 성공 스토리

"처음에는 보험 영업에 대한 경험이 전혀 없었지만, K손해보험의 체계적인 교육 시스템 덕분에 <6개월 만에 월 500만 원 이상의 안정적인 수입>을 올릴 수 있게 되었습니다." - 경력 전환 후 2년차 LC 김미영

"은행원으로 15년간 일하다 K손해보험 LC로 새로운 도전을 시작했습니다. 기존 금융 지식을 활용하면서도 더 폭넓은 재무설계 서비스를 제공할 수 있어 <개인적 성취감도 크고, 수입도 50% 이상 증가>했습니다." - 전직 은행원 출신 5년차 LC 박은우

"육아로 경력이 단절되었다가 K손해보험 LC로 재취업했습니다. <유연한 시간 관리가 가능해 일과 가정의 균형을 유지>하면서도 전문가로 인정받을 수 있어 만족스럽습니다." - 경력단절 후 재취업 3년차 LC 이수진

K손해보험과 함께 새로운 금융 전문가의 길을 열어가세요

K손해보험 LC는 단순한 직업이 아닌, <금융 전문가로서의 가치 있는 커리어>를 제공합니다. 안정적인 대기업의 브랜드 파워, 체계적인 교육과 지원, 경쟁력 있는 보상, 그리고 무한한 성장 가능성이 여러분을 기다리고 있습니다.

K손해보험 LC 지원 방법은 간단합니다. K손해보험 공식 홈페이지 채용 페이지를 통해 지원서를 제출하시거나, 전국 K손해보험 지점을 방문하여 상담받으실 수 있습니다. 서류 심사 후 면접을 거쳐 최종 합격자에게는 신규 LC 입문 교육 기회가 제공됩니다.

금융 시장의 변화 속에서 전문성을 바탕으로 안정적인 성장을 이루고 싶으신가요? 고객의 인생을 함께 설계하는 보람찬 일을 하고 싶으신가요? <지금, K손해보험 LC의 문을 두드려보세요!> 당신의 새로운 커리어가 시작됩니다.

K손해보험과 함께 성장할 당신의 이야기를 기다립니다!

15-5 제목 및 메타 설명 제안

매력적인 제목 5가지

1. K손해보험 LC: 금융 전문가로 성장하는 확실한 커리어 로드맵
2. 월 수입 500만원 돌파! K손해보험 LC의 성공 비결과 지원 방법
3. KB금융그룹과 함께하는 보험 설계사의 새로운 기회: LC 리쿠르팅 안내
4. 안정적인 수입과 전문성을 동시에! K손해보험이 찾는 차세대 LC
5. 경력 전환의 최적 선택: K손해보험 LC 채용 및 성공 스토리

메타 설명 5가지

1. K손해보험 LC의 경쟁력 있는 수수료 체계와 성장 기회를 소개합니다. 금융 전문가로서 안정적인 커리어를 시작하고 싶은 분들을 위한 채용 정보와 실제 성공 사례를 확인하세요.
2. KB금융그룹의 브랜드 파워를 기반으로 보험 설계사로서 성공할 수 있는 모든 조건을 갖춘 K손해보험 LC 리쿠르팅 정보. 체계적인 교육부터 높은 수수료 체계까지 상세히 알려드립니다.
3. 보험 영업의 새 지평을 열고 싶다면 K손해보험 LC에 주목하세요. 월 500만원 이상 수입을 올리는 실제 LC들의 노하우와 KB만의 차별화된 지원 시스템을 공개합니다.
4. K손해보험에서 함께 성장할 LC를 모집합니다. 금융 전문가로 거듭나는 교육 시스템, 경쟁력 있는 보상, 그리고 분명한 커리어 성장 경로를 확인하세요.

5. 경력 전환, 재취업을 고민 중이신가요? K손해보험 LC는 다양한 배경의 인재들이 성공적으로 안착한 검증된 커리어입니다. 지금 도전하세요!

5단계로 블로그 글을 작성해 보았습니다. 단계적 고급 프롬프트를 이용하니 기본 프롬프트 결과에 비해 매력적인 SEO 최적화 콘텐츠를 단계별로 생성할 수 있었습니다. 이 멀티턴 접근 방식은 브레인스토밍부터 최종 편집까지 모든 단계를 체계적으로 밟아가며 글을 생성합니다. 물론 실제 글을 작성할 때는 이렇게 한 번에 최종 결과를 받고 블로그 포스팅을 할 수 없습니다. 중간중간 프롬프트도 수정하고 결과물의 전부나 일부를 재생성하면서 원하는 결과를 이끌어 내게 됩니다.

15-6 고급 프롬프트의 구성 요소

1. **명확한 최종 목표 설정**: "SEO 최적화 블로그 글 작성"이라는 명확한 목표를 제시했습니다.
2. **단계별 지시**: 브레인스토밍, 개요 작성, 초안 작성, 편집 및 개선, 제목 및 메타 설명 제안이라는 5단계로 프로세스를 분할해 순서대로 프롬프트를 입력했습니다.
3. **각 단계에 대한 구체적 지침**: 각 단계에서 무엇을 해야 하는

지 명확하게 지시했습니다.

4. **예시 제공:** 각 단계에서 챗GPT가 이해할 수 있는 구체적인 예시를 제공했습니다.
5. **SEO 요소 명시:** '보험 영업', 'LC' 등 포함해야 할 SEO 키워드를 명확히 제시했습니다.
6. **서식 지정:** 굵은 글씨, CTA 등 서식에 관한 구체적인 지침을 제공했습니다.

다음은 기본 프롬프트와 고급 프롬프트의 차이를 비교한 표입니다. 표를 보면 어떻게 이런 흐름으로 이런 프롬프트를 작성할 수 있는지 명확히 이해가 될 것입니다.

기본 프롬프트와 고급 프롬프트 결과 비교

평가 기준	기본 프롬프트 결과	고급 프롬프트 결과
구조적 완성도	단순한 제목, 본문 구조	서론, 본론(5개 섹션), 결론의 체계적 구조
콘텐츠 깊이	표면적 정보만 나열	구체적 사례, 인터뷰, 통계 등 풍부한 정보
SEO 최적화	키워드 사용 제한적	주요 키워드 자연스럽게 반복 사용
시각적 요소	단순 텍스트	굵은 글씨, 인용문, 강조 요소 활용
설득력	일반적인 정보 나열	실제 사례와 구체적 혜택 중심의 설득력
행동 유도	약한 CTA	강한 CTA와 다양한 행동 유도 문구

| 메타 요소 | 없음 | 최적화된 제목과 메타 설명 제안 |

다른 상황에서 단계적 프롬프트를 사용해 보겠습니다. 금융업 SEO 콘텐츠 제작 최적화 전략을 적용한 프롬프트 예시입니다.

> 금융업 특성에 맞는 SEO 프롬프트 작성 시 다음 사항을 고려하세요:
>
> 1. 단계별 접근(Step-by-Step): 콘텐츠 제작을 여러 단계로 나누어 각 단계를 깊이 있게 처리하세요. 이는 특히 복잡한 금융 주제에서 더 효과적입니다.
> 2. 신뢰성 요소 강조: 금융업은 신뢰가 핵심이므로, 프롬프트에 통계, 실제 사례, 인용문 등 신뢰성을 높이는 요소를 포함하도록 요청하세요.
> 3. 컴플라이언스 고려: 금융 콘텐츠는 규제가 엄격하므로, 과장되거나 검증되지 않은 주장을 피하고 사실에 기반한 내용을 요청하세요.
> 4. 타겟 키워드 명시: 금융 분야의 전문 용어와 검색 키워드를 명확히 제시하고, 이를 자연스럽게 활용하도록 지시하세요.
> 5. 폼 팩터 최적화: 최종 사용 목적(블로그, 소셜 미디어, 이메일 등)에 맞는 형식을 명확히 요청하고, 그에 맞는 길이와 스타일을 지정하세요.
> 6. 독자 여정 고려: 금융 서비스 판매의 경우, AIDA(Attention, Interest, Desire, Action) 모델을 따르도록 콘텐츠 구조를 설계하세요.

1. 상품 설명 콘텐츠 작성

금융 상품에 대한 설명 글을 작성할 때는 다음과 같이 프롬프트를 변형할 수 있습니다:

"K손해보험의 새로운 [상품명]에 대한 SEO 최적화 블로그 글을 작성해 주세요. 아래 단계에 따라 진행해 주세요:

타겟 독자 정의
이 상품이 주로 도움이 될 수 있는 고객층 3가지를 제안하고, 각 고객층이 가진 문제점과 니즈를 분석해 주세요.

가치 제안 정리
[상품명]이 타겟 고객층에게 제공하는 핵심 가치와 혜택 5가지를 정리해 주세요. 각 혜택에 대한 구체적인 설명과 경쟁사 대비 우위점을 포함해 주세요.

블로그 글 개요 작성
문제 제기, 솔루션 소개, 상세 혜택 설명, 실제 사례, 가입 방법 안내의 구조로 글의 전체 흐름을 잡아주세요.

초안 작성
작성한 개요를 기반으로, 고객 입장에서 이해하기 쉬운 문체로 블로그 초안을 작성해 주세요. '보험', '[상품명]', 'K손해보험', '보장', '혜택' 등의 SEO 키워드를 적절히 활용해 주세요.

편집 및 개선
초안의 문장 흐름과 가독성을 개선해 주세요. 복잡한 보험 용어는 쉽게 풀어서 설명하고, 중요 혜택이나 차별점은 굵은 글씨로 강조해 주세요. 자연스러운 CTA를 3곳 이상 삽입해 주세요.

> # 규제 준수 확인
> 금융 상품 광고 관련 법규에 위배될 수 있는 표현(과장된 수익률, 확정적 혜택 표현, 비교 광고 등)이 있는지 검토하고 수정해 주세요.

2. 금융 교육 콘텐츠 작성

고객 금융 교육을 위한 콘텐츠 작성 시 다음과 같이 프롬프트를 변형할 수 있습니다.

> "금융 초보자를 위한 '[주제: 예. 퇴직연금 이해하기]' SEO 최적화 교육 콘텐츠를 작성해 주세요. 아래 단계에 따라 진행해 주세요:
>
> # 주요 질문 정리
> 해당 주제에 대해 금융 초보자들이 가장 많이 검색하는 질문 10가지를 조사하고 정리해 주세요.
>
> # 핵심 개념 설명
> [주제]와 관련된 핵심 용어와 개념 5~7가지를 선정하고, 쉬운 일상 언어로 설명해 주세요. 각 개념마다 실생활 예시를 포함해 주세요.
>
> # 단계별 가이드 구성
> [주제]를 처음 접하는 사람이 단계별로 이해하고 행동할 수 있는 5단계 가이드를 개발해 주세요.

콘텐츠 작성
선정한 질문, 개념, 단계별 가이드를 통합하여 교육 콘텐츠 초안을 작성해 주세요. 전문 용어는 반드시 풀어서 설명하고, '[주제]', '금융 교육', '초보자 가이드' 등 관련 SEO 키워드를 자연스럽게 포함해 주세요.

시각적 요소 제안
이해를 돕기 위한 인포그래픽, 차트, 표 등의 시각적 요소를 5가지 이상 제안하고, 각 요소에 포함될 내용을 구체적으로 설명해 주세요.

FAQ 섹션 추가
추가적인 질문 10개와 명확한 답변을 FAQ 형식으로 작성해 주세요.

16-7 다단계 통합 접근법

금융업에서 효과적인 콘텐츠 마케팅을 위해서는 다른 다양한 기술들과 통합하여 사용할 수 있습니다.

1. 데이터 분석+SEO 콘텐츠 작성
- 먼저 목표 키워드의 검색 볼륨, 경쟁도, 관련 키워드를 분석합니다.
- 분석 결과를 바탕으로 SEO 최적화 프롬프트에 핵심 키워드와 관련 키워드를 포함하여 콘텐츠를 생성합니다.

통합 프롬프트 예시

"다음 키워드 데이터를 바탕으로 [금융 주제] 관련 SEO 최적화 블로그 글을 작성해 주세요:

주요 키워드: [키워드1, 키워드2, 키워드3]
검색 볼륨: [각 키워드별 월간 검색량]
경쟁 강도: [각 키워드별 경쟁 수준]
연관 키워드: [연관 키워드 리스트]

위 데이터를 고려하여 다음 단계로 진행해 주세요:
키워드 전략 수립
주요 키워드와 연관 키워드를 어떻게 통합할지 전략을 세워주세요.

블로그 주제 및 구조 설계
키워드 검색 의도를 분석하고, 이에 맞는 블로그 주제와 세부 섹션을 구성해 주세요.

(이후 단계는 기본 SEO 콘텐츠 작성 프롬프트와 동일하게 진행)

2. 고객 페르소나+SEO 콘텐츠 작성

- 상세한 고객 페르소나를 먼저 생성합니다.
- 페르소나의 특성, 목표, 고민점을 고려한 맞춤형 SEO 콘텐츠를 작성합니다.

통합 프롬프트 예시

"다음 고객 페르소나에 맞춘 [금융 주제] SEO 콘텐츠를 작성해 주세요:

페르소나 이름: [이름]
연령: [나이]
직업: [직업]
재정 목표: [목표 리스트]
금융 관련 고민: [고민 리스트]
정보 탐색 방식: [온라인 검색, 소셜 미디어 등]
선호하는 콘텐츠 형식: [블로그, 가이드, 인포그래픽 등]

위 페르소나를 고려하여 다음 단계로 진행해 주세요:

페르소나 니즈 분석
페르소나의 금융 고민과 목표에 맞는 핵심 메시지 3~5가지를 도출해 주세요.

콘텐츠 톤앤매너 설정
페르소나에게 효과적으로 소통할 수 있는 언어 스타일과 톤앤매너를 설정해 주세요.

(이후 단계는 기본 SEO 콘텐츠 작성 프롬프트와 동일하게 진행)

3. 사용자 피드백 활용

"증권사 투자 분석가로서 고객들에게 ESG 투자에 대한 교육 콘텐츠를 제작하려고 합니다. 챗GPT를 활용해 SEO 최적화된 블로그 글을 작성하고 싶습니다. 어떻게 프롬프트를 구성해야 효과적일까요?"

투자 분석가의 전문 분야와 ESG 투자라는 구체적인 주제를 고려하여 다음과 같이 맞춤형 프롬프트를 제안할 수 있습니다.

맞춤형 프롬프트 제안

> 증권사 고객을 위한 'ESG 투자 가이드: 지속 가능한 수익을 추구하는 현명한 투자 전략' SEO 최적화 블로그 글을 작성해 주세요. 아래 단계에 따라 순차적으로 진행해 주세요.
>
> # ESG 투자 키 포인트 정리
> ESG 투자의 핵심 개념, 전통적 투자와의 차이점, 글로벌 ESG 투자 트렌드, 국내 ESG 투자 현황 등에 관한 주요 정보 8가지를 정리해 주세요.
>
> # 투자자 유형별 접근법
> ESG 투자에 관심 있는 다양한 투자자 유형(초보 투자자, 장기 투자자, 위험 회피형 투자자, 적극적 참여형 투자자 등)별로 적합한 ESG 투자 전략을 제안해 주세요.

블로그 글 개요 작성
ESG 투자 개념 소개, ESG 평가 기준 이해하기, 국내외 ESG 투자 현황, 투자자 유형별 ESG 투자 전략, ESG 투자 시작 방법, 장기적 관점에서의 ESG 투자 전망 등의 구조로 글의 전체 흐름을 잡아주세요.

초안 작성
작성한 개요를 기반으로, 증권사 고객 입장에서 이해하기 쉬우면서도 전문성을 갖춘 문체로 블로그 초안을 작성해 주세요. 'ESG 투자', '지속 가능 투자', '책임 투자', '그린펀드', 'ESG 평가 기준' 등의 SEO 키워드를 적절히 활용하되, 투자 분석가의 전문적 시각이 담긴 인사이트를 포함해 주세요.

투자 데이터 및 사례 보강
ESG 투자 성과를 뒷받침할 수 있는 국내외 데이터, 성공적인 ESG 투자 사례, ESG 관련 지수 및 펀드 성과 비교 등 객관적 정보를 적절히 포함해 주세요.

편집 및 개선
초안의 문장 흐름과 가독성을 개선해 주세요. 핵심 투자 인사이트나 주의사항은 굵은 글씨 또는 강조 문장으로 표현하고, 법적 면책 문구(투자 결정은 개인 책임하에 이루어져야 한다는 내용)를 적절히 포함해 주세요. 또한 자연스러운 CTA(예: #지금 바로 증권사 ESG 투자 상담을 신청해 보세요!)를 삽입해 주세요.

제목 및 메타 설명 제안
투자자의 관심을 끌면서도 전문성을 드러내는 #매력적인 제목과 #메타 설명을 각각 5가지씩 제안해 주세요.

이 맞춤형 프롬프트는 증권사 투자 분석가의 전문성을 반영하고, ESG 투자라는 구체적인 주제에 맞게 조정한 것입니다. 투자 데이터 및 사례 보강 단계를 추가하여 분석가의 전문적 인사이트를 더 효과적으로 담을 수 있게 했으며, 투자자 유형별 접근법 섹션을 통해 다양한 고객층을 위한 맞춤형 정보를 제공할 수 있도록 했습니다.

이번 장에서는 금융업 종사자들이 챗GPT를 활용하여 SEO 최적화된 마케팅 콘텐츠를 작성하는 방법을 학습했습니다. 꽤 긴 챕터였기에 다시 한번 정리해 보겠습니다.

- **단계별 프롬프팅의 중요성**
  복잡한 요소들을 고려해야 하는 금융권 콘텐츠 작성을 한 번에 시도하지 않고 브레인스토밍, 개요 작성, 초안 작성, 편집 및 개선, 메타데이터 제안 등의 단계로 나누어 체계적으로 접근하는 방법을 배웠습니다.

- **금융 SEO 콘텐츠의 특수성**
  신뢰도, 전문성, 규제 준수가 중요한 금융 콘텐츠의 특성을 고려하도록 프롬프트에 반영해 보았습니다.

- **다양한 응용사례**
  상품 설명, 교육 콘텐츠 등 다양한 금융 콘텐츠 유형에 맞게 프롬프트를 변형하는 방법을 학습했습니다.

Part 16

신상품 개발을 위한 아이디어 검토

K생명보험 신상품기획팀의 박창의 대리는 오늘도 막막한 심정으로 생명보험협회 홈페이지를 띄워놓고 있습니다. 화면에는 경쟁사들이 독창성을 인정받아 획득한 '배타적 사용권 부여 상품' 목록이 가득합니다.

이름만 봐서는 정확히 어떤 상품인지, 고객의 어떤 점을 파고들었는지 알기 어렵습니다. 파일을 다운로드해서 보지만 머릿속은 어질어질 속은 울렁거리기만 합니다. 팀장님은 "타사 상품들에서 힌트를 얻어 우리도 새로운 상품을 기획해 보자"고 압박하지만, 올해 배타적 권리를 받은 상품만 수십 개에 달하는데 이 상품들을 전부 찾아 분석하고 아이디어를 내라니 막막하기만 합니다.

"이걸 언제 다 분석해서 보고서를 쓰지? 챗GPT가 이런 것도 분석해 줄 수 있을까?" 박 대리는 반신반의하며 챗GPT 창을 엽니다.

16-1 혁신은 모방과 재창조에서 시작된다

스티브 잡스는 "창의성은 기존의 것들을 연결하는 것일 뿐이다"라고 말했습니다. 다른 비즈니스에서와 같이 금융, 특히 보험 상품 개발에서도 '완전히 새로운 것'은 없습니다. 모든 신상품은 기존 상품에 대한 분석과 고객의 숨겨진 니즈를 발견하여 새롭게 조합하며 만들어집니다. 경쟁사가 내놓은 따끈따끈한 신상품, 특히 협회에서 배타적 사용권을 획득한 상품들은 이미 시장에서 검증된 고객의 니즈와 트렌드를 담고 있는 좋은 참고 자료입니다.

하지만 이 자료를 분석하는 일은 만만치 않습니다. 이번 장에서는 챗GPT라는 똑똑한 동료와 함께 복잡한 경쟁사 상품 정보를 효율적으로 분석하고, 그 안에서 새로운 상품 기획의 실마리를 찾아내는 실용적인 방법을 알아봅니다.

문서에서 특징 추출과 아이디어 생성

이번 실습의 핵심은 AI를 활용해 주어진 정보에서 '특징을 추출(Feature Extraction)'하고, 이를 바탕으로 '새로운 아이디어를 생성(Idea Generation)'하는 것입니다.

우선 협회의 최신 배타적 사용권 상품 파일을 다운로드 받아 챗GPT에게 제공해 공통 구성요소와 상품별 특징, 배타적 사용권 신청 사유들을 추출합니다.

출처: 생명보험협회(klia.or.kr)

특징 추출이 끝나면, AI는 이 특징들을 새로운 방식으로 조합하거나 변형하여 아이디어를 생성합니다. 예를 들어 '간편 가입'이라는 특징과 '재택 간병'이라는 특징을 합쳐 '만성질환자도 쉽게 가입 가능한 재택 간병비 지원 보험'이라는 새로운 컨셉을 만들어 내는 식이죠. 유료 사용자라면 o3 모델 사용을 권장합니다.

전체 흐름은 다음과 같습니다.

1. 상품 개발 요약서 문서 10개를 다운받아 챗GPT에 첨부해 공통 요소 추출
2. 상품들의 특징을 분석해서 신상품들의 공통 트렌드 분석
3. 정리한 트렌드를 반영해 기존 상품들과 차별화되는 신상품 아이디어 10가지 도출

(상품 개발 요약 문서 10개 첨부)
첨부한 문서는 각 생명 보험사들이 만든 신상품 개발 요약서입니다. 이 문서의 공통 구성 요소를 추출하고 각 구성 요소의 역할을 설명해 주세요.

보험사들이 작성한 신상품 개발과정 요약서를 검토한 결과, 대부분의 문서는 공통적으로 다음과 같은 세 가지 구성 요소로 이루어져 있었습니다:

1. 상품 개발 배경 (상품개발의 필요성 및 시장분석)
　역할:
- 보험 상품을 왜 개발하게 되었는지를 설명합니다.
- 질병 발생률, 사회적 환경 변화, 공공보장의 한계, 고객 니즈 등을 바탕으로 문제 인식을 제시합니다.
- 통계자료, 사례, 의료 트렌드 등을 활용하여 설득력을 높입니다.

　예시:
- 전이암의 치료비 증가와 장기 생존율 상승 → '생활비 특약' 필요성 강조
- 고령화로 인한 장기요양 수요 증가 → '장기요양지원특약' 개발 배경 제시

2. 상품 주요 내용 (보장 구조 및 특징 설명)
　역할:
- 어떤 보장을 제공하는지를 구체적으로 설명합니다.
- 기존 상품과 차별화된 점, 보장의 범위, 지급 조건 등을 도표나 예시로 정리합니다.
- '업계 최초', '고객 맞춤 설계', '보장 공백 해소' 등의 키워드를 통해 차별성을 강조합니다.

예시:
- '7대질병 보장 특약'의 경우 고객이 보장 횟수(N)를 선택하도록 설계
- '중증치매 리워드 특약'은 조기검진을 유도하고 리워드 개념 도입

3. 배타적 사용권 신청 사유 (독창성과 진보성 강조)
역할:
- 금융당국으로부터 일정 기간 독점 판매 권리를 얻기 위한 근거를 설명합니다.
- 업계 최초의 보장 설계, 보장 공백 해소 방식, 사회적 가치 창출 등을 강조합니다.
- 기술적 진보성, 고객 보호 기여 등을 사례 기반으로 제시합니다.

예시:
- 유전자 검사 기반 암보장 설계 → 보장과 예측의 융합
- 요양병원까지 포함한 장기요양 보장 구조 → 공보험 보장 사각 해소

이처럼 각 구성 요소는 단순한 정보 전달을 넘어, '왜 이 상품이 필요한가 → 어떻게 보장하는가 → 얼마나 차별화되었는가'라는 논리적 흐름을 통해 상품의 가치와 차별성을 강조하고 있습니다. 특히 금융당국의 배타적 사용권 승인을 위한 전략적 문서이기 때문에, 각 파트는 단정적이고 설득력 있는 톤으로 작성된 것이 특징입니다.

각 상품의 특징을 비교해서 신상품 개발의 트렌드를 분석해 주세요.

위 표를 기반으로 생명보험업계의 최근 신상품 개발 트렌드를 다음과 같이 요약할 수 있습니다:

1. 질병의 '전단계' 또는 '지속관리'에 초점
- 경도인지장애, 유전자 돌연변이, 전이암 생존자 등, 질병의 초기 또는 장기적 관리 단계에 보장을 집중.
- 단발성 진단금이 아닌, 조기 개입 및 지속 지원형 보장으로 전환하는 경향이 뚜렷.

2. 의료기술과 연계된 정밀보장 확대
- NGS 유전자 검사, 특정 병원성 유전자 등, 정밀의학 기반 보장이 상품에 반영.
- 특히 항암 치료와 관련해, 환자 맞춤형 보장 구조가 신상품 차별화 포인트로 부각.

3. 리워드형 보장과 행동 유도 구조 도입
- 신한라이프는 조기검진 '정상' 결과에 리워드 보험금 제공.
- 단순히 사고 보장이 아니라 예방 활동을 유도하는 구조 등장.

4. 보장 공백 해소와 생활 밀착형 보장
- 흥국생명, A사 사례처럼 전이암 생존자, 요양병원 입원자 등 기존 보장 구조에서 소외된 계층에 초점.
- 특히 고령화와 함께 늘어나는 노인질환에 대해 현실적이고 지속적인 보장 방식 도입.

5. 보장 구조의 유연성과 고객 선택권 강화
- 특정 7대 질병에 대해 보장 횟수를 고객이 선택(N회)하는 방식은 '선택형 구조'의 확산을 보여줌.

- 보험료 부담 완화 및 보장 효율화 목적의 구조적 혁신.

이런 흐름은 보험회사가 단순한 '사고 보장'에서 벗어나, 고객의 건강 관리와 생애 전주기에 걸친 케어로 역할을 확장하고 있다는 신호로 해석할 수 있습니다. 특히 인공지능, 유전자 검사, 건강검진 등 외부 기술과의 연계성 강화가 눈에 띕니다.

위 트렌드를 반영해 기존 상품의 한계를 극복하는 새로운 상품 아이디어를 10가지 제안해 주세요.

아래는 최근 신상품 개발 트렌드(지속관리, 정밀보장, 리워드형, 공백 해소, 선택형 구조)를 반영하여 기존 상품의 한계를 극복하는 생명보험 신상품 아이디어 10가지입니다:

① 자가진단 연계형 조기치매보험
- 핵심 컨셉: 모바일 자가 인지테스트를 주기적으로 수행하면 검사 정상 시 리워드 제공, 이상 징후 시 병원 진단 유도.
- 기존 한계 극복: 치매 발병 이후만 보장하는 상품의 단점을 '예방 참여'로 보완.

② 다단계 항암치료 프로세스 보장보험

- 핵심 컨셉: 항암치료를 단계별(진단-표적치료-부작용-회복기)로 나누어 각 단계별 급여 지급.
- 기존 한계 극복: 암 진단금만 지급 후 종료되는 단발형 구조 보완.

③ 유전자 패널 기반 맞춤형 보장보험
- 핵심 컨셉: 가입 시 유전자 변이 여부에 따라 맞춤 특약 자동 제안 및 구성.
- 기존 한계 극복: 획일적 상품 구조 → 정밀의학 기반 고객 맞춤화로 전환.

④ 요양시설 연계형 장기요양 지원보험
- 핵심 컨셉: 요양병원/시설과 협약을 맺고, 입소 시 자동 지급되는 생활비+방문 간병 특약 포함.
- 기존 한계 극복: 장기요양 시 실제 생활비/간병비 공백 해소.

⑤ N회 건강사고 선택보장형 상품
- 핵심 컨셉: 고객이 10년간 N번까지 질병 사고 보장을 받을 수 있도록 설계. 보장 대상은 발생 시 자유 선택.
- 기존 한계 극복: '선택하지 않은 담보는 보장 안됨'이라는 고객 불만 해소.

⑥ 경도증상 모니터링 보험 (MildTrack)
- 핵심 컨셉: 초기 증상(고혈압, MCI, 당뇨전단계 등)에 대해 보험사와 병원이 주기적 모니터링 → 악화 시 보장 강화.
- 기존 한계 극복: 중증 진단 후 보장이라는 사후적 구조에서 탈피.

⑦ 생애주기 맞춤보장 전환형 보험
- 핵심 컨셉: 가입 후 5~10년 단위로 연령대에 맞춰 보장 내용 자동 전환 (30대→암/출산, 50대→치매/심장 등).
- 기존 한계 극복: 가입 시 고정된 보장구조의 한계 보완.

⑧ 유전병 가족 연계보장 특약
- 핵심 컨셉: 부모에게 유전성 질환 발생 시, 자녀 자동 가입 또는 할인보

장 혜택 제공.
- 기존 한계 극복: 유전병의 가족 위험은 고려하지 않던 상품 한계 해소.

⑨ **조기검진 연동형 보험료 환급 상품**
- 핵심 컨셉: 건강검진을 정기적으로 받고 결과가 '양호'일 경우 보험료 일부 환급.
- 기존 한계 극복: '보험만 들고 아무 행동 안함' → 건강관리 행동 유도.

⑩ **디지털 플랫폼형 보험(보험+건강관리앱 통합)**
- 핵심 컨셉: 보험 가입자 전용 앱 제공 → 건강 정보 관리, 병원 예약, 리워드 포인트 지급 → 포인트로 보험료 할인.
- 기존 한계 극복: 단순 보장 제공에서 탈피, 일상 속 지속적 건강관리 서비스 제공.

각 아이디어는 기술 변화, 고객 니즈, 공보험 사각 지대 등을 종합적으로 고려한 것이며, 보험회사의 사회적 책임과 비즈니스 지속성을 함께 확보할 수 있는 방향으로 설계되었습니다. 필요 시 이 중 하나를 선정해 더 구체적인 기획안으로 발전시켜드릴 수 있습니다.

건강검진 연동형 보험료 환급 상품 관련, 실제 출시된 유사 상품 사례 5가지를 알려주세요. 각 사례를 비교 분석해 표로 그려주세요.

다음은 "건강검진 연동형 보험료 환급 상품" 관련, 실제 출시된 유사 상품 사례입니다:

주요 사례
1. 교보라이프플래닛 - 건강검진 페이백 및 추적 관리 특약
- 종신보험 가입자를 대상으로 건강검진 비용을 환급하고, 이후 '착한 의사' 플랫폼을 통한 건강 추적 관리 서비스를 제공합니다 hanalife. co.kr+9viva100.com+9metroseoul.co.kr+9.
- 가입자 건강 검진비용 환급 + 정기적인 건강관리 서비스 제공이라는 점에서 조기 검진-환급 구조를 충실히 반영한 전략적 상품입니다.
2. 현대해상 다이렉트 - 건강검진 등급제 보험료 할인
- 가입 시 최근 2년 내 건강검진 결과를 제출하면, 초년도 보험료를 5% 할인 fsc.go.kr+3direct.hi.co.kr+3sentv.co.kr+3.
- 이후 건강 상태가 '양호'하면 건강등급을 산정해 추가 할인 적용. 건강 검진 결과를 기반으로 보험료를 차등화하는 방식입니다.
3. KB손해보험 - "건강이 아껴주는 암보험"
- 최근 실시한 건강검진 결과가 혈압, 혈당, 콜레스테롤, BMI 등 주요 지표에서 '정상 A'이면 보험료 10% 할인, 이력만으로도 최소 5% 할인 direct.hi.co.krsentv.co.kr.
- 검진 결과와 연계된 보험료 환급·할인 구조를 구현한 대표 사례입니다.
4. ABL생명 / 하나손보 등 - 건강등급 및 비흡연 할인 특약
- ABL과 하나손보는 건강검진 기반 건강등급 평가를 통해 보험료 최대 15~40% 할인 mk.co.kr.
- 비흡연 등 특정 건강지표 기준 만족 시 할인 구조를 제공합니다.

5. 오렌지라이프 - 걷기 앱 연동 건강증진형 보험
- '닐리리만보' 앱과 연동하여, 연간 목표 걸음 달성 시 보험료 일부 환급 milemoa.com+14sentv.co.kr+14mk.co.kr+14.
- 건강습관 실천을 보험 혜택과 연결한 사례로, 검진 외 행동 유도를 구성한 형태입니다.

비교 분석

항목	교보라플	현대해상	KB손보	ABL/하나	오렌지라이프
환급/할인 방식	검진비 환급 + 관리	등급 기반 보험료 할인	검진 결과 기반 할인	건강지표 · 비흡연 할인	걸음수 달성 후 보험료 환급
검진 연동 여부					간접 (걸음 기반)
건강 행동 유도	건강 추적 서비스 제공	건강등급 유지	검진 다시 받기 유도	건강개선 장려	걷기 실천 중심
독창성 포인트	플랫폼 제휴 + 종신보험 환급	제출 간편, 즉시 할인	항목별 정밀 할인	대규모 할인율	모바일 앱 연동 캐시백

시사점 요약
- 검진 결과 기반 보험료 할인/환급을 도입한 상품이 이미 다수 출시되어 있음.
- 자동 환급 + 건강 행동 유도 구조(걸음 수, 정기 검진 등)로 진화 중.
- 디지털 플랫폼 연계, 건강 추적 서비스 포함 등 스마트 헬스케어 요소를 접목한 상품들이 출시되고 있음.

결론

귀하께서 제안하신 "건강검진 연동형 보험료 환급 상품"은 이미 여러 보험사에서 다양한 형태로 구현 중이며, 특히 교보라플, 현대해상, KB손보 사례는 매우 유사한 구조를 갖추고 있습니다. 따라서 상품 기획 시에는

- 환급 + 지속적 건강관리 서비스
- 인앱/플랫폼 연동 (웨어러블·앱 기반)
- 차별화된 건강 행동 유도 (예: 걸음·수면·검진 리워드)

등을 고려하여, 기존 상품 대비 차별성을 강화하는 전략이 필요해 보입니다.

추가로 분석이 필요하거나, 특정 경쟁사 상품에 대한 심층 비교를 원하시면 기꺼이 도와드리겠습니다!

좋습니다. 기존 상품들의 특성들을 회피하는 신상품 아이디어를 10가지 다시 제안해 주세요.

기존 건강검진 연동형 보험상품들이 **보험료 할인, 환급, 정기검진 장려, 행동 유도(걸음수 등)**에 집중되어 있는 점을 피하면서, 차별화된 보장 구조와 독창성을 확보할 수 있는 신상품 아이디어 10가지를 제안합니다:

① AI 조기진단 프로파일 기반 건강예측 보험
- 핵심 컨셉: 과거 병력, 유전자 정보, 생활습관 데이터를 AI가 분석해 미래 10년간 주요 질병 발생 확률 예측 → 발생 확률이 높을수록 보장 범위 자동 확대.
- 차별성: 정기검진 X, 행동 유도 X → 가입 시점의 정보 기반 '예측형 자동 맞춤 보장'.

② 의료비 청구 패턴 분석형 보험
- 핵심 컨셉: 고객의 과거 비급여 치료/의료비 지출 패턴을 분석하여 맞춤 보장을 구성하고, 실제로 해당 항목 청구 시마다 보험금 자동 정산.
- 차별성: 검진·걷기 연계 없이 실사용 데이터 기반 '지출형 보장 구조'.

③ 부모 건강 이력 연계 자녀보험
- 핵심 컨셉: 부모가 특정 유전질환 보장형 보험에 가입되어 있고 진단받은 경우, 자녀는 자동으로 할인 보장 또는 보장 추가 혜택 부여.
- 차별성: 개인검진·건강정보 필요 없이 '가족력 기반 자동 확장형 구조'.

④ 응급실 기반 즉시 지급 보험
- 핵심 컨셉: 특정 질환으로 응급실 내원 시 실손 외 보험금 즉시 지급. 병원-보험사 간 실시간 연동.
- 차별성: 사전검진 없이 '이용행위' 기반 지급, 모바일 신고·청구 필요 없음.

⑤ 약제 복용 연계형 보장특약

- 핵심 컨셉: 고혈압, 당뇨, 정신과 약 복용 고객 대상으로, 약 복용 이력과 복약순응도에 따라 질병 발생 시 추가 보장.
- 차별성: 검진결과 대신 '약 처방 내역' 기반 위험평가 및 보장설계.

⑥ 1인가구 돌봄 공백 보장 보험
- 핵심 컨셉: 입원/요양 진단 시 돌봄 공백 발생하면, 가사돌봄/식사 배달/간병서비스를 자동 매칭해주는 실물서비스형 보험.
- 차별성: 금전보장이 아닌 '서비스 연계형 실시간 돌봄보장'.

⑦ 심리 스트레스 모니터링 기반 정신질환 조기보장 보험
- 핵심 컨셉: 웨어러블·앱에서 수집되는 수면, 심박수, 스마트폰 사용패턴을 분석 → 스트레스·우울 신호 감지 시 조기보장 개시.
- 차별성: 행동 데이터 기반 '정신질환 예방형 구조', 검진/걷기와 무관.

⑧ 소득공백 자동 완충형 보험
- 핵심 컨셉: 질병·상해 발생 시 발생 가능한 소득공백(휴직, 퇴직, 자영업 중단)을 자동 추정 → 소득 기반 생활비 보장금 지급.
- 차별성: 건강검진 X, 행동 X → '재무정보 기반 생활형 보장'.

⑨ 시간대 기반 의료보장 가산 특약
- 핵심 컨셉: 야간(18시~08시), 주말, 명절에 병원 이용 시 보장금액 1.5배 → 응급·돌봄 사각지대 보완형.
- 차별성: 기존 시간 개념 배제된 상품들과 차별, 검진 무관.

⑩ 전염병 위험지역 체류 연계형 보장
- 핵심 컨셉: 특정 감염병 위험 지역(예: 해외, 기후변화 취약지 등) 체류 기록이 있는 고객 대상으로 자동 보장 개시.
- 차별성: 검진·걸음과 무관, '위험환경 노출' 기반 보장 설계.

이들 아이디어는 기존의 검진 결과 기반 할인이나 건강행동 리워드에 국한되지 않고, 새로운 데이터 출처, 행위 기반, 생활 밀착형 접근을 통해 기존 상품들의 차별성과 한계를 회피하는 방향으로 설계했습니다. 필요시

> 이 중 하나를 구체적 상품 기획안으로 발전시켜 드릴 수 있습니다.

이제 새창을 열고 아이디어 검증을 위한 심층 리서치를 진행하겠습니다. 궁금한 것은 이 아이디어가 정말 새로운지 혹시 새롭다면 기존 상품들과 얼마나 거리를 둔 상품인지 궁금합니다. 그 정도를 별점으로 표시해 달라고 요청하겠습니다.(만약 유료 사용자가 아니라면 무료로 심층 리서치가 가능한 '퍼플렉시티'를 이용하시면 됩니다.)

> 아래의 생명보험 신상품 아이디어가 정말 새로운지 검증해 주세요. 기존 상품들과 비교하고 신상품 아이디어를 3가지 측면에서 평가해 주세요. 독창성, 시장 규모, 수익성. 평점은 5점 만점의 별점으로 표시하고 분석 결과를 요약해서 표 형식으로 작성해 주세요.
>
> #신상품 아이디어
> (이전 단계의 결과물 붙여넣기)

심층 리서치를 실행하면 항상 추가 질문을 사용자에게 던집니다. 이 질문들은 대부분 결과물의 범위와 타겟을 묻습니다. 성실하게 작성해 주시면 심층 리서치가 시작됩니다.

각 아이디어의 시장성과 수익성을 정확히 비교하기 위해 몇 가지 정보를 추가로 여쭙고 싶습니다:
1. 비교할 기존 상품의 범위는 어떤 시장(예: 한국, 글로벌, 특정 보험사 중심 등)으로 설정할까요?
2. 각 아이디어의 예상 고객층이나 타깃 연령대가 있으면 알려주실 수 있을까요?
3. '수익성'은 보험사 관점에서 장기적인 손해율, 유지율, 운영비 대비 수익률 등을 의미하시는 걸까요?

이 정보들을 알려주시면 더 정확하고 실질적인 비교 분석을 진행할 수 있습니다.

1. 한국
2. 상품 내용을 보고 추론해서 결정해 주세요
3. 모두 고려해 주세요

좋습니다. 한국 생명보험 시장을 기준으로, 제시하신 10가지 신상품 아이디어가 기존 상품들과 비교해 얼마나 독창적인지 평가하고, 각 아이디어의 시장 규모와 수익성 측면도 함께 분석해 드리겠습니다.

각 아이디어에 대해 독창성, 시장 규모, 수익성 항목별로 별점(5점 만점) 평가를 제공하고, 요약 표로 정리해 드릴게요. 조사 후 결과를 알려드리겠습니다.

(하략)

하략한 내용 중 일부를 이미지로 한번 보시겠습니다.

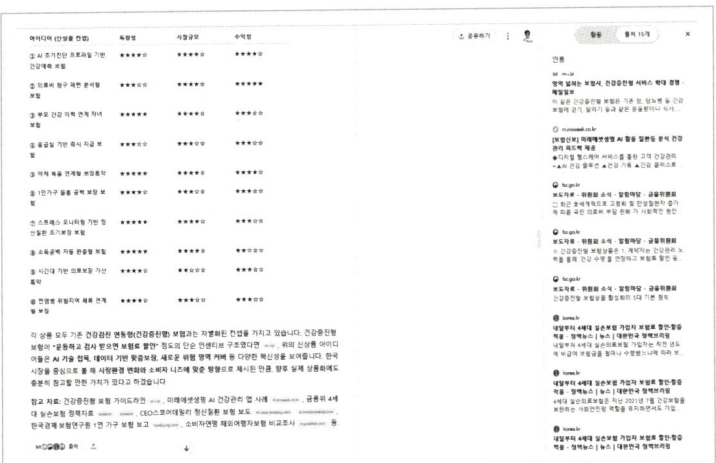

결과물 문서를 보면 문장 중간 중간 타원형의 소스 URL이 보입니다. 마우스를 올리면 원본 웹페이지로 갈 수 있습니다. 문장 내용의 팩트 체크를 하려면 반드시 필요하겠죠.

출처는 모아서 볼 수도 있습니다. 리서치 문서의 가장 아래에 보면 '출처'라는 버튼이 있습니다. 클릭하면 화면 왼쪽에 출처 섹션이 나타납니다. 출처 탭 오른쪽에는 '활동' 탭이 나타나는데 o3 추론 모델을 사용한 심층 리서치의 생각과 검색 과정을 모두 정리한 문서가 나타납니다.

다음은 PDF로 다운로드한 결과입니다.

> 📄 한국 생명보험 시장에서의 신상품 아이디어 10종 평가
> **한국 생명보험 신상품 아이디어 평가**

결과물이 시작되는 화면의 오른쪽 위 화살표 버튼을 누르면 'PDF 다운로드'나 '링크 공유' 옵션이 나타납니다. (결과 마지막 '출처' 버튼 옆에도 작게 숨어 있긴 합니다.)

PDF로 다운로드해 보겠습니다.

다음과 같이 PDF로 잘 출력이 되었습니다. 첫 페이지 상단의 챗GTP 로고가 인상적이네요.

ChatGPT

한국 생명보험 신상품 아이디어 평가

한국 생명보험 시장을 기준으로 10가지 신상품 아이디어의 **독창성**, **시장규모**, **수익성**을 각각 5점 만점 별점으로 평가하고 분석했습니다. 기존의 **건강검진 연동형 건강증진 보험**(정기 건강검진, 걸음수 등 건강활동에 따라 보험료 할인 제공 [1])과 비교하여 어떻게 다른지도 함께 설명합니다. 마지막에 전체 아이디어에 대한 평가 결과를 표로 요약했습니다.

1. AI 조기진단 프로파일 기반 건강예측 보험

- **독창성: ★★★★☆** – AI를 활용한 개인별 건강위험 예측을 보험에 접목한 혁신적인 아이디어입니다. 기존 건강증진형 보험이 걷기·운동 등 **단순 지표로 건강활동을 측정**하는 반면, 이 상품은 **건강검진 이력, 병력, 생활습관 데이터를 AI로 종합분석**해 질병 발생 위험을 예측하고 조기진단을 지원합니다 [2] . 한국 시장에서 아직 AI 건강 예측을 전면에 내세운 보험상품은 드물어 독창성이 높습니다. 다만 일부 보험사가 건강 앱에 AI 건강관리 서비스를 도입하여 19개 질환 위험도를 분석하고 피드백을 제공하는 등 시도는 시작되었습니다 [3] . 이 아이디어는 그런 서비스를 더 발전시켜 보험 인수심사와 보장에 직접 활용한다는 점에서 차별화됩니다. 기존 건강검진 연계 보험이 피보험자의 노력에 따라 할인해주는 구조라면, 이 상품은 AI로 예측된 위험 프로파일에 따라 맞춤형 보장을 제공하므로 **기술적·구조적 참신함**이 있습니다.
- **시장규모: ★★★★☆** – 예방의료와 헬스케어에 관심 높은 소비자층에 크게 appeal할 수 있으며, 건강에 불안감을 가진 중장년층부터 젊은 층까지 폭넓게 관심을 끌 잠재시장이 있습니다. 한국은 고령화와 만성질환 증가로 **건강 위험 예측 및 조기진단**에 대한 수요가 높습니다 [3] . AI 건강예측 보험은 질병 발생을 미리 알아채 조기에 대처할 수 있어, 의료비 부담을 줄이고자 하는 고객에게 매력적입니다. 생명보험사의 헬스케어 앱 사용자나 건강검진 자주 받는 3040세대도 큰 시장입니다. 다만 AI 활용에 대한 개인정보 우려나 예측 정확도에 대한 신뢰가 초기 시장형성의 변수가 될 수 있습니다. 전반적으로 **건강관리형 보험에서 한 단계 발전된 서비스**로 인식된다면 시장잠재력은 상당히 큽니다.
- **수익성: ★★★★☆** – 보험사 관점에서 장기 수익성에 긍정적인 모델입니다. AI 건강예측을 통해 **고위험군을 조기에 발견**해 관리하면 중증 질병 발생률을 낮춰 보험금 지급을 감소시킬 수 있습니다. 이는 **손해율 개선**으로 이어져 수익성에 도움이 됩니다 [4] [5] . 또한 개인별 위험도에 맞는 보험료 책정이 가능해져 계리적 위험관리에도 유리합니다. 초기 도입을 위한 AI 시스템 투자비용과 데이터 관리 비용이 있지만, 장기적으로 **예방적 보험**으로서 보험금 지출을 줄이고 **우량 고객을 유치**하는 효과가 기대됩니다. 기존 건강증진형 보험이 보험료 할인으로 인한 수익 감소를 건강개선으로 보전하는 구조라면 [4] , 이 상품은 **위험예측 정교화로 근본적인 손해율 개선**을 추구하여 수익성 측면에서도 매우 유망합니다.

2. 의료비 청구 패턴 분석형 보험

- **독창성: ★★★☆☆** – 고객의 의료비 청구 패턴을 분석하여 보험료나 보장내용을 개인화하는 아이디어입니다. 일부 기존 상품에 유사한 개념이 도입되었는데, 대표적으로 **4세대 실손의료보험**의 경우 **전년도 비급여 청구액에 따라 다음 해 보험료를 할인·할증**하고 있습니다 [6] . 이 아이디어는 나아가 **청구 패턴 데이터를 통해 고객별 위험도를 상시 산출**하고, 잦은 청구 항목에 대한 추가 보장이나 예방 서비스 제안까지 연결할 수 있다는 점에서 차별화됩니다. 예를 들어, 병원을 자주 이용하는 패턴이 보이면 **건강관리 코칭 특약**을 붙인다든지, 청구 내역을 AI로 분석해 **이상징후나 보험사기**도 가려낼 수 있습니다. 기존 건강검진 연동 보험은 **건강한 생활습관 장려**에 초점인 반면, 이 상품은 **실제 보험이용 행태를 기반으로 고객을 세분화**한다는 점에서 데이터 활용의 참신함이 있습니다. 다만 보험료 할인·할증 구조 자체는 **이미 일부 시행 중**이라 독창성은 중간 정도입니다.
- **시장규모: ★★★★☆** – 실손의료비 등 의료비 보장상품 가입자가 매우 많아 잠재 시장이 큽니다 [7] . 소비자 입장에서도 **"내가 병원을 덜 가면 보험료가 저렴해진다"**는 인센티브는 충분히 매력적입니다. **건강한 가입자**에게 유리한 차등화는 보험료 부담 **형평성을 높여준다**는 방향으로 받아들여질 수 있습니다 [8] . 또한 **헬스케어**에 관심 많은 층은 본인의 의료이용 데이터를 알고 싶어하기 때문에, 청구 패턴을 피드백해주는 서비스에도 호응할 전망

입니다. 보험사들은 이미 **4세대 실손** 전환을 독려하고 있고, 많은 가입자가 이동했습니다 ⑦ . 따라서 청구 패턴 기반 할인·할증은 머지않아 시장의 표준이 될 가능성이 높고, 관련 상품에 대한 수요도 꾸준할 것입니다.
- **수익성: ★★★★★** – 보험사의 수익성 개선에 크게 기여할 수 있는 모델입니다. 청구 빈도가 낮은 우량고객에게 할인해주고, 과잉 의료 이용자는 할증함으로서 보험금 지급 부담을 가입자별로 공정하게 분담할 수 있습니다 ⑥ ⑨ . 이는 **전체적인 손해율 안정화**로 이어져 보험사의 적자 폭을 줄여줍니다. 실제로 1-3세대 실손보험의 손해율이 급등하자 **4세대 상품 구조를 이렇게 개편하여** 지속가능성을 높였고, 향후 할인·할증 적용이 시작되면 보험사 손실 완화에 도움이 될 것으로 기대합니다 ⑥ . 또한 청구 패턴 데이터를 활용한 보험사기 적발 등 운영 효율 향상도 플러스 요인입니다. 요약하면, **위험 기반 가격책정**을 정교화함으로써 **수익성을 높일 잠재력이 매우 큰 모델**입니다.

3. 부모 건강 이력 연계 자녀보험

- **독창성: ★★★★★** – 부모의 건강 이력(질병, 수명 등)을 연계하여 자녀에게 특별한 보장을 제공하는 컨셉은 **한국 생명보험 시장에서 거의 시도되지 않은 획기적인 아이디어**입니다. 현재 보험상품은 가입 심사에서 가족력 정보를 참고하지만, 이를 상품 설계에 적극 활용하지는 않습니다. 이 아이디어는 예를 들어 **부모가 특정 질병**을 앓았으면 자녀보험에 해당 질병의 보장한도를 높이거나 **예방서비스를 추가**하는 식입니다. 기존 건강증진형 보험이 피보험자 개인의 현재 건강활동에만 집중하는 것과 달리, 본 상품은 **가족력이라는 유전·환경적 요소**를 고려하여 세대 간 연계 보장을 해준다는 점에서 독창적입니다. 특히 유전적 소인에 대비한 조기보장은 업계에 새로운 패러다임을 제시할 수 있습니다.
- **시장규모: ★★★☆☆** – 한국은 부모 세대에 암이나 성인병을 겪은 경우가 많아 "**우리 아이도 혹시…**" 하고 걱정하는 부모층이 광범위합니다. **어린이보험**은 젊은 부모에게 필수 재테크로 인식될 만큼 수요가 큰 시장인데 ⑩ , 여기에 **부모 건강이력 연계 보장**이라는 메시지를 더하면 **차별화된 상품으로 많은 관심**을 받을 수 있습니다. 특히 **가족력 질환**(예: 암, 당뇨, 심장병 등)에 대한 걱정이 있는 가정에서는 **해당 질환을 중점 보장해주는** 자녀보험을 선호할 가능성이 높습니다. 다만 **보험료가 높게 책정**되거나 **부모의 건강정보 제공**에 민감한 소비자도 있을 수 있어 초기에는 특정 타깃(가족력 있는 가정) 중심으로 시장이 형성될 수 있습니다. 그럼에도 불구하고 **전체 어린이·청소년 보험 시장 규모가 크고**, 가족 건강력에 관심이 증가하는 추세라 잠재고객층은 넓습니다.
- **수익성: ★★★☆☆** – 보험사 입장에서는 신중한 접근이 필요한 분야입니다. 부모의 건강이 좋지 않을수록 자녀의 발병 위험이 높아 **역선택 위험**이 존재합니다. 즉 질병 가족력이 있는 **고위험군 자녀**만 몰릴 경우 보험금 지급이 늘어 손해율이 악화될 우려가 있습니다. 따라서 **충분한 위험평가 기반의 인수기준과 합리적 보험료 산정**이 필수입니다. 반면, 어릴 때부터 보험에 가입시켜 장기 고객으로 확보한다는 이점과 **고액의 특약부가**로 인한 수입 증대 효과도 있습니다. 또한 가족력 질환이라고 해도 **예방 관리 프로그램**을 제공하여 발병을 늦추거나 경감하면 손실을 줄일 수 있습니다. **부모-자녀 세대 모두를 고객화**할 수 있다는 전략적 가치도 큽니다. 전반적으로 **수익성은 중간 수준**으로, **인수 리스크 관리에 따라 성패**가 좌우될 것입니다.

4. 응급실 기반 즉시 지급 보험

- **독창성: ★★★☆☆** – 응급실 도착 즉시 보험금이 지급되는 새로운 서비스 개념입니다. 현재도 일부 보험에 응급실 내원비 특약이 있지만, 응급실 치료 시 정액을 지급하지만, **사후 청구 절차가 필요**합니다. 이 아이디어는 **응급실 방문과 동시에 자동으로 보험금 일부를 즉시 지급**하여, 긴급 상황에서 **고객이 바로 비용에 사용할 수 있도록** 한다는 점에서 참신합니다. 예를 들어 병원 시스템이나 보험사 앱과 연동해 응급실 접수와 동시에 소액 보험금이 선지급될 수 있는 것입니다. 기존 건강증진형 유도보다는 목적이 완전히 다르며, **행동 유도보다는 사고 발생 시 실시간 지원**에 초점을 맞춘 점이 다릅니다. 실시간 지급이라는 측면은 혁신적이나, 보장 내용 자체(응급 의료비 보장)는 기존에도 존재했으므로 독창성은 중간 정도입니다.
- **시장규모: ★★★☆☆** – 응급 의료에 대비하려는 수요는 꾸준합니다. 특히 고령층이나 영유아 자녀를 둔 부모는 응급상황 발생 시 금전적 대비에 관심이 높습니다. 이미 많은 사람이 **실손보험 등으로 응급실 치료비를 보장**받고 있지만, **즉시 지급**은 추가적인 편의성과 **심리적 안전장치**로 작용할 수 있습니다. 이 상품이 출시된다면 **긴급자금 여력이 적은 소비자나 1인 가구** 등이 관심을 보일 수 있습니다. 다만 보험금은 어차피 나중에 청구하면 받는다는 인식이 있어, **즉시 지급을 위해 별도 추가보험료를 낼 소비자**가 얼마나 될지는 미지수입니다. 따라서 **단독 상품보다는 기존 의료보험 부가서비스 형태로 제공하거나, 응급실 내원비 특약을 업그레이드하는 방식**으로 시장에 진입할 가능성이 높습니다. 시장 규모는 현재 응급실보장 특약 수준과 비슷한 **중간 정도**로 예상됩니다.

문서가 마음에 드시나요? 심층 리서치 문서는 프롬프트와 과제에 따라 다르긴 하나 7~15 페이지 정도가 평균 길이입니다. 프롬프트를 좀 더 구체적으로 작성하면 길이가 늘어나긴 합니다. 중요한 건 길이가 아니라 내용의 정확성과 유용성일 것입니다. 핵심만 잘 정리했다면 1페이지라도 만족할 겁니다.

심층 리서치 결과물을 셀프 리뷰시켜 업그레이드하기
심층 리서치 결과물이 맘에 들지 않거나 괜찮지만 좀 더 나은 결과물을 생성하고 싶을 때가 있습니다. 그럴 때 사용할 수 있는 방법을 알려드립니다. 보통 새로운 심층 리서치 결과를 받으려고 프롬프트를 수정하는 것이 일반적입니다만 저는 이럴 때 첫 번째 심층 리서치의 '활동' 내역을 제공하고 개선점을 요청합니다. 그리고 스스로 정리한 개선점을 반영한 프롬프트를 생성하게 합니다.

16-2 검증하기

자, 이쯤 되면 감이 오시나요? 맞습니다. 챗GPT가 새로 만들어 준 프롬프트로 다시 심층 리서치를 하는 것이죠. 물론 다시 생성한 프롬프트가 과제에 잘 맞는지(방향), 부족하진 않은지 또는 불필요한 작업을 하진 않는지 검토하고 다시 생성해야 합니다.

그 과정은 다음과 같습니다.

1. 먼저 활동 목록을 마우스로 선택해 전부 복사합니다.

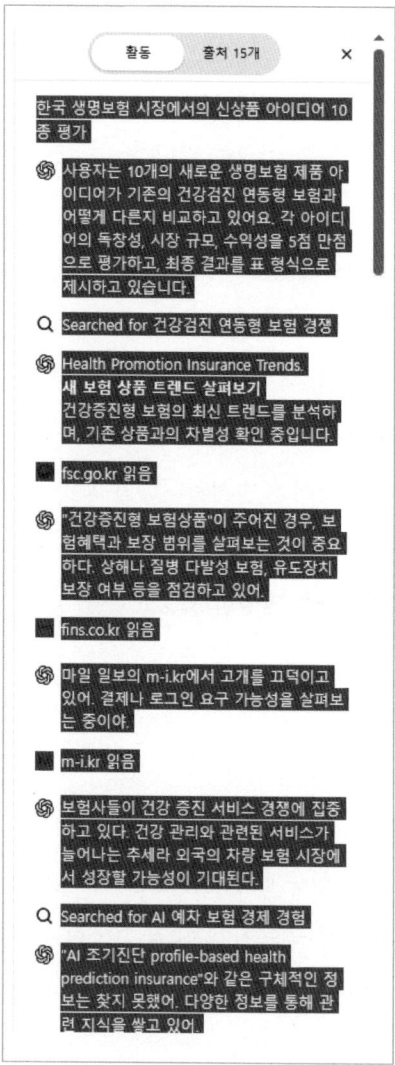

2. 복사한 활동 목록을 프롬프트 창에 붙여 넣고 프롬프트를 작성합니다.

아래 내용은 어시스턴트가 결과물을 쓰기 위해 사용한 '활동' 목록입니다.
위 결과보다 3배 더 상세하고 정확한 결과를 얻기 위해 어떤 활동을 개선할 수 있는지 제안해 주세요.

활동
한국 생명보험 시장에서의 신상품 아이디어 10종 평가
챗GPT
사용자는 10개의 새로운 생명보험 제품 아이디어가 기존의 건강검진 연동형 보험과 어떻게 다른지 비교하고 있어요. 각 아이디어의 독창성, 시장 규모, 수익성을 5점 만점으로 평가하고, 최종 결과를 표 형식으로 제시하고 있습니다.

(하략)

#	개선 포인트	구체적 실행 방법	기대 효과
1	리서치 범위 확장	- 정부·공공 데이터: 통계청 KOSIS, HIRA 청구·질병통계, KIRI 연구보고서, 금융감독원 보험통계 - 보험료 공시·IR 자료(손해율·계리가정) - 특허·상표 검색(KIPRIS)로 유사 상품 선행조사	기존 기사 중심 검색의 정보 편향 해소, 시장·손해율 수치를 정량 확인
2	전문 키워드·쿼리 검색 최적화	'건강증진형 보험 가이드라인', '4세대 실손 할인·할증', '약제 복약순응도 특약' 등 직접적 규정·상품명으로 재검색(도메인 filter: gov.kr·or.kr)	더 정밀한 국문 근거 확보, 인용 신뢰도↑
3	경쟁 상품 벤치마킹 체계화	아이디어별로 가장 유사한 기존 상품 3개 선정 → 보장구조·보험료·판매채널 비교표 작성	독창성 평가를 객관적 근거와 연결
4	시장규모 산정 모델링	(예) 만성질환자 1,100만명 × 추정 가입률 10% × 평균 보험료 30만원 = 시장 3.3조원 → Python으로 변수 시나리오(±20%) 테이블 자동 계산	'大·中·小' 대신 수치 기반 시장규모 제시
5	손해율·수익성 시뮬레이션	- 질병발생률·합병증률·보험금 단가를 HIRA 통계로 가져와 5년 손해율 추정 - 할인/할증·서비스 제공비용까지 포함한 ROE 센서티비티 분석	별점 근거가 계리적 수치로 뒷받침
6	규제·개인정보 적합성 체크리스트	아이디어별로 보험업법·개인정보보호법·의료법·신용정보법 위배 가능성 체크 항목화	실행 가능성 판단이 현실성 확보
7	소비자 수용성 인사이트 추가	- 보험연구원·소비자연맹 설문, SNS 버즈 분석 - "민감 정보 제공 의향" 등 VOC 요약	시장성·독창성 정성적 보완
8	전문가 인터뷰·컨설팅 시사점 인용	계리사·상품기획자·의사·디지털 헬스 스타트업 인터뷰 or 세미나 자료 발췌	실무적 현장감, 정확성 강화
9	평가 Rubric 세분화	독창성(기술·구조·고객경험), 시장규모(잠재고객·지불의향·경쟁강도), 수익성(손해율·유지율·비용) **가중치 (예:4:3:3)**로 점수 산출 → 별점 환산식 명시	평가 과정이 투명·재현 가능
10	결과 시각화·구조화 심화	- 아이디어별 One-page Fact Sheet(USP, TAM, 손해율 그래프) - 전체 ↓폴리오 경쟁 우위 매트릭스(x축 독창성, y축 수익성)	경영진·투자자에게 직관적 전달

챗GPT의 결과 페이지.

스스로 개선점을 잘 도출해 냈습니다. 주요 개선점으로는 리서치 범위를 확장하는 것과 경쟁 상품 벤치마킹 기준을 정한 것, 손해율, 수익성 시뮬레이션 방법 정리 등이 눈에 띕니다.

이젠 기존 프롬프트를 새로운 프롬프트로 변환할 때입니다.

3. 프롬프트 개선 요청

좋습니다. 그럼 개선 제안 내용을 반영해 아래 최초의 프롬프트를 개선해 주세요. #신상품 아이디어 아래 내용은 참고만 하고 수정하지 마세요.

최초 프롬프트
아래의 생명보험 신상품 아이디어가 정말 새로운지 검증해 주세요. 기존 상품들과 비교하고 신상품 아이디어를 3가지 측면에서 평가해 주세요. 독창성, 시장 규모, 수익성. 평점은 5점 만점의 별점으로 표시하고 분석 결과를 요약해서 표 형식으로 작성해 주세요.

신상품 아이디어
기존 건강검진 연동형 보험 상품들이 <보험료 할인, 환급, 정기 검진 장려, 행동 유도(걸음수 등)>에 집중되어 있는 점을 피하면서, 차별화된 보장 구조와 독창성을 확보할 수 있는 신상품 아이디어 10가지를 제안합니다:

(하략)

이제 새로운 프롬프트를 이미지로 확인하고 넘어가겠습니다.

> **개선된 요청 프롬프트 (개선 레버 1 ~ 10 전면 반영)**
>
> **목적**
> 아래 10가지 생명보험 신상품 아이디어가 한국 시장에서 실제로 혁신적인지 검증하고, 기존 **상품**(특히 건강검진 연동형·4세대 실손·간병·여행/전염병 특약 등) 과 비교하여 **독창성·시장규모·수익성**을 다층적으로 평가해 주세요.
>
> **필수 산출물**
> 1. **아이디어별 One-page Fact Sheet** *(PDF or 이미지 표기 불필요, 마크다운 표면 OK)*
>   - ▶ 핵심 USP·차별 포인트(200자 이내)
>   - ▶ 가장 유사한 기존 상품 1~3개 및 출처 (링크·발매 연도)
>   - ▶ 규제·개인정보·의료법 적합성 체크리스트(적합/주의/리스크)
>   - ▶ 시장규모 **정량 추정** : 잠재 고객 수 × 예상 가입률 × 평균 연 보험료(±20% 시나리오)
>   - ▶ 5년 예측 손해율·ROE **시뮬레이션 표** (가정값 별도 제시)
>   - ▶ VOC(소비자 수용성) 핵심 인사이트 2~3개
> 2. **총괄 매트릭스** *(마크다운 표 1장)*
>   - 열: 아이디어 ①~⑩
>   - 행: 독창성·시장규모·수익성·실행가능성·규제리스크 (각 5점 만점 별점)
>   - 별점 산식 및 가중치(예: 4 : 3 : 3) 각주 명시
> 3. **포트폴리오 2×2 매트릭스 요약**
>   - X축: 수익성, Y축: 독창성 (별점 평균)
>   - 각 사분면별 전략 코멘트(100자 이내)
>
> **리서치·분석 지침**
> - 공공·보험 통계 활용 : KOSIS, HIRA, 금융감독원 보험통계, KIRI·보험연구원 보고서.
> - 보험사 공시·IR 및 특허(KIPRIS) 로 선행상품·기술 확인.
> - 손해율 계산 : 질병발생률·평균 진료비·합병증률을 HIRA DB 기준으로 계리 가정 제시.
> - 시장규모 모델 : Python 기반 시나리오(기본·낙관·비관) 테이블 작성.
> - 규제 적합성 : 보험업법·의료법·개인정보보호법·↓ 정보법 체크리스트 준수.

4. 새로운 심층 리서치 실행

새 대화창을 열고 심층 리서치를 실행합니다.

목적
아래 10가지 생명보험 신상품 아이디어가 한국 시장에서 <실제로 혁신적인지> 검증하고, <기존 상품(특히 건강검진 연동형·4세대 실손·간병·여행/전염병 특약 등)>과 비교하여 <독창성·시장규모·수익성>을 다층적으로 평가해 주세요.

필수 산출물
1. <아이디어별 One-page Fact Sheet>(PDF or 이미지 표기 불필요, 마크다운 표면 OK)
   - ▶ 핵심 USP·차별 포인트(200자 이내)
   - ▶ 가장 유사한 기존 상품 1₩~3개 및 출처(링크·발매 연도)
   - ▶ 규제·개인정보·의료법 적합성 체크리스트(적합/주의/리스크)
   - ▶ 시장규모 <정량 추정>: 잠재 고객 수×예상 가입률×평균 연 보험료 (±20% 시나리오)
   - ▶ 5년 예측 손해율·ROE <시뮬레이션 표> (가정값 별도 제시)
   - ▶ VOC(소비자 수용성) 핵심 인사이트 2₩~3개
2. <총괄 매트릭스>(마크다운 표 1장)
   * 열: 아이디어 ①₩~⑩
   * 행: 독창성·시장규모·수익성·실행가능성·규제리스크 (각 5점 만점 별점)

별점 산식 및 가중치(예: 4 : 3 : 3) 각주 명시
3. <포트폴리오 2×2 매트릭스 요약>
   * X축: 수익성, Y축: 독창성 (별점 평균)

* 각 사분면별 전략 코멘트(100자 이내)

<리서치·분석 지침>

(하략)

챗GPT에게 받은 결과물 PDF 파일을 보시죠.(393~394쪽)

첫 번째 결과물 PDF와 비교해 보면 구성 요소가 더 전문적이고 시뮬레이션 결과도 수치로 잘 나와 있어서 보기 좋습니다. 약 2페이지 분량으로 정리가 되어 보고서로 사용하기도 좋아 보입니다.

어떤가요? 제가 드린 심층 리서치 개선안 꿀팁이 도움이 되실 것 같으신지요?

실제 결과물은 자료 페이지에서 다운로드 받아 비교해 보실 수 있습니다. 하지만 저는 직접 실습을 해보고 독자님이 만든 두 결과를 비교해 보시길 추천드립니다.

ⓒ ChatGPT

한국 생명보험 신상품 아이디어 분석 보고서

1. 아이디어별 One-page Fact Sheet (총 10건)

아이디어 1: 일상생활 임베디드 단기보험

- **핵심 USP 및 차별점**: 일상생활 속 특정 활동(여행, 레저 등)을 할 때 **짧은 기간 동안 맞춤형 보장**을 제공하는 초단기 보험. 앱이나 플랫폼에 **내장(Embedded)**되어 **구매와 동시에 자동가입**되는 편의성이 강점입니다 (예: 여행 상품 결제 시 2일짜리 상해보장 자동포함) [1]. 젊은 층을 중심으로 **필요할 때만** 보험을 드는 **합리적 소비 트렌드**를 반영합니다.

- **유사한 기존 상품**:
  - 삼성생명 '굿데이 일상생활플랜보험' (2024년 출시) – **생보업계 최초** 일 단위 보장 상품 [1]. 주계약 재해보장 + 32종 특약 조립 구성.
  - 미래에셋생명 '걷다 다쳐도 걱정마 자켓' (2023년 출시) – M2E(Move-to-Earn) 앱 아이템 형태의 임베디드 보험 [2].

- **관련 규제 체크리스트**:
  - **보험업법: 적합** (소액단기보험 범위에서 인가 가능). 다만 임베디드 보험 개발 시 약관 명시 및 모집규정 준수 필요.
  - **의료법: 해당 없음** (의료행위 미수반 상품으로 의료법 영향 없음).
  - **개인정보보호법: 주의** (플랫폼 이용자 데이터 연계 시 **정보제공 동의** 필요, 최소한의 정보만 활용 권고).

- **시장규모 정량 추정**: 잠재 고객 수 약 **500만명** (레저·여행 활발한 MZ세대 등) × 예상 가입율 **5%** × 연평균 보험료 30만원 기준 = 약 **750억원** 규모 (±20%: 600억~900억원). 예: 글로벌 임베디드 보험 시장가치 2030년 **$7,000억+** 전망 [3] 에서 한국 시장 비중 추정.

- **5년 예측 손해율 및 ROE 시뮬레이션**: (초기 손익 안정화 단계로 보수적 가정)

구분	1년차	2년차	3년차	4년차	5년차
손해율	55%	60%	65%	70%	75%
ROE	4%	5%	6%	7%	8%

- **소비자 수용성 VOC**:
  - "보험을 따로 찾지 않아도 알아서 가입되니 편리하다" – **간편성**에 대한 호응 (특히 MZ세대의 긍정 반응) [4]. 보험에 대한 진입장벽이 낮아졌다는 평가.
  - "보장은 **소액이라도 든든**…매번 필요할 때만 사니 **돈 낭비 없다**" – 필요시 소액 가입에 만족. 반면 일부는 "**보험금 청구 절차**도 간소화돼야 한다"는 요구 (소액 단기 청구의 번거로움 지적).

아이디어 2: 정신건강 전문보험

- **핵심 USP 및 차별점**: 우울증, 불안장애, 조현병 등 정신질환에 대한 **치료비 지원**과 상담 서비스를 보장하는 상품. 그동안 실손보험 등에서 제한적이었던 정신과 치료 보장을 대폭 확대하여, **심리상담·약물치료** 비용을 보존하거나 **질병 악화 단계별 정액급부**를 지급합니다. **정신건강 관리 프로그램**(멘탈 헬스 앱 연계 등)을 패키지로 제공하여 **치료 + 예방 + 관리**를 동시에 추구하는 것이 차별점입니다.

- **유사한 기존 상품**:
  - 한화손해보험 '시그니처 여성건강보험 3.0' (2023년) – 산후우울증 등 특정 정신질환 보장 특약 포함 ⑤.
  - 캐롯손해보험 '마음케어모들' (2023년) – 디지털 전용 정신건강 특약 출시 ⑤.
  - 롯데손해보험 'ALICE 여성건강보험' (2022년) – 정신질환 관련 담보 구성 사례 ⑤. (손해보험사를 중심으로 정신질환 보장상품 출시 증가)

- **관련 규제 체크리스트**:

- **보험업법**: **적합** (정신질환도 보험 위험으로 인정되어 있음 ⑥). 다만 **심신상실자** 등에 대한 사망담보 금지 규정 유의(보험업법 제732조).
- **의료법**: **주의** (보험사가 부가서비스로 **심리상담 제공** 시, 상담사가 의료행위를 하지 않도록 범위 준수 필요).
- **개인정보보호법**: **주의** (민감정보인 정신건강 기록 활용 시 **별도 동의** 필요. 진료기록 교차검증 등에서 개인정보 최소화 원칙 준수).

- **시장규모 정량 추정**: 국내 정신질환 진료인원 **385만명** (2022년, 건강보험 정신질환자 수) ⑦ 중 보험가입 예상 대상 약 100만명 × 예상 가입율 10% × 연간 보험료 30만원 = 약 **300억원** 규모 (±20%: 240억~360억원). 참고: 2022년 우울증 등 환자 **101만명**으로 매년 증가 ⑧ – **잠재수요 지속 확대**.

- **5년 예측 손해율 및 ROE 시뮬레이션**: (정신과 치료비 상승 추세 반영, 보수적 산정)

구분	1년차	2년차	3년차	4년차	5년차
손해율	70%	75%	78%	82%	85%
ROE	2%	4%	5%	6%	8%

- **소비자 수용성 VOC**:
- "**정신과 치료비도 보험**으로 지원되면 큰 도움" – 치료 경험자들의 환영. 사회적 고립과 우울증 환자 100만 시대 ⑨ ⑩ 를 반영하여 보장 확대를 반기는 분위기입니다.
- "**보험금** 받기가 너무 까다로운 것 아니냐" – 일부 우려도 존재. 정신질환 특성상 진단의 **주관성**, 도덕적 해이 이슈로 **청구 심사 엄격**할 것을 걱정 ⑪ . 가입시 과거 상담 이력을 고지해야 하는 점 등에 대해 "**오히려 이용 꺼릴 수 있다**"는 목소리도 있습니다.

아이디어 3: 전세금 사기 피해보장보험

- **핵심 USP 및 차별점**: 세입자의 **전세보증금** 반환을 보장하는 보험으로, **전세 사기** 등의 경우 임대인이 보증금을 돌려주지 못하면 보험사가 대신 보상. 기존 공공 보증제도의 사각지대를 보완하여 **민간보험으로 재산 피해까지** 보장하는 최초 시도입니다. 추가로 **법률 지원 서비스**(소송 비용 지원 등)도 함께 제공하여 피해 회복을 종합적으로 돕는 것이 USP입니다. 최근 사회적 이슈인 **전세사기 위험**에 대응한 **신용+재산보장 결합 상품**입니다.

- **유사한 기존 상품**:

아웃트로

피카소처럼 AI를 훔쳐라

피카소가 남긴 유명한 말이 있습니다. "평범한 예술가는 베끼고, 위대한 예술가는 훔친다." 이 말을 처음 들었을 때는 그저 예술가들의 철학적인 수사라고만 생각했는데, 챗GPT 같은 생성형 AI와 함께 일하면서 이 말의 진정한 의미를 깨닫게 되었습니다.

생각해 보면 챗GPT는 결국 우리 인간들이 만들어 낸 수많은 텍스트를 학습해서 그럴듯하게 흉내 내는 것이죠. 수천만, 수억 명의 사람들이 써놓은 글과 생각을 모두 흡수해서 새롭게 조합하는 겁니다. 그런데 우리는 또 그런 챗GPT의 능력을 빌려서 우리 일에 활용하고 있으니, 이건 정보와 지식이 사람과 AI를 오가며 순환하는 창조적 먹이사슬(?)이 아닐 수 없습니다. 서로 훔치며 생성하는 과정에서 뭔가 새로운 것이 계속 만들어지는 거죠.

금융업 강의에서 만난 분들을 보면 챗GPT를 활용하는 사람들의 패턴이 확연히 구분됩니다. 어떤 분들은 그저 베끼기에 급급합니다. 아침에 출근해서 "챗GPT, 오늘 시황 분석 좀 해줘"라고 던지고는 나온 결과를 그대로 복사해서 붙여넣습니다. 점심 시간 즈음에는 "이런 내용으로 투자 제안서 초안 만들어 줘"라고 요청하고, 역시 약간의 수정만 거쳐 그대로 사용합니다. 퇴근 전에는 "내일 미팅 자료 준비해 줘"라며 또다시 챗GPT에 의존합니다.

반면 어떤 사람들은 전혀 다른 접근을 합니다. 잘 쓰는 분들은 챗GPT가 만들어 낸 결과물 자체가 아니라, 챗GPT가 그 결과물을 만들어 내는 과정과 방식에 주목합니다. 마치 요리사가 완성된 요리보다 그 요리를 만드는 레시피와 기법에 더 관심을 갖는 것처럼 말이죠. 이들은 챗GPT의 분석 프레임워크를 관찰하고, 그것을 자신만의 방식으로 변형시킵니다. AI가 데이터를 해석하는 관점과 프로세스를 파악한 뒤, 그것을 자신의 업무 도메인 전문성과 결합해 완전히 새로운 분석 도구를 만들어 냅니다.

제 개인적인 경험을 말씀드리자면, 처음에는 저도 전형적인 '베끼는 사람'이었습니다. 특히 급할 때면 챗GPT에게 "이 문서들을 보고 종합 분석 보고서 작성해 줘"라고 요청하고, 나온 결과를 조금만 다듬어서 사용하곤 했죠. 그런데 어느 날 망신스러운 일이 일어났습니다. 한 파트너사에서 제가 만든 문서를 보고 "이거 AI로 쓰신 걸까요? 내용은 좋은데 평소 준용님 글 스타일이랑 완전히 다른데요?"라고 물으셨던 겁니다. 그 순간 등골이 서늘해지면서 깨달았습니다. 아, 내가 생성형 AI에 의존해 내 스타일을 잃어가고 있구나.

그 사건 이후로 저는 완전히 다른 방식으로 챗GPT를 대하기 시작했습니다. 단순히 결과물을 받아내는 것이 아니라, 챗GPT가 어떻게 사고하는지, 어떤 논리 구조로 분석을 전개하는지를 세심하게 관찰하기 시작한 겁니다. 예를 들어 챗GPT에게 같은 기업이나 제품에 대한 분석을 여러 번 다른 각도로 요청해 보면서, 사용하는 분석 프레임워크의 패턴을 파악했습니다. (앞서 딥 리서치 사용 시 그 과정을 복붙했서 다시 피드백을 주었던 386페이지의 내용처럼요.) 그리고 그 패턴 중에서 제가 옳다고 생각하는 과제 해결 방식과 맞는 부분만을 추출해서 저만의 템플릿을 만들어 냈습니다.

이 과정은 마치 재즈 뮤지션이 다른 연주자의 프레이징을 듣고 그것을 자신만의 스타일로 재해석하는 것과 비슷했습니다. 원곡은 같아도 연주자마다 전혀 다른 느낌의 음악이 나오는 것처럼, 챗GPT의 분석 방법론을 기반으로 하되 저만의 해석과 경험을 더해 독창적인 결과물을 만들어 낼 수 있었습니다.

실제로 브랜드 분석을 할 때의 변화를 예로 들어보겠습니다. 예전에는 그저 "A기업의 B브랜드에 대한 베트남 시장 진출 타당성 분석 보고서를 작성해 줘"라고 요청하고 끝이었습니다. 하지만 이제는 먼저 챗GPT에게 제가 쓴 유사한 복수의 제안서 몇 개와 컨설팅 회사나 증권사의 기업 분석 보고서를 업로드해 글의 내용과 구조를 분석하게 합니다. 그리고 각 문서에서 상대방을 설득하는 핵심 요소가 무엇인지, 어떤 순서로 논리를 전개하는지를 파악합니다. 이러한 구조적 특징을 제 관점과 결합시켜 이 과제의 뼈대가 되는 프레임워크를 만듭니다. 마지막으로 챗GPT를 일종의 맷집 좋은 스파링 파트너로 활용해서 계속 개선을 요청하는 겁니다.

　이렇게 접근하니 놀라운 변화가 일어났습니다. 처음에는 이런 과정이 지름길을 두고 멀리 돌아가는 것처럼 지루하고 재미없었습니다. 그런데 어느 정도 이 과정이 익숙해지고 프롬프트 근육(?)이 붙자 점점 속도도 붙고 제가 원하는 결과를 맞히는 챗GPT의 답변 적중율이 높아졌습니다. 또한 이런 과정에서 제 자신의 분석적 시각과 프롬프트 실력이 비약적으로 향상되기도 했구요. 챗GPT의 사고 과정을 분석하면서 제가 미처 생각하지 못했던 관점들을 발견했고, 그것을 제 것으로 소화하면서 더 깊이 있는 대화를 이끌어 낼 수 있었습니다. 그대로 베끼는 모드에서 훔쳐서 내 것으로 소화해 내는 모드로 완전히 바뀐 것이죠.

　피카소가 만약 금융업에 종사했다면 이런 방식을 더 탁월하게 사용했을 겁니다. 다른 화가들의 그림을 그대로 모사하지 않고 그들의 기법과 정신을 흡수해서 자신만의 화풍을 만들었듯이, 챗GPT의 결과물을 그대로 사용하지 않고 그 안에 담긴 인류의 지혜와 사고의 틀을 추출해서 자신만의 금융 데이터 분석, 고객 응대 스타일을 구축했을 거예요.

물론 이런 '창조적 도둑질'은 단순한 베끼기보다 훨씬 더 많은 노력과 시간을 요구합니다. 챗GPT가 어떻게 작동하는지 이해해야 하고, 그것을 분해하고 재조립하는 과정을 거쳐야 하며, 무엇보다 전문가인 자신만의 관점과 철학을 명확히 가져야 합니다. 하지만 이 과정을 통해 우리는 단순한 AI 사용자를 넘어서 AI를 곁에 두고 매일 성장하는 창조적인 전문가가 될 수 있습니다

최근 저는 이런 대화를 나눴습니다. "챗GPT 때문에 우리 일자리가 없어질까 봐 걱정이에요"라는 지인들의 고민에 저는 이렇게 답했습니다. "사진기가 처음 나왔을 때 사람들은 모두 화가들이 다 망할 거라고 했었죠. 하지만 피카소 같은 화가들은 사진이 절대 닿을 수 완전히 새로운 곳으로 사람들을 데려가는 그림을 계속 내놓았고, 오히려 더 위대한 예술가가 되었죠. 우리도 마찬가지 아닐까요. 챗GPT가 할 수 없는 것, 바로 (인간으로서) 우리가 가진 전문성과 통찰력을 적어도 당분간은 챗GPT가 넘어서긴 어려울 것 같아요."

결국 중요한 것은 챗GPT를 어떻게 바라보고 활용하느냐의 문제입니다. 단순한 복사기로 볼 것인가, 아니면 우리의 전문성과 창의성을 증폭시키는 파트너로 볼 것인가. 매일 아침 컴퓨터를 켜고 챗GPT를 실행할 때마다 우리는 선택의 기로에 서게 되겠죠. 오늘은 그저 베낄 것인가, 아니면 멋지게 훔쳐서 내 것으로 만들 것인

가. 진정한 전문가라면 피카소처럼 창조적인 도둑질을 배워야 합니다. 그것이 바로 AI 시대를 살아가는 우리의 가장 현명한 생존 전략이 아닐까요.

독자님도 잠시 생각해 보시기 바랍니다. 오늘 챗GPT를 사용하면서 무엇을 베꼈고, 무엇을 훔쳤나요? 그리고 내일은 어떤 창조적 도둑이 되고 싶으신가요? 피카소의 말처럼, 위대함은 베끼는 것이 아니라 훔치는 것이라는 도발이 충분히 와닿으셨길 바라며 감사와 응원의 인사드립니다.

2025년 8월
송준용